驚異の高次元世界

木村忠孝

たま出版

はじめに

私たちが日常見たり、聞いたり、触れたりしている現実を、物的次元――三次元と呼び、目に見えない世界を非物質的世界と呼ぶとすれば、大多数の人が、その非物質的世界についてほとんど知らないというのが実情です。

それは、あなたの意識の九〇%以上が無意識であるのと同じように、宇宙の九〇%以上が目には見えないのですから、無理もないことなのです。しかし、多くの精神的遺産や先人たちの智恵も、目に見えないからとか、科学的でないからといった理由づけのもとに葬り忘れられてきています。そのことがもたらす弊害は深刻です。

そこで、本書では非物質的世界――高次元の世界についての情報を提供していきたいと思います。新しい情報、見方、思考を検討し、取り入れ、実行することにより、それまで小さな箱の中に閉じ込められていた意識が新しい気づきの領域へと跳躍し、箱の外の広大な世界を感得できる道を示していきます。

常識や社会通念というものは、ただの思い込み、鵜呑《うの》み、思いつき、決めつけによって構成されがちで、そのために時代を支配する考えや至極当然という認識を生んでしまいます。そしてそのことが、人の意識を、この物的次元の世界のみに縛り、限定し、執着させ、そして幻惑させてしまう原因となるのです。

今までに知っていること、当然と認識していることだけにしがみついていると、その中に閉じ込められてしまいます。これまでの生活の中で、条件づけられた箱から外へ踏み出す方法を見つけて、新しい見方、気づき、そしてやり方、在り方に心を開いてみましょう。

潜在意識がネガティブエネルギーに満ち、そこが不快な思い出や抑圧された感情の貯蔵庫と見なされるにつれ、人々の内なる意識の世界に魂や神聖なものの居場所がなくなってしまいました。私たちは、自分たちがこの物的次元に意味もなく放り出され、予見不可能で不条理な運命に翻弄《ほんろう》され続けるだけの、波間に漂う存在と考え、頼りない自我と老いていく肉体が自分自身のすべてであると見なすようになりました。自らを、劣った、卑小な存在と見なすよう条件づけられてきたのです。

ところが実相を見てみると、私たちは皆おしなべて、高次元の光ある世界よりほんの一時期、この物的次元の特異性を体験し、二元性世界のもたらすもろもろの体験によって、多くを学ぶために訪れている旅を続ける光の存在です。

本来は多次元的存在（多くの次元、現実に同時に存在している）で、そのうちの一人がこの物的次元に生きて、生活している、それがあなたです。この物的次元——三次元が唯一の現実だと信じ込まされ、知覚的にもそのように訓練され、縛られてきたことに気づく時がついに到来しました。

この世界は振動数が低く、密度が高く、鈍重で不活発なのに比べ、高次元の世界は繊細で高振動、高エネルギーで、光にあふれ、精妙であり、格段に美しい環境にあります。あなたはこの物的世界だけでなく、多くの次元——現実に同時に生きている存在です。

あなたの意識が高まり、高周波数になるにつれ、自分自身の大いなる部分を創造するというよりは、発見していき、思い出していくことになります。高次元のあなたは、今から創造するのではなく、もうすでに存在しているのです。今後は、そういう存在と融合し、一体化する——そのようにあなたはつくり出されたのです。

本書では、高次元の世界、魂の不滅性やその機能、光の身体、素粒子、量子と意識との関係やパラレルワールドなどに言及していきますが、あなたにとっては、とても驚きで馬鹿げている、突拍子もない話と思われるところも多々出てくるでしょう。

「あり得ないと思われるような考えでなければものにならない」と、アインシュタインも言っています。信じる、信じないということよりも、むしろ知って、一応理解して、その理解を日常の生活や考え方、そして対人関係に応用してみてください。

必ずや、あなたの心が豊かになり、意識が広く大きくなった感じ、やすらぎや安心を得ることができるようになるでしょう。本書がそのことに供すれば、それ以上の喜びはありません。

驚異の高次元世界

目　次

第三章　プラーナという生命エネルギー

第九章　意識という根源エネルギー

第十章　魂という実在

第十四章　パラレルワールド（並行世界）

第十五章　動物・植物の魂と人間の能力

第十六章　宗教と科学

第二十章　宇宙と光

第一章　誕生前の人生脚本と死の諸相

生誕への必須条件

私たちは、この世界である物的次元に生まれる前に、魂のレベルでどういった人生を送るのかという大まかなアウトラインを設定します。つまり、生前に人生の脚本（シナリオ）を描いて生まれます。

それには、誕生日・時刻・性別・両親の選択・生活環境に加え、人生で取り組むテーマや対応処理できる範囲内での困難な課題や試練などが含まれます。どこまで深く体験するのかの境界領域まで決めているのです。

私たちは、受精卵が生育して生物学的に何らの脈絡もなく、偶然に意味もなくこの世に放り込まれた存在ではありません。私たちの人生は時代背景、台本、舞台演出まで計画立案されたものです。私たちはその舞台にリハーサルなしに主演で登場する、自作自演の俳優であって、演出まで自らが手がけているのです。その役になりきることにより、種々の感情を抱き、経験をし、試練に遭い、そのことで多くの知恵や知識を得るための劇場があなたの今いる環境です。

また、どのくらいの年齢で死を迎えるのかも予定されており、細胞意識にプログラミングされています。ただし、大まかな筋書きの台本なので、多少の修正・変更はもちろん可能ですが、人生のテーマ・課題については一貫性を持ちます。多くの試練や困難が設定され、それをじかに経験すると、なぜ自分がこういう目に遭うのか、自分が何か悪いことをしたのか、全く理不尽だと嘆き、悲しみ、怒りさえ覚えますが、それは自分が設定したことを忘れてしまっているからです。

中には、生前、魂のレベルで設定した学習コースであったのを、本来の人生のテーマ・課題に立ち向かわず、大きくコースを外れてしまう人も多くいます。そういう人は、再び同じ年代に生まれ変わり、脱落してしまった課題に再度挑戦する人生設計をすることもあります（時間というのは、ビデオテープのように再生できるから同じ年代の時代に再び誕生することが可能なのです。これについては第十三章で詳述します）。

この世、すなわち物的次元に生誕するためには、人生脚本、舞台設定の他に、以下のような必要になるものがあります。

（1）肉体
（2）この世に適応機能するため魂の一部よりつくる自我、性格
（3）時間と空間という枠組み（この物的次元——三次元での直線的な時間軸）

（4）本質である魂、大いなる自己を忘却すること
（5）魂の波動を下げること
（6）ゲル状プラズマ（肉体と光の身体をつなぐもの）を準備すること

以上が生誕への必須条件となります。こうしてみると、死を迎えることの方が、誕生することよりもはるかにショックが少なく、簡単なことがわかります。

まず肉体ですが、その感覚、神経回路（五感）というのは、この物的次元、この世の現実のみに意識の焦点を合わせるべく、活動範囲を狭めることが強要されたもので、この物的次元以外の広大な非物理的、多次元の世界、高次元の世界は遮断された機能となっています。つまり、肉体の神経系統は魂や高次の世界の広大な知能認識能力を覆うレンズ、偽装、カモフラージュとしての人工構造物、機能となっていることを銘記しておく必要があります。

私たちの視力も、宇宙内存在の一％にも満たないものしか見えていません。ピアノで言えば、八十八ある鍵盤のうちの一つの鍵盤の出す音しか聞いたことがないのと同じ状態にあるのです。

また、なぜこの世に誕生する時間が大事であるかと言うと、誕生時のこの物的次元の電磁的周波数が肉体の細胞のＤＮＡに刷り込まれることで、性格が結晶化するように形成され、運勢も含めた人生全般の青写真がプログラミングされるからです。誕生時の星々の幾何学的配列が形成する特定のエネルギー状態が肉体細胞のＤＮＡにプログラミングされることは、占星術の重要性を科学的に実証することにつながります。

魂の世界、すべてが見渡せる世界から時間と空間がつくり出す新しい枠組みの中へ、新しい意識の在り方へと踏み出し、自分の大いなる部分を高次元の世界に残して、いまこの世にいるのが私たちです。

この高密度低振動の物的次元に誕生するということは、大いなる挑戦・冒険の旅であり、私たちは一大決意と希望を持って生まれてきたのです。

肉体の死は束縛からの解放

ここで、死にまつわるさまざまなケースについて考えてみましょう。

一般的に、死ぬときに苦痛は伴いません。末期に苦悶《くもん》する人もいますが、無意識の状態になれば苦しみは感じないのです。死ぬとその後、自分がどうなるかわからない、自分がなくなる、消滅してしまうということが恐怖を抱かせるのでしょうが、実は全く逆で、光の合成体で出来た生命体である私たちは、決して消滅することはありません。このことは後で詳しく説明します。

つまり、死のうとしても、自分をなくしてしまおうとしても、肉体は死んでも、決して死ぬことはできないのです。死して土に還《かえ》れば物事は簡単にすむでしょうが、人は決して死ぬことができません。存在のあり方が変化するだけで、肉体の死は第二の誕生のための自然現象なのです。

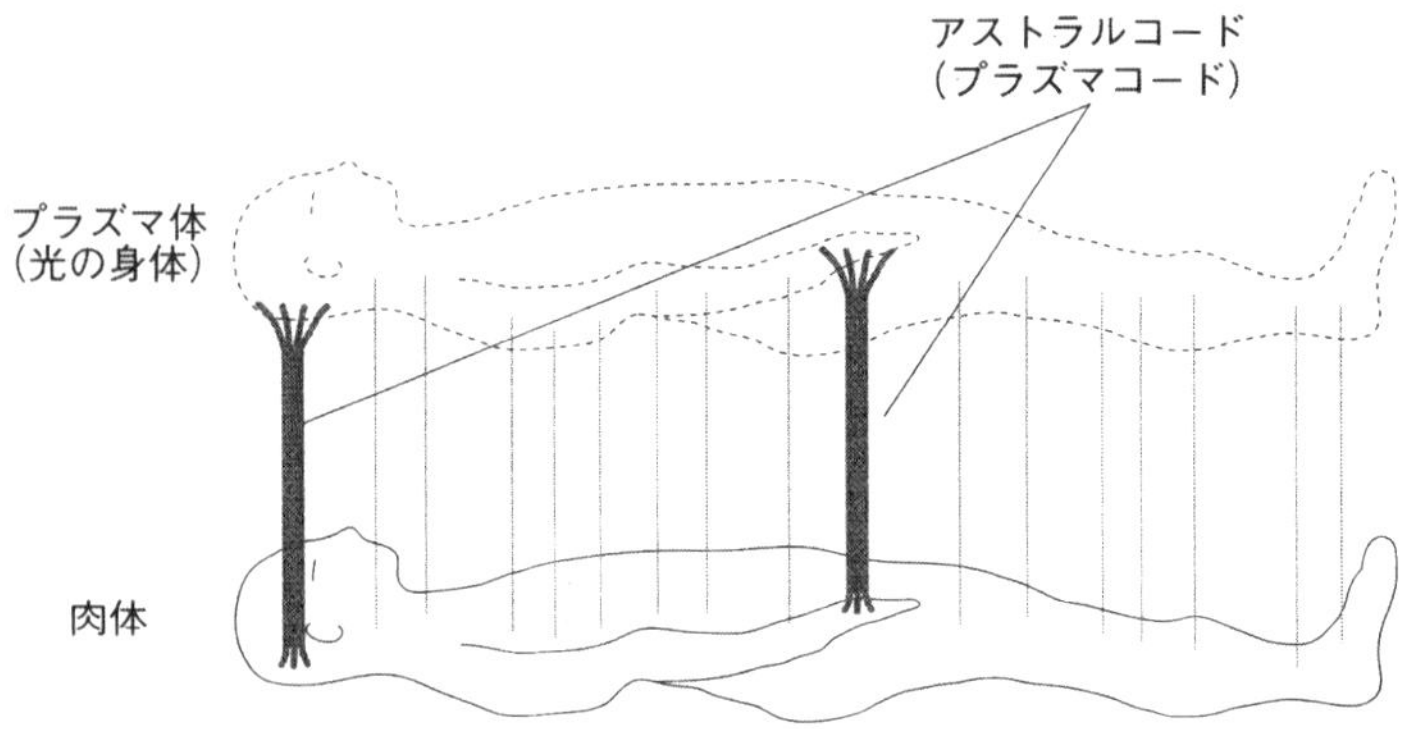

（図１）肉体・プラズマ体との連結コード

肉体の死とともにこの物的次元――三次元という、高密度で低振動領域から、より高振動領域に移るだけで、何一つ怖がる必要はありません。氷→水→水蒸気と低振動から高振動に変化しても、水分子は消滅したのではないのと全く同じ現象です。

私たちは、目に見えて触れることのできる肉体があるがために、この物的次元にひきとめられ、縛られている、またその領域に閉じ込められているとも言えるでしょう。それが肉体の死という現象によって解放されるのです。

つまり、肉体の死はある意味ありがたい解放と言えるでしょう。肉体の束縛から解放され、痛み、不自由、制約のない生活を、肉体に重なって同時に存在する光の身体（プラズマ体）で肉体の死後生活することになるからです。

死の重苦しい雰囲気を取り除き、愛する者との永遠の別れだとか、死によってすべてが無に帰するといった無知から、人はもう解放されなければなりません。

実は、私たちは皆、睡眠中、肉体から離れ、光の身体を使って活動していますので、毎晩、睡眠中に死んでいるのと同じとも言えます。睡眠中、一時的に毎晩のように肉体から離脱し、覚醒時に帰ってきます（世に言う幽体離脱）。

睡眠中、私たちはこの物的次元に肉体のみ残して、魂と光の身体（プラズマ体）となり、三次元と四次元をつなぐ次元の門を通って四次元に入ります。その際に、肉体と光の身体はどこまでも伸縮自在なプラズマコードにつながれたままです。三次元の肉体は眠っても、四次元の光の身体は眠ることと、疲れを覚えることもなく、四次元の世界でいろいろな人（亡くなった両親、兄弟、友人）に会ったり、多様な訓練を受けたり、学習をしたりしています。

死後の世界は意識の状態を映す世界

睡眠中になされる体験があまりにも驚異的な内容のため、それを覚えていては、四次元の世界に魅了され、意識の焦点がそこに向いたままとなり、この世でなすべきことに興味を持たなくなってしまうために、四次元の冒険の旅のことは覚えていないようにしているのです。

三次元と四次元を往来する際には、光の身体は光の球体となって旅をします。肉体を持ったままでは次元の内を通過できないのです。この物的次元の時間にして二～四時間が四次元では五分くらいに相当し、それ以上は滞在できません。

四次元では動物や植物ともテレパシーで話ができます。というのも、テレパシーはあらゆるエネルギー形態に本来備わっているコミュニケーション様式であり、それがごく自然に違和感もなくおこなわれるようになるのです。五次元以上は、思いやり、信頼、愛にあふれる、まさに光の世界です。

死後の世界とは、場所を言うのではなく、意識的に見いだしていく、気づく、思い出していく段階的な内面の世界のことで、意識の状態をあらわす意識の世界のことと言えます。意識の状態が生活するところを決めます。霊能者から見れば、死ぬときに肉体とプラズマ体を連続しているコードがプツッと切れるのが見てとれます。銀色に光る直径五センチほどのコードで、そのコードを通して生命エネルギーを肉体に送っているのです。ちょうど、母と子が臍帯《さいたい》でつながり、酸素や栄養を補給するのによく似ています。また、昆虫が殻から脱皮して新しい体をまとい、飛び立っていくのに喩《たと》えることもできましょう。

肉体とその電磁気的複製体であるプラズマ体――光の身体は、たくさんの細いコードと二つの銀色の太いコードによってお互いが結びつけられています。二本のうち一本は下腹部に、他方は頭部につけられていますが、驚くほど弾性に富んでおり、睡眠中いくらでも伸縮でき、他の人のコードと絡み合うこともありません。これらの大小のコードは、人が穏やかな死を迎える場合には徐々に切断されていきます。その場合、半睡眠状態・安息状態にあり、一般的には一時間~二十四時間で魂は地上の縛りから完全に離脱します。

魂は、ある特定の振動数で動いている肉体から、より高振動の光の身体――プラズマ体の方へ移る準備をするために時間を必要とします。そのため、睡眠から覚醒する前に、プラズマ体にある意識――魂は、振動数を下げて肉体に戻る用意をします。

しかし、事故や大病などで正常な身体機能が損なわれているときは、プラズマ体は無理矢理身体から離されますが、コードではつながっているというケースが生じます。通常はプラズマ体が肉体に帰って重なって意識――魂が戻るのですが、戻ろうにも戻れない、そのために意識も戻らない、といった場合、魂のレベルでコードを断ち切るのか、まだ経過を見ていくのかを判断します。

魂は肉体に入り込み、この世――物的世界に誕生する前に、人生のプランニング、人生脚本を描いてきますが、加えて、この世にどのくらいとどまるのか、いわば定命までもがその中に入ります。すべての人が高齢を迎えるまで生き長らえるとプランしてくるのではなく、幼児期まで、思春期までというように定めている魂もあり、人それぞれということです。

現代は不必要に肉体的生命を長らえさせられている人々が多く見られますが、人それぞれの定命があり、それは魂レベルで選択しているのだということを付け加えておきます。

無残な死を迎えた人の死後

では、たとえば事故や戦争などで無残な死を迎えた人は、その後どうなるのでしょうか。身体的、精神的に強いショックを受けており、死の直前の生々しい状態が記憶にあるため、ゲル状液～液体状プラズマ体は傷つきますが、振動数の高い気体プラズマや魂には何の影響も与えません。振動数が高いので、影響を及ぼしえないのです。

しかし、当人の精神には地上で最後に経験した出来事、記憶がこびりついており、精神的ショック状態であるため、死後すぐにはうまく活動することができません。ひどいトラウマを受けて亡くなり、精神に焼きついた映像がまだ消えていない場合、精神的ケアのための医療援助者たちが一緒に癒やしの振動エネルギーを送って、時間をかけて次第に覚醒へと導きます。健康を回復させる環境下にあっては、癒やしの波動エネルギーに加え、音楽も重要な癒やしの手段の一つとなります。

やがて、自分が死んだのだ、ということがわかり、これから新たな生活がはじまるのだ、というレベルまで覚醒してきた時点で、悲惨な脳裏に焼き付いて離れない死直前の場面を少しずつ記憶から取り除いていくという作業が、癒やしの一環としておこなわれます。精神的に強いトラウマを受けたショック状態ですから、死後直後には自分がわからず、大抵はまだ地上世界にいると思っていますが、地上生活とは違う何か不自然でつじつまが合わないことから、少しずつ自分の死を悟り、ここの世界はもう安全なところなのだとわかりはじめます。トラウマを受けた精神を癒やすには長い心理的ケアも必要となります。

長期病床にあった人や認知症の死後

一方、長いあいだにわたって病床にあり、見たり歩いたりもできず、手足を失ってしまった人の死後はどうなるのでしょうか。手や足の一部が切断され感覚器官が衰えていても、プラズマ体の中に健常時の記憶がそのまま残っていますので、死後すぐにその記憶どおり、健康時の体に戻ります。プラズマの中の青字真に沿ってすぐに復元できるのです。よって、死後のケアで問題となるのは精神面のみです。

死後も自分が死んだということに気づかないでいると、死亡する前のような身体的苦痛を自動的に感じている状態が続きます。死後の世界は自分の思念がそのまま現実化する世界だからです。癒やしの波動により自らの死を悟り、前の世界とは違うのだということを知り、さらに、苦痛は自らが意識的につくり出しているだけだと気づきはじめることによって消失するのです。そして、全く健康で、身体も自分が一番望む年齢相応になっていきます。老衰で亡くなっても、望めば三十歳代くらいの身体に若返るということです。

では、認知症で混乱した状態で死んでいった人のその後はどうなるでしょうか。この場合、正常に機能していたときの青写真がプラズマ体の中にありますので、ハード面の脳が機能不全になってもソフト面の脳のプラズマ体は全く健全であるため、その記憶をよみがえらせることにより、元の精神活動ができるようになります。

自殺者の死後

理想的には、この世で果たすべき課題をやり遂げ、できる範囲でのあらゆる経験を経て、次の学習課題に進むべきときが、死を迎えるときです。魂のレベルで、生前に自らの学習課題、経験する出来事、克服すべき問題などを人生脚本としてプランする――それは、自ら進んで選択したことだったはずですが、それらを完遂せずに、果たすべき役割、課題に真正面から取り組まず、その結果、消えることで苦しみから逃れられるとして自殺するケースが多く見られます。

現実や苦痛からの逃避という形で生を中断した者は、自殺したと思ったのに自分はまだ生きている、相変わらず自分はまだいると思って、また同じ方法で自殺行為を繰り返します。それでもまだ自分は生きている、そのうちに何か変だ、人に大声で話しかけても素知らぬふりをしている、人や物にぶつかっても貫通してしまう。これは、プラズマ体の振動数が高いからですが、やがて、自分はすでに死んで違う世界にいるのだと気づきはじめた頃から、生前の苦痛、責任放棄の念が自分に襲いかかってきます。その精神面の苦悩が周囲に黒いオーラを生み、外部との接触すら遮断されてもがく者もいますが、少しずつ癒やしの波動、精神的支援を受け、再度、転生して同様のレッスンに立ち向かうことになります。

じかに経験すべきこと、克服すべきことから逃げて自殺を選んだ者は、すべてのレッスンをもう一度することになります。今度は自殺という手段に頼らず、きちんとやり遂げるまで同じレッスンが続くことになります。すなわち、再び転生して前世と同じシチュエーションに自然と置かれることになり、そこでまた試されるのです。逃げずに正面から取り組んで、少しやり方や見方を変えれば、問題は本人が思い込んでいるほど困難なことではありません。同じ困難、課題に再度突き当たり試すのは、他でもなく自らの魂の選択であり、働きです。

自殺したことの報いとか罰ということではありません。すべての環境や境遇は自ら選択したのであり、他ならぬ自己を反映したものです。自殺したからといって他の魂よりも厳しい審判が待っているわけではありません。当人の意図、動機がすべての自己審判の土台となっているのです。

死後、心理的、医学的ケアが必要な人

この世は物的次元の振動数が低く、あの世の高次元になるほど振動数が高くなっていきますが、そういう世界を高波動界と表現することにします。

その高波動界にいる者にとっては、死後、個別の魂が死の過程をどの程度理解しているか、どの程度、どの種のケアが必要かは、プラズマ体が光と色で示すエネルギー状態を見れば一瞬でわかります。そのエネルギーの状態、波動により、その人に適した覚醒を容易にし、また癒やしを施される場所へと導かれるのです。どのような人にもその人にフィットした対応の仕方が用意されています。

誰一人忘れられて、放っておかれることはありません。ただし、幼稚園の子どもたちを扱うように何から何までケアするのではなく、基本的には自らの意識的拡大、気づき、自覚の芽生えが大事ですので、それが生じるまでじっと見守ることが多いようです。

死後の生活を否定していても、精神的には大いに成長している人もいますし、死後の覚醒はまさに千差万別だと言えます。高波動界についての知識があれば、それはもっと早くなるということは言うまでもありません。覚醒に至るまでは、生前に培った思い込み、誤解、迷信、無知、誤った教条などが障害となります。それらの一つ一つに取り組み、そして取り除いていき、少しずつ生活に慣れていくのです。

死後の生命を信じない人もいます。人生は一度きり、死ぬと土に還ると考えていたわけですから、死後の覚醒（自分が肉体の死後も生きており、死後の世界のことを理解しはじめ、新しい生活を受け入れていこうとの自覚）は、やはり遅れがちになりますが、それも時間の問題です。別の世界についての何の準備も予備知識もなく送り込まれたのですから、当初混乱するのは無理もありません。つまり、地上の生活にも戻れず、新しい世界にも適応できず、宙ぶらりんの状態に陥ります。覚醒に至るまでの時間は人によりさまざまですが、地上時間にして何百年もかかるケース、また死後に恐怖と混乱に駆られてすぐに転生へと引き寄せられるためにほとんど成長できないケースもあるのです。

肉体の電磁気的複製体――プラズマ体

ここで、前掲した肉体・プラズマ体との連結コード（図1）について、改めて詳しく説明していきましょう。

通常、肉体とプラズマ体――光の身体は重なって存在しており、睡眠中や手術中などの昏睡《こんすい》状態、無意識状態のときに肉体から離れます。手術中に横たわる自らの肉体を上から見下ろしている経験をする人がいるのはそのためです。この世での死亡時に、肉体から遊離し、気がつくと横たわったまま、または座して肉体の一メートルくらい上方に、プラズマ体として浮き上がっている自分を発見します。肉体からなかなか離れきれないケースもあり、高波動界の医師たちが離れるのを手助けすることもあります。

肉体からプラズマ体への移動、つまり、高い振動領域の体へ移ること――これが死と言われるものです。肉体とプラズマ体をつないでいたゲル状――液体状プラズマは、死後、次第にそぎ落とされて気体プラズマとしての身体をもって生活することになります。ゲル状――液体状プラズマは、いわば気体プラズマと魂と身体を結ぶ接着剤のように身体に重なり、胎盤のような働きをしてくれていたのです。

ゲル状――液体状のプラズマ体がまだ残っているあいだは、この地上界に近い波動域にいるため、死の床の周囲にいる人を見分けることも、人の声を開き取ることもできます。しかし、人にあいさつしても話しかけても全く無視され、見えたり聞こえたりしている素振りさえもなく、人とぶつかってもすり抜けたりして、何かおかしいと気づきはじめることになります。

死ぬこととは、老化した肉体を捨てて、生前中に成長したプラズマ体を使って生活することになる波動の変化であり、水から水蒸気になるように、存在のあり方が変わったのだと考えればよいのです。睡眠中、肉体からプラズマ体が離脱するのは、プラズマ体でなければ高波動域には肉体を持ったままでは入れないからにほかなりません。肉体は低波動域に属するので、波動の落差があり過ぎるからなのです。

睡眠中には、あの世——高波動界で亡くなった肉親や配偶者に会ったり、いろいろな教育を受けたりしています。魂のレベルでは当然認識していることですが、目が覚めると、波動の違いによりその記憶が脳の機能としてよみがえらないのです。

この世に拘泥しない人の死後

ある程度この世で浄化された心の持ち主で、この世に拘泥しない人は、この世の世俗的ゲームから距離を置き、すでに物質からの束縛から距離を置いていたわけですから、死後すぐに覚醒します。プラズマ体が肉体から抜け出すのがわかり、抜け出すと同時に目が開き、迎えにきた家族や旧知の知人、守護・指導していた高波動界の存在と喜びの再会のときを迎えます。そして、その人の波動に共鳴する世界での新しい生活がすぐにはじまります。

この世に拘泥しない人の死後は、この世にもあの世にも適応できない状態、無自覚のまま半分目が覚めているような状態、いわばこの世とあの世の中間帯にいることはありません。

大量の戦死者に施される処置

戦死者の場合、時によっては何万単位にも上る意識のないショック状態の人が大量にあの世に送り込まれるケースがありますが、その対応は大変なものです。よって、ある程度あの世についての基本的知識を広める必要があります。それは、無知と思い込みと偏見という敵との闘いとなります。

想像してみてください。大多数の人間が、無知のままに、何の準備もなく、思い込みや誤った信念体系を抱え、こり固まったままやって来るのです。意識がない場合は、看護ケアする者たちによって、適切な場所（保養所や施設のようなところ）に連れていかれます。そこで新しい環境に慣れるまで看護されます。

ケアによって次第に意識を取り戻し、受けた衝撃を取り除いていきます。前にも触れましたが、大量の人がいる場合には、看護もされずに、忘れられた、捨ておかれた者も出てくるのではないか、その危惧が当然出てくるでしょう。しかし、すべての存在はそれぞれ固有の振動数を持っており、どこにいてもその存在は高波動界から認知されています。私たち一人一人のこの世における行動、その場所も、すべてモニターされているのです。

つまり、大量の戦死者がある場合でも、すべての人にもれなく然るべき処置が施されるということです。遠くにいるとか近くにいるとか、この地上界の距離も全く問題になりません。高波動界全体が一つの意識体ですから、すべてを知りつくし把握しているのです。今誰がどこかで死を迎えつつあるといったことが、じかに察知され、迎えの者が差し向けられるのです。

高波動界の病気は常に精神的なもの

ここで、どんな身体的疾患であっても、また身体がバラバラになるような死に方をしても、元の健全な身体に死後戻ることができるのかという疑問が湧いてくるのではないかと思います。前にも言及しましたが、肉体という低振動体に死ぬほどの影響を与えた原因も、高振動体であるプラズマ体には何の影響はありません。プラズマ体にある健常の記憶に基づいて、すぐに健全なプラズマ体としての身体——光の身体を再生することができます。

死の原因が何であれ、プラズマ体に永久的な障害を与えることはありません。障害があるのは一種のショックによる影響であり、身体というよりは精神的な影響の方が大きく、それゆえに長くケアを必要とします。つまり、高波動界の病気というのは、身体的なものは何一つなく、常に精神的なもののみと言えます。たとえば、思い込み、偏見、無知、恐怖、不安といったことです。

この世で身体的病気をするという体験は、高波動界では身体の病気そのものがないためにできず、ある意味、貴重な経験とも言えます。病気という経験を通して、大きく精神的な成長を遂げることができるからです。

幼くして亡くなった子どもたち

精神的に進化したレベルにある人々の多くが、転生の中で、子どもを幼くして亡くした経験があると言われています。そうした人は、その悲嘆、悲哀という切なる経験を通して、他人に対する優しさ、苦しみの理解や生命へのいとおしさという深い情操を育むからです。

悲嘆にくれる親と違って、子どもたちは高波動界のスタッフ、施設によって、この世にいるときよりもスクスクと早く成長していきます。学習能力も地上界よりも進み、苦痛、病気、貧困もなく、地上界にいるときよりもずっと幸せだと言えるでしょう。やがて両親が高波動界に来たときには、本当は若々しく立派に成長した姿となっているのですが、幼子のときのままの姿となって出迎えます。そうしないと誰かわからないからです。

このように、死んでいく人にとっては、死は必ずしも悲劇ではなく、あとに残された者にとってのみ悲劇なのです。この事実は、残された両親にとっては本当に朗報ですね。

光の波動を保持していた人の死後

宗教家の中には、自分たちの言う信迎の道を歩めば、死後には光ある世界、花咲き誇る世界に行くことができると説いている人もいます。しかし、残念ながらそのようにはなりません。

ある宗派の信仰の道を歩めば、自動的に光明の世界に行くのを約束されるということはありません。個人の持つ固有の波動に共鳴する環境に引きつけられることになるからです。光明の世界にすぐ到達できるのは、簡潔に言いますと、生前より光明の波動を自分の内に醸成し保持している人のみです。生前の精神的レベルがもたらす波動エネルギーが、生前と同質の死後の環境をつくり出していくことになります。

高波動界の真実をまだ理解しておらず、自分の死すらわからない人は、その制限された気づきのために、光明の世界どころか、全体的にもやのかかったかすみが立ち込めたような、うすぼんやりした環境で生前と同じ行動を繰り返しています。この段階では、見守られつつ、しばらくそのままにしておかれます。制限された意識のために、周囲にいる援助する人の姿も見えていないからです。

自分は死んだのではないかという受け入れ態勢が整ったときに、はじめて援助の手が差しのべられます。この世の人々の、あの世に対しての無知の程度がひどく、そのまま死を迎えるために、あの世の高波動界でケアにあたる人々がどんなに苦労されているのか、容易に推し量れると思います。

死後の個性、性格、習慣

死後に、個性、性格、習慣やその人らしさに何らかの変化があるのでしょうか。

死んだ初期段階においては、行動パターン、習慣、物の考え方なども何も変わらず、肉体を捨ててプラズマ体の身体となった変化だけです。生前に悩みを抱えていた人は相変わらず悩んでいますし、自分本位の人々は相変わらずそのままです。高波動界についての知識・真理を身につけていくことで変化していくしかありません。そのプロセスというのは、当人が生前より持ち込んだ誤解、思い込み、偏見、誤った信念との戦いそのものと言えるでしょう。死の直後は、ものの考え方が地上界を反映して物質的、世俗的、現世的であり、物を離れて考えるということは、やはり難しいのです。

やがて、生命には物的側面と同時に、より振動数の高い領域である非物質的側面――光の波動の世界があることを理解していきます。実は、光の振動の世界があって、その構造があってはじめてその複製としての、かつ振動数を下げた側面としての物質が存在できており、物質的側面のみの存在はありません。

このことは高波動界の基本知識であり、この理解を基にして意識は限定、制限された状態から少しずつ解放され、成長拡大していくのです。

高波動界の最下層は地上界と同じ環境

高波動界の最下層は、この地上界の複製のごとくそっくりの環境です。環境がいきなり地上界とあまりに違うと混乱し、精神的ショックを受けるからとの配慮から、あえてそうしているのです。

それでもその環境になじめず、元の世界、すなわち地上界に対する愛着、執着のためにこの世に引きつられて戻ってしまう者もいて、しばらくわが家や仕事場、懐かしい場所などに行きます。しかし、誰も自分の存在に気づいてくれません。自分は死んだのだとしみじみと理解しはじめた頃から、生前身につけた波動エネルギーに適合した場所に行くこととなります。

高波動界の上位にいくにつれ、光と色彩にあふれる環境となり、そこではすべてのものがこの地上界よりもあざやかな光を放っています。プラズマ体から出来ているからです。常に春めいた陽気で、緑と花にあふれており、海、河、空もあります。

ただし、物理的にその人固有の波動エネルギーレベルを超える世界には行くことはできません。光ある世界に行くには、覚醒、気づきが何より重要となります。覚醒とは、地上に捉えられ、引きつけられている状態から解放され、霊的自覚が芽生えはじめ、今から本格的な生活に入るのだということをしっかり認識することですが、これを仏教では〝成仏する〟という言葉であらわしているようです。波動の変化に応じた環境の変化については、後述することとします。

凶悪犯罪者の死後

残忍な殺人犯や利己的理由から多くの人を不幸に陥れたような人の場合、生前、当人が長いあいだ醸成してきた波動エネルギーの質に違いが出来上がります。自らの内面から湧き上がる罪悪感、後悔の念、葛藤に加えて、被害者から放たれる恨み、怒りのネガティブエネルギーによって、自らの周囲に光を拒否した黒いオーラが形成されます。

死後もその固有の波動エネルギーに共鳴する世界の居住者になるのですが、この世よりもはっきりとその質の違いが見てとれる環境になります。光を自ら拒否しているのですから、自分の周囲に光をほとんど通さない、薄暗く周囲に誰一人見えない中に悄然《しょうぜん》とたたずむことからはじまります。当初、その環境をつくり出しているのは自分自身の思念——意識——だということがわかりません。環境は波動の質を映す鏡です。自分自身を省みて、痛切に反省するにつれて少しずつ光が射してきます。その期間は千差万別ですが、次第に光の世界に招かれていきます。そして、再び転生した際には前世の埋め合わせの試練の旅路が待っています。すべてのことにはバランスを取ることが必要とされるからです。

このようにして、ネガティブエネルギーを光のエネルギーに変容することができるのです。

家族、配偶者、知人、ペットとの再会

家族だった者、配偶者、知人、友人と、死後すぐに再会できるのでしょうか。自分がすでに死んだ存在だと気づき、新たな世界で新たな生活に取り組んでいくという意識が生まれた時点で再会できますが、その時期は、人によっては死を迎えてすぐ、あるいは長い療養、医療的ケ

アの後に出会える人もあるでしょう。それはまさに歓喜の瞬間です。さらに、かわいがっていて先に死んでしまったペットも迎えに来ています。

高波動界は人の死期がわかる

亡くなるときや場所は人により異なるにもかかわらず、高波動界の人々にはなぜ死期がわかるのでしょうか。

あなたと亡くなった人々とのあいだに愛念があれば、愛を引き寄せるエネルギー（親和性の力）によって、亡くなった人は、あなたが生きているときも常にあなたと一緒にいます。高波動界にとって、距離、空間、時間は全く問題になりません。あなたの死期をあなたよりもずっと前に察知しています。

そして、死の床に伏すときになれば、すぐそばに来て死の瞬間に備えます。宇宙では愛の念ほど強力なものはなく、愛情でつながっている場合、その波動エネルギーの共鳴によって決して離れ離れになることはありません。眠っているあいだ、また深い瞑想《めいそう》中には、この物質的次元――三次元の制限から解放され、プラズマ体――光の身体でどこにでも自由に行けます。もうすぐあの世へ移行することを、また新しく転生してくることとも含め、絆と親密性のある魂同士知らせ合い、確認し合うのです。

ある人が死期にあることは、その人固有の振動エネルギーによって間違うことなくわかり、出迎えることができます。その固有の振動エネルギーパターンは、人の指紋や認証番号と同じものだと理解しておいてください。逆に、両者が、また一方のみが会いたくないという場合、会うことはありません。

人はそれぞれ、この世でのおおよその生存期間、すなわち寿命（定命）をあらかじめ自らの選択で決めています。どのくらいの寿命とするかの選択に際しては、進化するため、カルマを解消するため、エネルギーのバランスをとるためなど、種々の理由がありますが、いずれにしても原則、魂レベルでの選択です。

どんな形をとるにせよ、死は別の次元にいる魂によって選択計画されます。人生の脚本は魂が書き、それを経験するのです。死は偶発的に起こるものではないと考えてください。

高度に精神的に進化した人の場合には、別の次元にいる魂と自我とのエネルギー循環が盛んですから、自らの死期を悟ります。一方、この世の物的・世俗的なことだけにかまけて生活している人は、自我と肉体のみが自分のすべてだと思い込んでいますので、魂と波動が違い過ぎるために察知できません。

前もって計画した人生航路が、予定どおりにいくことは難しいために、魂のレベルでその都度この世を去るタイミングを選択します。つまり、寿命も、その人の希望やこの世にいる必要性などを考慮して、当初の計画とは変化します。また、計画とはかけ離れた過酷で非人道的な環境に置かれた場合には、死を早めて、再度、次回の人生計画を設定するということもあるわけです。

愛情で死後も常に結ばれる魂

愛する人を亡くし、長いあいだ嘆き悲しんでいる人もいます。でも、嘆き悲しんでいる遺族の隣に逝去した人は立っています。一時期ですが。愛する人たちが感じていることを、亡くなった人はそのままひしひしと響くように感じます。悲しみは悲しみとして、痛切に感じられるのです。悲しみ続ける家族の波動エネルギーのために、身動きがとれないほどです。遺族の悲しみによる情念から、やっとのことで解放され、次の将来の生活にたどりつけるまで、拘束状態のようになるのです。

その意味で、悲嘆という濃い暗いエネルギー波は、亡き人の魂の成長を妨げます。それとは逆に、前向きな愛念を逝く人に送る場合には、その人の道を照らし成長を促します。だから、いつまでも部屋をそのまま残していたり、毎日写真を見て悲嘆にくれる生活はすぐにやめることです。双方のためになりません。

お互いに愛情があれば、目には見えなくても、彼らの魂は常にあなたと一緒にいます。愛情をもって解放し、見送ることで、逝去した人も早く次の生活に移れるのです。あなたが亡くなったときには、すぐにその目で見て触れて会うことができます。地上にある者は自分の人生の役割を十分に果たし、逝った人は新しい生活に順応、学習する生活に入ることで互いに成長し、また再会することとなるのです。地上の生活は、長い魂の歴史の中においてはほんの一瞬の出来事にすぎません。地上を去るときがそれぞれあり、そのときが至れば祝うくらいの方が適切だということです。高波動界という光あふれる驚異の世界で再びあいまみえることになるからです。

亡くなった人の魂は常にあなたとともにあると言いましたが、常にそばにあるというのは比喩としての表現でもあり、実相としてのものでもあります。この世では、ある地点から他の地点に行くのに距離と時間が発生しますが、高波動界においては時間も空間的距離も問題となりません。ある人に会いたいと思い、相手も拒否していない場合、その人に意識の焦点を集中するだけで即その人のそばにいるのです。遠く近くということではなく、どこにでも瞬時に行くこと、あらわれることができます。

その場合、直線的に移動するのではありません。結果、いつもいたる所にいるのと同じことであるために、常に一緒にいるという表現も可能なのです。また、愛の念（親和性）による磁気的つながりが出来ているため、いつも隣にいるのと同じとも言えます。

一方で、お互いに愛がなければ会うことはありません。一方的な愛では会えないのです。家族であれ、知人、友人でも同じです。また、個々の精神の進化の度合いが異なりますので、会っても長く生活をともにすることはできません。元夫婦の場合でも、精神的レベルで結びついていなければ、会うことも、ともに生活することもありません。その精神的距離こそが本当の距離なのです。

身体障害者の死後

この世で先天的、後天的に身障者となった人たちや、遺伝的原因で病気になっている人たちは、前述したように、高波動界においてはプラズマ体という光の身体によって生活をします。そして、そのプラズマ体には障害や遺伝的特質といったものは残りません。肉体に障害があるのであって、プラズマ体や魂のレベルでの障害ではないのです。

しかし、亡くなった後、身体に依然障害があると強く思っていると、プラズマ体はそのとおりになります。思念がそのまま現実化する世界だからです。よって、高波動界においては何らの身体的障害はないと教えてあげなければなりません。

脳に障害のある障害者（情報の受信、返信機能の障害）は、地上の生活では経験の幅、学習の程度が限られ、自己表現の機会が制限されるために、健康な身体であれば得ることができたはずの経験と成長が限定されたものとなってしまいます。死後、その未学習の部分を補わなければなりません。急速に成長発達を遂げると、一つの魂として何の障害もなくなりますが、亡くなった直後には幼児――未熟児として天界の療養所にてケアされます。脳を含む身体的障害が長期にわたる場合は、プラズマ体の中の一番低い振動域である液体状～ゲル状プラズマ体に影響を及ぼしますが、それより高い振動域である気体プラズマ体や魂のレベルには何の影響もありません。

生前、肉体の複製体として肉体と同じように縮んだり変形したりしていたプラズマ体は、肉体の死後解放されてすぐに正常な形態に戻ります。

高次元世界での容姿、外観は、この地上にいるときとは変わります。若いときの身体を望めば、老いさらばえた肉体が三十歳代の若々しいプラズマ体――光の身体に変わります。それは、自ら輝き発光する体なのです。幼くして亡くなった人は地上のときに比べて早いスピードでスクスクと育ち、前と同じような成人の姿となるでしょう。基本的には、自らの意識に刻み込まれたとおりの、生前の容姿を保ちます。

高波動界でより振動数が高くなるにつれ、個としての意識は薄れていきます。自分があるようだということは感じますが、手や足などの体感は薄れます。しかし、自分の姿を強く意識すると、自分の姿がすぐにつくれるのです。老成した姿、若々しい姿も、それを強く思念すると、いつでもそのようになります。

それは、魂のレベルで老いたり若くなったりするのではなく、プラズマ体がそうなるのです。読者は驚くかもしれませんが、人間の本当の姿というものは、人間という存在形態を超えたまりのようなフワフワした球型なのです。自分を強く意識したり、外に対して何かを働きかけたりすると、この球形の姿から特定の年代の自分に早変わりします。これは思念の働きによるもので、いかに思念と環境が連動しているのかを理解するのにはよい一例です。

そのまりのような球形は、自ら白っぽく光り、光の合成体として高速で振動しながら脈打っています。個としての意識が薄れたとき、精神統一のとき、瞑想時には、この球形になります。

日本神道では、円形の鏡を珠玉・魂のように考えますが、それはこのことを指していると考えられます。人間らしい姿はすっかり消え失せるのです。驚くべき現象です。

なぜそうなるかと言えば、そのように人間はつくられたと言うしかありません。人間としての生命とは、この球形がいわゆる人間になったものです。人間のふりを一時期しているとも言え、魂とは人間という存在や形態をはるかに超えた存在なのだという一端が、このことからもうかがえます。

高波動界の者にとっては、プラズマ体こそ実在であるという実感があります。逆に、この世の肉体や環境の方が実体感のない影のような存在なのです。臓器や器官は、低振動域にある液体状～ゲル状プラズマ体にはまだ残存していますが、より高波動域の気体プラズマではすでに消滅しています。なぜなら、もう必要性がないからです。

それに代わって、気体プラズマは高波動界で生活していくために必要な器官を備えています。たとえば、声帯は話す必要がないのでありません。テレパシーで互いに思念をやりとりすることで通じ合うからです。肺による呼吸も必要ありません。プラーナ管による生命エネルギーを取り入れるからで、栄養を摂取するための消化管も排泄《はいせつ》器官も消滅していき、なくなってしまうのです。

死んだことにも気づかないなど、まだ覚醒にほど遠い人たちは、当然、話をすることによって意思を伝えることが当たり前だと思い込んでいますので、声帯や話すことに必要な地上時代にあった器官もすべて残存しています。それらの器官は、液状体～ゲル状プラズマ体から出来ており、意識的に向上するにつれて液状プラズマはすたれます。そして、物的次元での食欲、性欲、物質欲などへの関心も薄れ、その意識的変化がプラズマ体にも変化を起こすのです。

集団意識でつくる天国と地獄

さて、天国や地獄のようなところは本当にあるのでしょうか。集合意識、集団思念の結果、地上にいたときにイメージしていたとおりの天国がつくられています。仏教徒には仏教徒のイメージする天国があり、キリスト教にも、イスラム教にも、ヒンズー教、そして他教徒にも、それぞれのイメージに沿った天国とされている場所がつくられています。

しかし、それはまだ幻想的な世界であって、高波動界の上位階層の、光あふれる、いわば天国とは比べものにならない俗的なレベルでしかありません。そして、その俗臭のする世界にずっとふけることには許されていませんので、然るべきときになると次のステップに移ることになります。

高波動界の上位階層を真の天国と呼ぶならば、それは実在します。しかし、その人固有のエネルギー振動が天国の振動レベルと共鳴するレベルではないと、その世界に入ることはできません。物理的に不可能だからです。高振動・高エネルギーの世界であるため、より低いエネルギー状態では跳ね返されてしまいます。また、まぶしくて近づくこともできないでしょう。真の天国は、元来あった世界ではなく、高い意識を持つ魂たちが統合意識で共同、集団的につくり出したものです。

地獄を、天国と対照的に光が差し込まない暗いジメジメした世界のことだとするなら、そういう世界も実在します。その世界は、光を拒絶し、背く生き方をして亡くなった人たちの集団的思念、想念によりつくり上げられたもので、天国同様、元来あったものではありません。あくまでも想念のつくり上げた世界であり、その世界の想念、思念を反映した結果出来上がったものです。

ネガティブに染まった想念が浄化されれば、おのずから自然に消失していく世界でもあります。ネガティブなエネルギー(憎悪、敵意、恐怖、利己的物的欲望など)につき動かされ、自らの欲望や利益のみを追求したような人生では、ものの考え方、感じ方、行動にそのエネルギーが染み込みます。そのことが重い密度の波動を生み出し、その波動エネルギーに即した環境をつくるのです。

また、その世界の持つ暗くもっとも重い密度の波動エネルギーが、それと共鳴する個人のエネルギーを捕捉して離そうとしません。共鳴同調するエネルギーを持つ個人を次々と取り込んでいくのです。個人の波動エネルギーに同調する階層の世界に引きつけられるのは、科学的な自然の法則にほかなりません。

第二章　あの世の身体――プラズマ体（光の身体）

プラズマこそ一般的な物質の状態

本章では、今まで何度も話に出てきたプラズマ体について説明していきましょう。
まず、私たちの目で見えるのは全存在の一％以下であるということの意味をよく考えてください。今までは目に見えることがすべてであると考え、目に見えないものに思いが及ばず、無視したり軽視したりしてきました。しかし、特に現代では目に見えない電波・マイクロ波などの電磁気（光）や電子を利用して、通信、記憶、情報処理をしていることは周知の事実です。可視光線以外の電磁波（光）も視野に入れ、思考の制限を取り外して意識を拡大していく時代が到来したのです。

なかでも、常に頭に入れていてほしい重要なことがあります。それは、すべての物質、生命体、惑星、恒星も含めて、この世のすべてのものには、私たちが目に見えて触ることもでき、実体感のある物質的側面と同時に、その物的側面の電磁気的複製としてのプラズマ的側面があるということです。このことを、しっかりと思考の大きな柱として意識の中に根づかせてください。それなしには、今からの話も全く理解できないと思うからです。

実は、プラズマとしての構造と機能があるからこそ、物質は構造を保ち存在できるのです。言ってみれば、プラズマが実体で、そのプラズマの振動数を低下させ複製としての物質が存在しているのです。

さて、そのプラズマですが、通常、物質は熱を加えると固体から液体、液体から気体へと変化（相転移と名づけられていますが）していき、さらに熱を加えると電子が原子核から離れて自由になります。この自由になった電子とイオン化した原子核を含む電離気体を「プラズマ」と呼んでいます。

これまでに何度か、液体～ゲル状プラズマ、気体プラズマという表現が出てきましたが、プラズマには電子密度や電子温度の違いがあり、いくつかの種類があります。通常の気体よりも粒子が激しく運動している高温プラズマもあれば、粒子の数が少なくて密度が低く温度も低い冷温プラズマまであります。ちなみに、高温プラズマとは、プラズマを構成するすべての温度が高い状態のもので、低温プラズマとは電子密度のみが高い状態のものをさします。

宇宙スケールで見ますと、プラズマこそが一般的な物質の状態です。固体、液体、気体の方がはるかに少なく、宇宙の九九％がプラズマ状態にあります。広大無辺の宇宙空間は決して何もない状態ではなく、プラズマなしに語ることはできません。プラズマこそ普遍的な物質の状態なのです。プラズマ体という存在のあり方は、特別な生命形態どころか普遍的な現象であり、この世の肉体のように固体化した状態の方が特殊なものと言えます。

プラズマは、固体、液体、気体に次ぐ物質の第四形態と言われますが、他の物質形態とはかけ離れた驚くべき特徴を持っています。

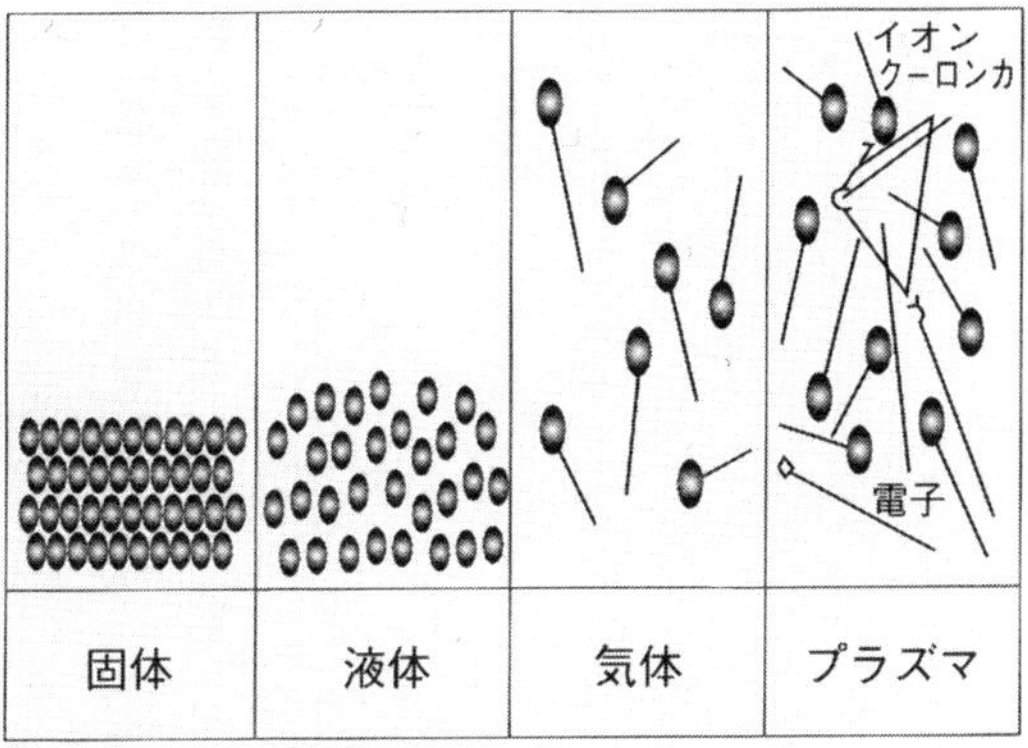

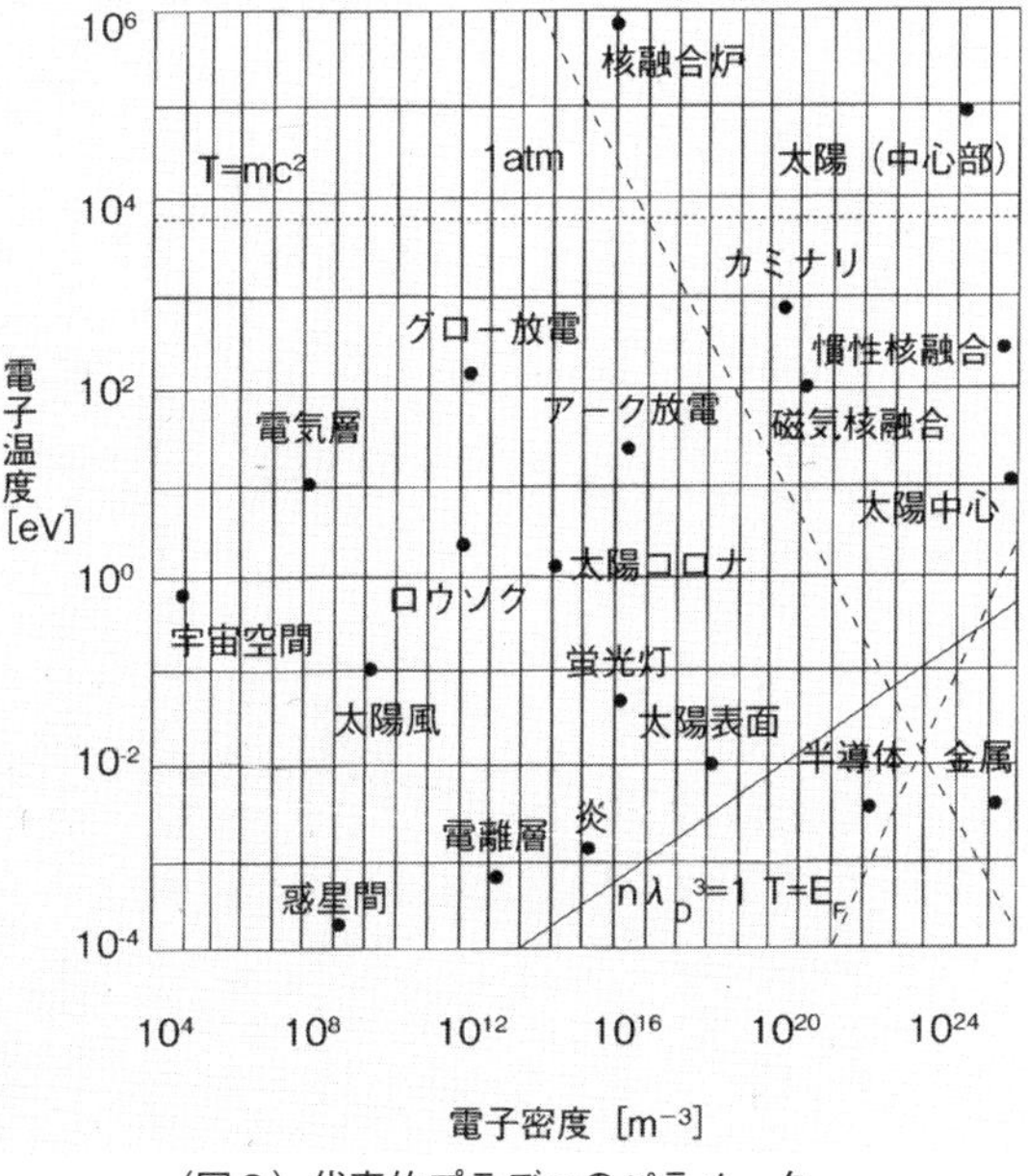

（図2）代表的プラズマのパラメーター

プラズマは電気的に中性ですが、電子が自由に動けるので非常によく電気を通し、またプラズマ中のイオン・電子間に電磁気力（クーロン力）が働きます。このクーロン相互作用エネルギーと熱エネルギーのどちらの力がどれほど強いかによって、イオンと電子のほかに多数の微粒子を持つ微粒子プラズマの場合には、気体、液体、固体になぞらえられるプラズマ状態が発生します。クーロン相互作用エネルギーより熱エネルギーが十分大きい場合、微粒子は自分で飛び回るため気体になぞらえられる状態、すなわち気体プラズマになります。

また、クーロン相互作用エネルギーが熱エネルギーより大きくなると、微粒子間に秩序（自己組織化）が生まれ、液体になぞらえられる液体プラズマに、クーロン相互作用エネルギーがさらに大きくなると、微粒子は規則正しく配列し、結晶構造を持って物質化し、固体になぞらえられる状態、すなわち固体プラズマになっていくのです。

宇宙に存在する全物質の九九％はプラズマ

自己組織化とは、微粒子プラズマで条件が整って規則的な構造を持つ微粒子集団――分子自身が自然に並んで構造をつくることを言います。精密な構造、組織をつくる、つまり自然発生的に秩序形成機能をプラズマが持っているのです。まるで、高度な知的生命体のようですね。

この秩序形成機能によって、情報保持・伝達する構造や機能が生まれます。これが、生命体の非物質的身体であるプラズマ体だと考えられるのです。そしてそれは意識を持ち、知的で生きている構造体でもあります。プラズマも素粒子の一種である電子や他の素粒子のふるまいによって出来ているのですが、このプラズマの組織化を捉えてみても、すでに素粒子レベルで基本的な知性、情報が組み込まれていると考えられます。素粒子については後ほど詳しく述べていきます。

　プラズマの粒子は運動エネルギーが高く、激しく運動して他の中性の原子や分子に衝突し、それによって衝突した原子・分子を振動させます。この振動状態にある原子・分子は、その後振動の小さい状態に戻りますが、そのときの余分なエネルギーが光となって放出されます。それがプラズマ体の光なのです。この光は、私たちの目に見える可視光から、プラズマ体の光のように目に見えない領域にまで及びます。前述のように、宇宙空間には宇宙エネルギープラズマが限りなく詰まっており、無や空っぽなのではありません。

　宇宙と人体は、ともにプラズマによって構成された電機的生命体です。換言すれば、宇宙と人体に共通する基本的な働きは電気であり、プラズマです。私たちは電気的生命体であり、電気的空間の中で生活しています。宇宙の九五％は、ダークエネルギーやダークマターより構成されているとされ、その正体は不明とされていますが、これはプラズマです。

　このプラズマが、大宇宙――マクロコスモスから極微の物質ミクロコスモスまで、全空間をあまねく満たしています。宇宙に存在する全物質の九九％はプラズマだと言われています。

　プラズマは、原子核を離れて自由になった電子が無数にあるために、電気を非常によく通します。この電気伝導性が高いため、プラズマに満ちた宇宙空間には大量の電気（電子の流れ）

が縦横無尽に流れているのです。そして、プラズマの中で電気が流れると、そこに新たなプラズマ流が発生します。すると、プラズマの粒子は全体として粘着性が強く、自らを組織化し、そこに特徴的なフィラメント構造が生まれます。

プラズマが電流の媒体となり、電流によって生じるプラズマ流から自己組織化によって特徴的なフィラメント構造が出来ます。こフィラメント構造のことを「プラズマフィラメント」と呼ぶことにしましょう。このプラズマフィラメントは互いに絡み合い、しめ縄のような構造となっているのです。

DNAの二重らせん構造も、いわばしめ縄のような構造をしています。プラズマフィラメントは宇宙空間に無数にあります。複数のプラズマフィラメントが接近すると、そのフィラメントの周囲に発生する磁場によって引きつけ合い、絡んで、より大きなしめ縄のようなフィラメント（繊維束）となります。これを繰り返していくと、最大の直径が一〇〇億光年に達することもあります。そのような巨大フィラメントは重力も巨大となるため、収縮をはじめます。すると、その収縮連動がまた新たな電流を生み出し、新たなプラズマフィラメントを形成します。

こうして、重力エネルギーが電磁気エネルギーに変換される形でさらに巨大なプラズマフィラメントに発展していき、銀河の渦巻き構造を生み出すのです。

そういった意味で、銀河は宇宙空間に生み出された巨大な送電網と言えます。銀河から噴出するプラズマジェットがフィラメントとなって宇宙空間に広がり、フィラメント自体が電流であるために磁場を生み、銀河団をつくり、ついには宇宙の大規模構造をも生み出したのです。

　プラズマには決まった大きさはなく、ナノサイズもあれば、宇宙規模のものまであります。極小のDNAを構成するプラズマフィラメントから巨大な銀河まで、電気回路ネットワークがすべてをつなぎ、情報を支援し、統合しています。宇宙のすべてを媒介して情報交換、記憶保持し、宇宙空間を満たしているのがプラズマだということです。

　フィラメントや渦巻きといった構造は、お互いが生み出す磁場・磁力によって同じ方向に動いている外の渦やフィラメントを引き寄せ、自己組織化しながら成長します。プラズマはらせん状の渦構造をつくったり、一定条件下では渦糸が結晶構造をつくったりすることもあります。

なお、プラズマ中に混在する微粒子では、数マイクロメートル程度は強い電荷（プラスやマイナス）を帯びるため、微粒子同士のクーロン相互作用、すなわち電磁気力によって個々の微粒子が規則正しく配列し、結晶構造をつくることがあります（物質化）。

　ちなみに、チャクラも、らせん状の渦構造のしたプラズマ体です。それ自体が情報センターでもあり、高速回転しつつ、エネルギーの取り込みをしていますが、銀河の構造や回転とよく似ています。

　また、光の身体――プラズマ体も、渦構造とフィラメントのらせん状、しめ縄状の構造が、電気と磁気の相互作用によって引きつけ合い絡み合うことによって複雑な構造をつくっているものと考えられます。

　それにしても、銀河団のようなマクロからDNAの中のナノサイズまで、同様の構造が組み込まれているのは本当に驚きです。

電子が果たす宇宙の根本的役割

プラズマ的宇宙とは、電気（電子の流れ）が自由に流れる電気的空間であり、そこに電機的生命体が生活しています。その意義について考えてみますと、電子はこの宇宙の根本的役割を本当によく果たしているのです。

プラズマ体は、光と電子の相互作用により、自ら光る不可視領域の光を常に放っています。あの世――高波動界の存在は、おしなべてプラズマによってつくられていますので、それぞれ自ら光り輝いています。電子がなければ光は直進するだけであり、また、光がなければ電子は単純な運動しかしません。光が電子の運動を変え、電子が光を吸収放出するという相互作用により、光と電子が入り乱れた状態、すなわち電子の周りに光がまとわりついているような状態になります。

電子器機や電子レンジ、電子カルテというように、電子という言葉がよく使われますが、電子は宇宙の中でも中心的な役割をしています。そこで、電子もその一種である素粒子全般について基本的なことから解説しましょう。

電子は電気・電流の基本単位となる素粒子です。電気的、化学的発光のいずれも物質の中の電子を高速で振動させることによって光を放出するのですが、ここで言う光とは、可視光だけでなく不可視の光も含みます。

電子において特に重要なのは、電子が光子と違って質量を持っているため静止でき、その性質のおかげで情報保有、処理、記憶の保持ができるということです。電子が激しく振動すると、それだけ振動数の高い電磁波（光）が発生します。また、この電磁波（光）は電子など、荷電粒子も振動させます。この相互作用、すなわち電磁波（光）⟷電流（電子の流れ）によって、ラジオ、テレビ、電子器機が作動し、照明灯も明るく光るのです。

電子と光は、生命の基本単位です。そして、光とは磁場と電場の振動――電磁波＝電子の振動波であり、波や音のような物質（水や空気）の振動ではないということを、よく認識しておく必要があります。

光子は、荷電（プラスとかマイナス）も質量もないために一定の速度で走ります。そのため、光は情報伝達に適しており、宇宙は無限の情報エネルギーが行き交う空間なのです。

光は、電気を持っている粒子すべての振動数を変えます。プラズマ体とその中にある無限の電子振動によって電子は多数の光を放つのですが、電子振動が高くなればなるほど、波長の短い高エネルギーの光を放射します。波長の短い高エネルギーを放つプラズマ体は、高波動界の者にとっても正視できないほど、まぶしい光の存在となります。これが魂の進化した生命体の真の姿――光の仮身です。仏法では、これを「清浄なる法身」と表現しており、仏像もキラキラと金色に光輝く姿に彫られ着色されていますが、これには科学的整合性があります。高波動界の魂の進化した存在は、仏像のようにまぶしく光る御姿に映るのです。

日常生活のほとんどの現象が電子の働き

私たちにとって電子がいかに重要であるか。そして生命活動、情報の伝達、記憶などに根本的な働きをしているのか。それらのことについて考えてみましょう。

実は、重力を除けば、日常生活のほとんどの現象は電気的な力、つまり電子の働きです。私たちは食べ物から水素イオンを取り出し、この水素イオンを原料として電子を発生させている生命体です。プラズマの運動も、電子密度や電子温度によって決定されます。

プラスとマイナスのあいだを電子が行ったり来たりして振動する、この電子の振動がプラズマ振動であり、このプラズマ振動が私たちの生命になるのです。一個の電子・陽電子ともに一個の光子を吸収し放出します。また、光子が消滅して一個の電子と一個の陽電子を生成します。さらに、一個の電子と一個の陽電子が対消滅して、一個の光子を生成するのです。

このように、電子と光子のあいだには互換性がありますから、光は光電子とも呼ぶ方が実相に近いのです。この光電子がクオーク（亜電子）となり、原子を生成します。つまりこの光電子からすべての存在がつくり上げられるのです（この部分は現代物理学において、いまだ実証されていませんが）。ちなみに、電子とはモノではなく、実は状態をあらわす言葉です。それゆえ、電子の数が増減するということは、状態そのものが変化すること＝周波数の変化を意味します。電子や光子などの量子は、粒子性と波としての性質を併せ持つと言われます。

量子の持つ粒子性と波の性質については後に詳述しますが、ここでは波としての電子にフォーカスすると、その波のある範囲に、電子はどこにでも同時に存在し、さまざまな場所に同時に分身して存在していることになります。まるで忍者の分身のごとしなのです。波が広がっている範囲全体に一つの電子が同時に存在するというもので、これを状態の共存状態（重ね合わせ）と呼んでいます。ミクロな物質（電子）は波のように空間が広がり、複数の場所に同時に存在する、そして、素粒子の摩訶不思議な性質、重ね合わせの状態にあるのです。

マクロな物質は、このような複数の場所に同時に存在することはできません。この電子の性質が、後に詳しく述べるパラレルワールド、パラレルセルフという現象を生起させる基礎となるものです。

宇宙規模の情報を伝える超光速粒子

私たちの知る光、つまり電磁波の速度は、秒速三十万キロメートルです。そして、日常的には可視光線を光と考えています。それは、太陽から発せられる電磁波が主に可視光線であるため、それに対応して、私たちの視力の範囲も可視光線スペクトラムの範囲にフォーカスされて発達してきたのです。

しかし、高次元には実際にはもっとたくさんの光（秒速三十万キロメートル以上の無限のスピードの光まである）があります。これが意味するところは深遠かつ尽大です。なぜなら、地球でいう光の周波数帯——電磁スペクトラムというのは、全宇宙規模の無限の幅を持っている電磁スペクトラムの中では非常にわずかな範囲を示すものでしかないからです。つまり、宇宙規模の情報を伝えるのは、地球上の光子ではなく超光速粒子——タキオンなのです（現代物理学ではいまだに架空のものとされていますが）。

私たちの知る光は秒速三十万キロメートルのスピードですので、私たちはこの瞬間、八分前の太陽、四百年前の北極星の姿、二百三十万年前のアンドロメダ銀河の姿を見ていることになります。この速度では、正確に宇宙の実相を捉えることができません。

光速三十万キロメートル／秒というのが、私たちのいるこの物理次元（三次元）と高次元を分かつメジャーな指標となるものです。それは、自ら基準とする波動の幅によって天地の幅が決まっているからです。

この不可視の超光速の光は、宇宙の空間すべてを埋めつくしています。宇宙のすべての情報を運ぶ光の姿は、その無限の速さゆえに宇宙空間を満たす光の液体のごとくに映るでしょう。意識や思考の働きもこの光に基づいており、宇宙全体は、言ってみれば一つの意識体ということができます。つまり、根源に近いところでは、宇宙は同質で不可分なものになるわけです。魂の世界は時間空間に制限されない超越した世界である、ということの根本には、この超光速の光があるからなのです（詳しくは後述）。

「無限の速さ」という言葉からは、宇宙のどこにでも偏在し常に存在する、すべてのものを伝達し、光の充満した宇宙の姿がイメージできるでしょう。すべては一つのものであり、一つの根源エネルギーであり、無限エネルギーであり、無限のスピードの光子から電子が生成されます。そして、電子、光子ともエネルギー準位を降下させてこの物的次元をつくる物質化へと至った姿が、私たちの眼前にある環境なのです。

もう少し具体的に言うと、電子が変形して亜電子であるクオークとなり、陽子、中性子を形成し、あらゆる物質をつくるに至ります。この超高エネルギーの電子、光子は、宇宙のあらゆる空間を満たし、本来、意識生命体に仕えるように、根本エネルギーによってつくられています。特に、根源エネルギーの本質である愛のエネルギーに対しては、電撃的に反応します。

このように、光はすべての大本であり、すべては光からつくられています。この宇宙に存在する一切のものは、すべて光の変化によってつくられているのです。

意識をなす思考、感情という電磁エネルギーは、電子に働きかけ電子を条件づける（電子の数と振動数を決める）、それが思考形態（幾何学的形態）を生み、磁気作用によって、それに粒子が次々と引き寄せられ、振動数の低下、高密度化をもたらし、私たちにも見える物質化へと至るのです。それが私たちの現実であり、環境です。

ここで重要なのは、電子が意識によって条件づけられるという点にあります。電子は基本的に、愛に応え、生命に仕え、また生命を継続するための本源的なものとしてつくられたのですが、愛に至らない、恐怖、不安、嫉妬、怒りなどによって誤って条件づけられる場合もあり、それが負のエネルギー形態をつくり上げます。

これは、つくった本人の責任であり、それに向き合わねばなりません。誤って使用された電子のバランスを取って浄化すること、これが癒やし、カルマの解消といわれるもので、これにも科学的な理由、根拠があります。

宇宙の量子的性質

素粒子のことについて、簡潔に箇条書きでまとめてみましょう。

だんだんと話は難しくなりますが、高次元の世界を探索しようとするときにはどうしても、素粒子、量子などの摩訶不思議かつ根源的な性質を理解することが必要になります。この世界のことは誰にとっても大変わかりにくく、感覚的についていけないと思われがちですが、大体の枠組みをつかんでいただければいいのです。なぜなら、この分野を完璧にわかっている人はこの地球上にはいないからです。

（1）すべての素粒子、原子、分子は生きており、情報支援し、思考し、記憶する。
（2）素粒子、分子、細胞には基本的な知性が組み込まれている。
（3）一つの素粒子は同時に複数の場所に存在できる。——重ね合わせ、忍者分身の術。
（4）宇宙は情報処理し、生命を営み、思考している。宇宙は巨大な量子コンピューターで、知的生命体、意識を持つ波動である。
（5）宇宙は思考、感情を、形態形成場においてコピーする、巨大なコピー機。あなたの考えをあなたの周囲の環境へと何度でもコピーするとともに、あなたが考えを変えるとそのコピーの内容が変化し、すべてが変わる。

（6）宇宙は量子的な性質を持つ。宇宙空間とは量子場のことであり、すべてのものが潜在的に可能性としてどこにでも存在している。

宇宙の量子的性質は、重ね合わせの性質を有するため、あらゆる物質は潜在的に可能性として同時に存在しています。これがパラレルワールド、パラレルセルフ、多次元的存在につながる性質です。

この宇宙には、純粋に精神的なもの、物質的なものというのは存在しません。物資性は精神性を内包し、その逆も然りで、ある事象のどちらの特性がより顕著であるかは、その存在のあり方、顕現《けんげん》の仕方が違うだけで、本質的には同一のものです。

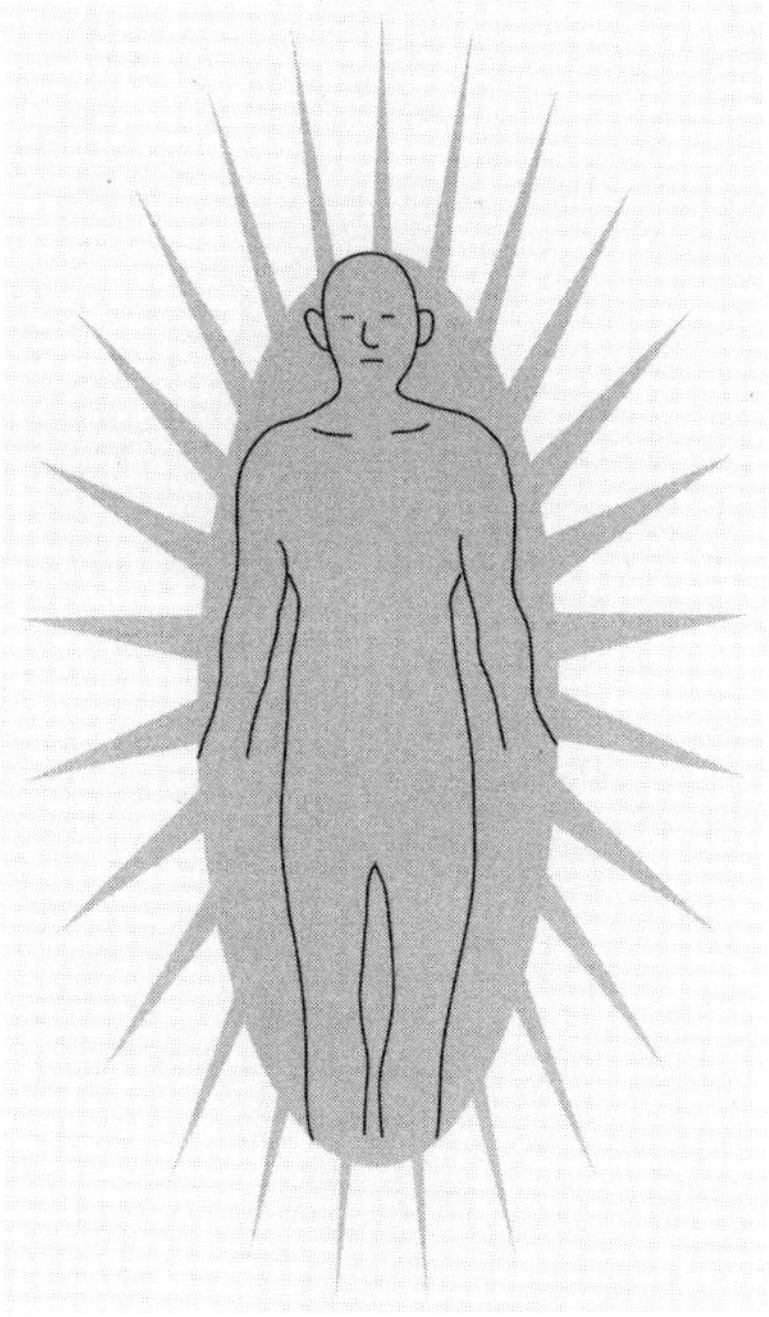
（図３）高波動界のプラズマ体と光

素粒子とは振動エネルギーのこと

素粒子とは物質の最小単位で、現在十二種類あると言われています。この素粒子が宇宙を形成しているのです。素粒子というと極小のピンポン玉のようなものをイメージするかもしれませんが、そうではありません。それは粒子のようなふるまいをするエネルギーのかたまりで、空間の中にポツンと存在する実体ではありません。

素粒子の状態や作用は数学的にしか表現できないもので、場の振動状態をあらわしたものです（場については後述します）。遠くから見れば球状のかたまりのように見えるにもかかわらず、近づくと実体も何もない「空《くう》」のようなものをイメージしてください。

目に見えない物質の作用とか存在を証明するために、理論物理学者は数学という道具を使います。その結果、物理学のもっとも基本的な理論は精密な数学によって表現され、この世界のありさまは驚くほどの正確さで数学に基づいているということがわかってきました。

素粒子とは、空間を満たしている場の振動エネルギーが集中して一つ一つ数えられる状態となっていることを指し、いわゆる「もの」ではないことをよく認識しておく必要があります。

電気的、磁気的現象が生起する場所

さて、前述した「場」というのは何のことかと、疑問に思う読者もおられることでしょう。場とは、電気的、磁気的現象が生起する場所のことです。

つまり、空間自体が何らかの性質を示すと考えるのです。例としては、「電場」「磁場」「重力場」などです。磁場とは、磁力の及んでいる場所、空間を意味します。

場がどのような振動状態にあるかによって素粒子の性質が決定されます。極微の空間には、エネルギー、素粒子を生成したり消滅させたりする能力があるというわけです。私たちの日常感覚が全く通用しない世界と言えそうです。

現代物理学においてもまた、もっとも根源的な存在を素粒子と考えておらず、むしろ電場や磁場のような「場」がそうだと考えられているのです。場には、潜在力を有する素地があり、量子場はいついかなる所でも存在するため、宇宙空間とはそうした場のことを意味するようになりました。宇宙空間＝量子場なのですから、近い将来、何もないと思われてきた空間から、高エネルギーやフリーエネルギーを取り出すことが可能になるでしょう。

電磁場（光）とは、「電場」と「磁場」の振動が対になって空間を伝わる波のことを言い、磁場の振動によって周囲に電場が生じ、電場の振動によって周囲に磁場が発生します。

つまり、あらゆる物理現象が場から生起すると考えられます。電子の実体も光と同じように場の振動です。素粒子の種類ごとに場が存在し、その場があらゆる地点で振動しているわけです。そして、万物は素粒子により出来ていますから、万物はすべて振動しています。

これらのことからわかるように、私たちは実体ということについて意識の改革をしなくてはいけません。今まで目に見えないとされてきた領域の事象が、意識の守備範囲に入ってきたからです。場の振動状態というのは、目に見える物質のように存在するかしないかではありません。それはいついかなる所にも存在していますが、その振動レベルがゼロであれば存在しません、振動レベルが上がればエネルギーも無限大に至るまで連続的に変化するものです。場のうち、九五%が電子場で、プラズマなのです。

物質は質量が小さいほど、波の性質や振動の状態が目立ってきます。逆に質量が大きいほど、この世にあるもののように振動の性質は目立たなくなりますが、その性質がなくなったわけではありません。目立たないので気づかないだけなのです。この世の物質は、ある振動数領域——周波数帯にあります。私たちにはこの周波数帯の中で生活しており、その周波数帯内に閉じ込められてもいるのです。私たちの感覚、知覚もその周波数帯にあるために、この世のものを見たり触れたり聞いたりすることができます。

この世の万物は振動数が低く、密度も高くて格子状に結晶化した物質となっていますので、振動の性質が目立ちません。高振動となると、振動の性質が顕著となり、私たちの視界から消えますが、消滅したわけではありません。

万物は波動からなっており、波動として機能し、波動に支配されているということなのです。

すべての存在は波動であって、波動がいろいろな形、姿に変身しているとイメージしてみてください。

その波動が、存在のあり方、エネルギー量、温度、輝度、色、性質のすべてを決定しています。そして、その波動は驚くことに、知性、情報、エネルギー、意識を持っている生きた存在で、一なる根源より無数の波動が縦横無尽に生きもののように行き交っている世界、というのが宇宙の真相です。

その無数の波動の中から、私たちは必要な波動を抽出、選択、利用しているのです。私たちは、自分たちの意識が共鳴する波動を選択し利用しています。

私たちの三次元と多次元の世界

振動数の違いが次元の違いを生みます。今いる私たちの世界を三次元の世界として、それより振動数の高い世界も存在します。私たちが認知している世界は、実は振動数の違う多くの世界が重層的に存在する多次元の世界でもあるのです。

多次元世界の、どの次元の生命体も、その生命体に共鳴する周波数帯にあります。私たちの肉体は三次元世界の振動数帯にあるため、この世界にいるのです。身体の波動エネルギーを高めれば一瞬にして私たちはこの世界から消え、そのエネルギー水準に適合した次元に出現します。

人間の肉体の死にまつわる振動数の変化――いわゆる死のときにこの現象が起こっているのです。死のときにこの世に適合した振動数を持つ肉体を捨て、肉体と同時に存在していたプラズマ体という身体をもって、そのプラズマ体の振動エネルギーに共鳴する次元にあらわれるのです。

この宇宙というエネルギーの大海中には、あまたの振動数があります。今、私たちはこの世の――物質界――三次元として言われている振動数帯にある肉体を持つがゆえに、この世に存在します。そして、他の振動数帯に存在する目には見えない生命体も、私たちの世界に同時に存在し、私たちをすり抜けているのです。

私たちにとっては親しみのあるこの世界は、多次元世界のほんの一部にすぎません。波動の帯の一つ一つに天地があります。一なる根源よりこの三次元の地球世界に至るまで、数え切れないほどの世界があるのです。全体から見れば非常に高密度で、振動数の低い特殊な世界に私たちはいます。

私たちの目で見える周囲の環境、惑星、天体は、光速三十万キロメートル／秒が根本となっていて、別世界との境界線にもなっています。この光速がこの世界の波動の基準です。それを基準として環境が出現しているというわけです。私たちが発する波動に共鳴するものだけを私たちは見ています。というより、視力はあるのですが、視力を通して、脳がつくり上げた世界が私たちに見えているだけなのです。超能力者と言われる人は発する波動が違っていて、波動と共鳴する別の世界が見てとれるのです。

高次元世界における知覚の変化

高次元世界になるにつれて、私たちの知覚はどのように変化していくのでしょうか。

意識の波動が上昇し高次元世界に入ると、この物的次元の世界とは違い、驚くほど知覚が変化します。たとえば、人の死後、高次元の意識状態になると、物的次元の固体性が薄れ、環境や人の姿がかすみのように映り、ついには光の身体――プラズマ体の方がより実体のあるものに感じられます。この物的世界の物質性がただのかすみのようなもの、幻影のようなものだと、はじめて認識、知覚できるようになるのです。

五次元世界では、その次元の存在にとっての固体性――見たり、聞いたり、触ったりできる、実体があって、実感がある――があらわれますが、これは他の次元存在にとって幻影のようなものでしかありません。環境を形成する振動数帯が五次元で、光の身体と近いために、固体性をもって感じられるのです。

また、同時に視覚の変化も起こってきます。物的次元の場合、私たちは頭蓋骨に開いた二つの小さな穴、眼窩から外界を見ています。光が物に反射して、その反射光が目に入り、脳内でつくられた映像を見ているわけですが、これは物の表面しか見えません。

高次元においては、物体をすべての面から同時に見ることができます。意識で物体の中に入り、その地点からすべての面を一度に見ることができるのです。然るに人体の中にも意識で入り、どんな微細な病変でもチェックできるわけです。そうした透視ができる人は地球上にもいます。その人が高次元の視力を持つからできる技です。

また、高次元において視界は三六〇度、一度に周囲をすべて認識できます。これは、物的次元のように光の反射を受けて見るのではなく、意識を物体の中に存在させる形で光の波動を受けることから可能になる見方と言えます。

この世、物的次元においては、物が見えるのは肉体的な視力によりますが、高次元において見えたり、聞こえたりするのは意識の作用によるものです。よって、目を閉じても見ることができるのです。換言すれば、意識水準、精神的進化度に応じたものしか見えないとも言えるでしょう。あるものがよく見え、あるものがよく見えないという場合、見えなくさせているものが精神内界に潜んでいるということを意味しています。

高次元の視力とは意識作用のなせるわざですから、実際はプラズマ体から流動性の触手が出て、どこまでも自由自在に伸びていく望遠鏡的な視力で見ようとしているのですが、本人からすれば、見ようとする対象が自分の方へどんどん近づいてくるように感じられる見方と言えましょう。

知りたいものを知る、見たいものだけを見るといった意識の向け方次第で、そのときに知る必要のある情報を得ること、見ることは瞬時に可能なのです。ということは、意識できる領域が三次元に比べとんでもなく拡大することを意味します。意識で見たり、聞いたりできるのは、意識をなす素粒子に、見たり聞いたりする能力がもともと備わっているからです。何か不思議

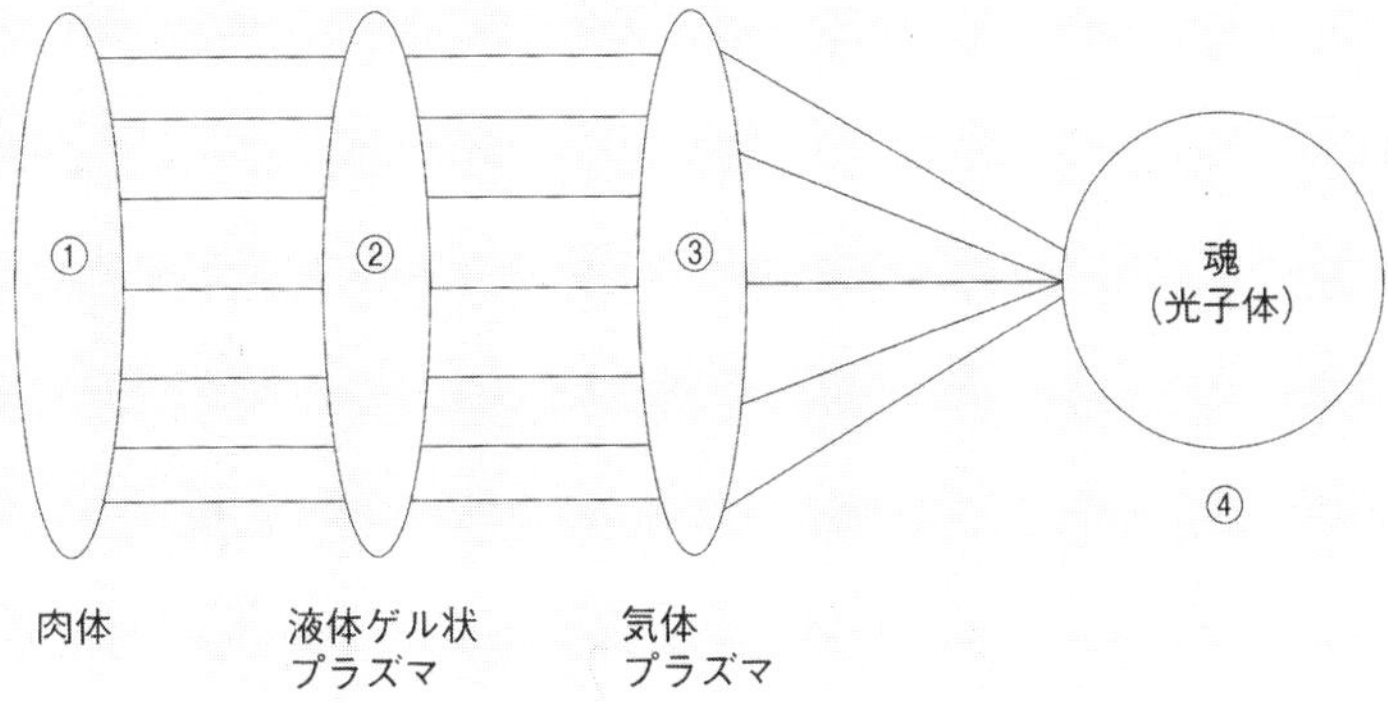

（図４）魂、各プラズマ体と肉体

な気がしますが、そういうことなのです。

意識の内容である思念を集中させるだけで、すべてのものが自分のもとにやってきます。物的次元では、いちいちそれぞれの対象に自ら移動して近づいていかなければなりませんが、高次元の世界においては、自らは動いてはいません。ちょうど劇場の回り舞台のようなものです。

高次元の世界は、すべてが私たちの内にあり、すべてのものと一体であるという統合意識のため、心を集中すれば、ある対象を見たり、聞いたりすることができて、周囲の環境をも変化させ、ある人と会いたいと思えば瞬時にその人の傍らにいることができます。高次元はそういう世界です。夢のようなことを言っていると思われるでしょうが、実際そういう世界なのです。そして、その世界はあなたの意識の中にあります。

肉体と液体、気体プラズマとの関係

プラズマ体には肉体の波動に近い液体状～ゲル状プラズマから、より振動数の高い気体プラズマがあり、プラズマ体は、全体として細かく速く振動して躍動する光の生命体です。図4にある②③④は、無数の電子で出来ていますので、光子による情報・イメージの送受信により相互作用し、それぞれ電子は記憶を有して、情報の送受信、保存を担っています。

生命の生命たるゆえんは、自己を複製することです。それは肉体とプラズマ体についても同じことが言えます。プラズマ体は、肉体の基本構造を支えるとともに、肉体の青字真、複製体でもあるということです。プラズマ体は自己複製を繰り返して、液体状プラズマから、より高振動な領域の気体プラズマ体へと、次第に振動数を高めながら階層的構造をつくるのです。図4にある②は、①の死に際してともに部分的に消滅し、残りは③へ統合されます。また、図4の番号に各光の身体を当てはめてみると、肉体①——生理体②——感情体③——知性体③——魂④となります。②の一部と③④は、それぞれ低位から高位に至るレベルの体を持っており、それぞれが階層構成をなしています。

人間は多次元的に振動するプラズマ体を持つ多次元的存在です。肉体はその中の一番振動数の低い高密度の世界——この世で振動する身体で、全体の一部にすぎません。

とはいえ、私たちの肉体は大変精緻な構造と機能を持っていて、現代においてもそのすべてが解明されたわけではありませんし、プラズマ体の内容についても、いまだほんの概説的、表面的な理解のレベルに留まっています。

下位液状プラズマである幽霊

よく、幽霊を見た、幽霊に足がなかった、透けて見えていた、などと言いますが、幽霊とは何かと疑問に思われる方も多いことでしょう。幽霊とは、肉体という物的振動に近い液状体〜ゲル状プラズマの一部が生前の姿のように見えたものです。物的振動に近いために、条件によっては人々の肉眼でも見えることがあります。その中に魂は宿っておらず、肉体に密接につながっている液体状プラズマであっても、下位の部分でやがて消滅していき、上位の部分は振動数の高い気体プラズマに隔合していきます。

下位の部分は肉体の中に胎盤のごとく浸透していた部分です。肉体の死直後には、その人固有の液状プラズマが残っています。このプラズマ体は魂と肉体を結びつける役割を果たしていました。

そして、そのプラズマ体は肉体の青写真を有しており、肉体の複製体であり、通常目には見えませんが、低振動のため、条件によっては見えることがあります。この、幽霊と言われているプラズマ体は、時間がたてば肉体と同様に分解していき、自然が新しく動物や植物など、肉体をつくる際に利用されます。

液体状プラズマ体も無数の電子によって出来ており、そのうちの一九％が自然に利用されるために宇宙の電子に戻り、残り八一％は上位の気体プラズマに統合されていきます。自然に再利用される前、この一九％のプラズマ体も電子記憶を持っていますので、一時的に、昔懐かしい職場や住み慣れた家、親しい人の前に姿を出すことがあるのです。

ここで、誤解を避けるためにはっきりと言いますが、人の目に見えるのがすべて、いわゆる幽霊ということはありません。光の身体の振動数を意図的に低下させて、私たちの目に見えるレベルにすることもできるのです。

幽霊の話に戻りましょう。この、目に見えるようになったプラズマ体には魂は入っていませんので、本人がそのまま姿を出したというのではありません。下位のプラズマ体でも、一時的にせよ生前の情報の記憶を保持していて、そのため生前の姿に似せることができるということなのです。驚くべきことです。どんなに小さな部分であっても全体の情報を有しているホログラムそのままと言えます。この下位のプラズマは、元来魂が転生する際に大気から引き出してきたもので、これを魂と肉体とのいわば接着剤、胎盤にあたるものとして活用したものです。

この世の生命体は、植物でも動物でもＤＮＡを使って情報の複製、生命の複製をしています。プラズマ体は肉体の電磁気的複製体であって、まず電磁気的構造がつくられ、それに沿って磁気的に素粒子が引き寄せられ、次々に振動数を落として結晶化し、固体にしたのが肉体なのです。下位から上位になるまで常に振動数を高め、複製を繰り返しています。だから、下位液状プラズマである幽霊と呼ばれる存在も、生前の姿に似た形をつくることができると考えられるのです。

意識的向上によって起きる現象

死に際し、プラズマ体が肉体から抜け出していくというのは、昆虫が成虫になる過程とどこか似ています。昆虫には、卵からふ化すると幼虫と呼ばれる形態になり、また幼虫が生殖能力を有する成虫になる過程で変態という現象が起きますが、まさにこれによく似ています。低次のプラズマ体から高振動のプラズマに移るときも同様の過程を経ます。真理の理解、気づき、意識的向上につれて起きる現象です。成長、進歩するたびに身体を脱ぎ替えていきます。

魂が死ぬのではなく、魂を表現するための媒体である身体が変わるのです。そういうふうにして、媒体身体の死を何度も繰り返していきます。ですから、死は悲しむより喜ぶべきことと言えます。進歩、進化があるたびに、媒体身体の死、脱皮があり、次の身体に移るからです。その進化の段階にふさわしい身体をまとうのです。そして、自らを表現創造し、進化するたびに、それまでまとっていた身体が自動的に脱げ落ちていくわけです。驚くべき現象です。

また、この物的次元の世界においても、実は肉体も七年ごとにすべての細胞が入れ変わって、新しい身体になっています。身体は毎秒三百億個の細胞が分裂し、一秒間に五十万個の細胞が入れ替わります。

プラズマ体の場合、その生活する高波動界は、思念、想念がすべて現実化する世界です。精神の支配する世界で、精神が最高の権威を持つ世界です。意識の向上、成長がもっとも重要な指標で、媒体身体の脱ぎ替えも、精神が指示することにより現実化したものなのです。

魂の進化に伴い、その乗り物が変わると考えましょう。魂の振動数は、肉体とは桁外れに違うので、そのあいだをつなぐ身体を必要とします。それは、魂が物的次元――三次元に入り込むときに必要な措置です。ですから、肉体の死の場合には、より高振動の世界に入るためにその逆の現象が起きます。より洗練された身体をまとい、より高位の高振動数の高波動界に帰っていくのです。

肉体と光のエネルギー体（プラズマ体）

この物的次元に生きる人の肉体の周囲には、さまざまなエネルギー体、つまり光の身体が重なり合って存在しています。それぞれの光の身体は輝く光の卵のような形をしており、お互いを包み込むような配列になっています。より詳細に分けると、人間の場合は九つのエネルギー体が、動物の場合は三つのエネルギー体が存在しています。そのエネルギー諸体は、無数の小さな光の粒子が宙に浮かんで、明るい卵形の体をつくっているように見えます。

私たちはたくさんの光の層から構成される存在です。もっとも密度の高い層が肉体で、その周囲に層状をなして光り輝くエネルギー諸体――光の身体はオーラと呼ばれているものに相当します。光の身体の内部は、光の糸で編まれたネット、光り輝く繊維の束である、プラズマフィラメントです。これは、視覚的には幾何学的な形状に配列されている、自ら光る発光体です。

このプラズマフィラメントは、情報の保存、記憶、情報交換、解釈という機能を素粒子レベルで瞬時にやってのけるバイオコンピューターです。光の身体は周波数が高いため、自己生成ができ、エネルギー的にも自己補給できるシステムになっています。光の身体――プラズマ体は無数の電子で構成されており、電子の密度と回転数により、低次のものから高次のものまで存在しています。この電子は記憶を有す暗号化されたマイクロフィルムのようなもので、膨大な情報を保存、処理することができます。

感情や知性は脳の働きによるものだというのが、現代医学や一般通念においても当たり前のことになっています。ところが実際には、感情とは、感情体（アストラル体）から、そして心もメンタル体から、あふれ、流れくるエネルギーにほかなりません。

脳は、何かを考えたり、感情を抱いたりしてはいないのです（このことについては後に詳しく触れます）。感情体、知性体の振動数は個人により違うため、質や形態、音、色、さまざまの点において、誰一人同じ人はいません。感情体はその人の心の持ちようにより、黒いもの、灰色のものが見えたり、まばゆいばかりの白や金色、青色のものがあったり、あらゆる色彩の色が点滅しています。人の進化レベルは光の身体から発せられる輝き、色、音により即座に見てとれるのです。

生命を維持する光ープラーナ

どの光の身体もプラーナ体を持っています。プラーナ体は肉体、感情体、知性体に浸透し、それらエネルギー体の生命力を維持し、そのプラーナ体の生命維持力がないと光の身体は存続できません。

チャクラはプラーナ体についているエネルギーセンターで、そこから身体の各細胞に経絡というものでつながっています。毛細血管のように、体のいたる所を流れる電磁エネルギーのハイウエーが通っており、全身の各細胞に生命エネルギーを送り込むシステムが出来上がっているのです。

愛の思いに至らない思考や感情が積み重なって、大きなエネルギー塊がつくられると、エネルギー体の一つ、ないしは複数の回転異常を招き、グラグラし、機能不全となってしまいます。そうなると、エネルギー体の色彩や音の不調和としても知覚され、身体的な病の原因ともなります。

プラーナ体の活力やエネルギーの流れがさらに低下すると、身体的にも重症化し、本来、肉体の表面や周囲に認められるプラーナ体は肉体の中に引き込まれた状態となって、消え失せてしまいます。病気というのは最初、エネルギー身体――光の身体の不調としてはじまり、その段階で解消されればいいのですが、バランスが回復されないと、最後に肉体的な不調、病気と

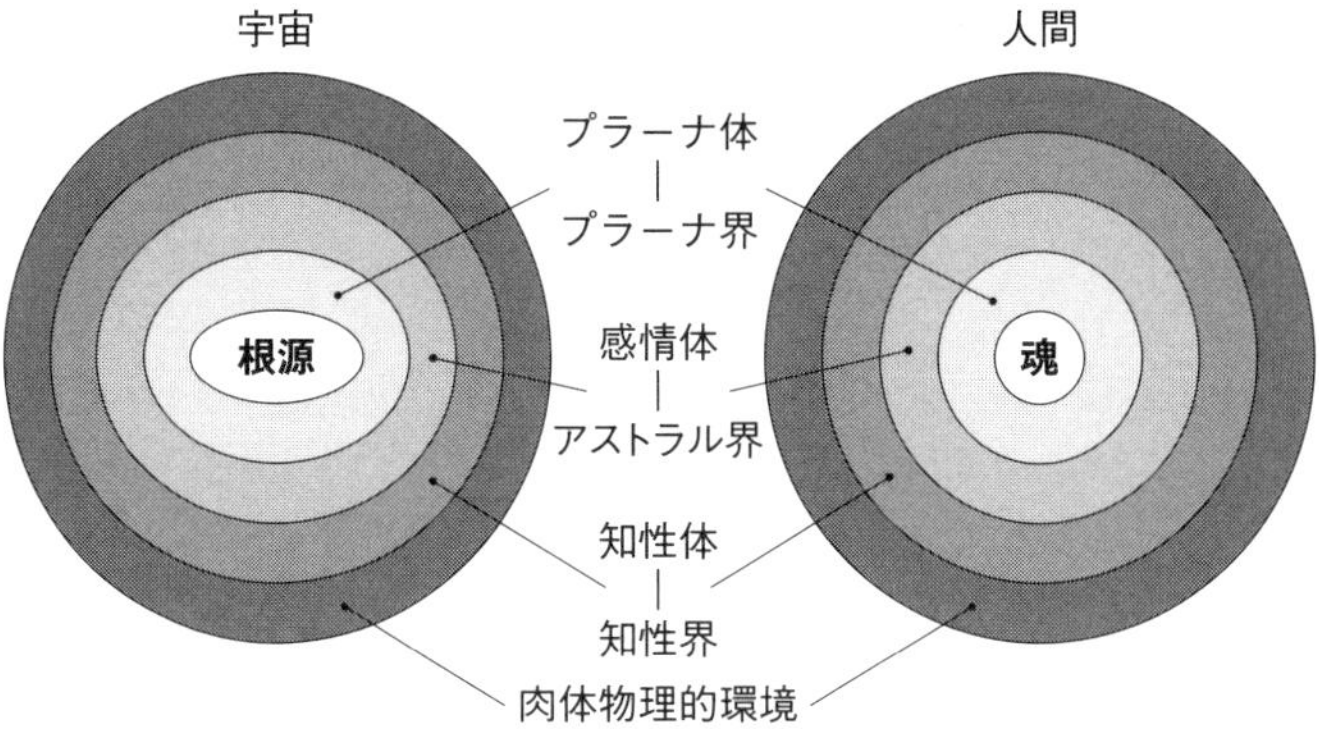

（図５）宇宙のホログラフィーである人間

して顕在化するということです。

心の安らぎ、喜びがないとプラーナの吸収力が弱まり、それは肉体やエネルギー諸体の衰弱へと連なります。プラーナは、肉体やエネルギー諸体に必須のものであり、本源的なエネルギーであることを改めて強調しておきます。

もしプラーナ体が消滅すれば、他のエネルギー諸体も消滅します。プラーナをいかに吸収しやすい状態にするかによって光の身体の活性度が決まります。このことについては第三章にて詳しく説明します。

宇宙では、根源エネルギーから意識作用により知性体――知性界、感情体――感情界、プラーナ体――プラーナ界がつくり出され、これは、個人の魂とそれを取り巻く光の身体と相似のエネルギー構造となっており、人間はいわば宇宙のホログラフィー（いくら断片化され、小さくなっても、元来の情報はそのまま保持されていること）です。

私たちの目標は、自己意識の基盤である未発達の形の定まらない、心の身体――知性体と感情体がその形を築き上げ、魂の光の身体と溶け合い、それを一体化することにあります。

高次元に上昇、アセンションした存在は、宇宙レベルの広大な世界に周波数を同調、共鳴させることができるようになります。これの意味するところは、個人の内に宇宙のすべてを包む状態をつくることができるということです。あらゆる意識レベルに周波数を合わせ、宇宙レベルの情報や知識が自己の内にあるとき、広大な世界と一体化した姿と言えます。

その時点では、個人のエネルギー身体が全宇宙に広がる宇宙エネルギー身体と同化している状態なのです。

物質的身体とプラズマ諸体の関係

肉体①――プラーナ体②――感情体③――知性体④――魂⑤ということについて、前述の部分と重なるところはありますが、より詳しく説明していきましょう。

まず話を簡潔にするために、肉体を①として、それぞれプラーナ体②感情体③知性体④と番号付けをしておきます。

②③④は、低振動の液体プラズマから高振動の気体プラズマを保持しており、階層をつくっています。①②③④という重要な四つの体が全体の二五%を占めて、四つの体は一緒に作動するのです。この四つの体のうち、一つの体が変調になると他の三つの体もその影響を受けます。

それが復調すると他の三つの体も働きが改善するという具合に、相互作用しつつ活動しているのです。

感情や知性は、肉体の中にある脳の機能ではないかと疑問に思われるでしょう。しかし、実は脳の中に、知性や感情の中枢があるわけではありません。知性や感情の働きは、感情体、知性体の中にあり、脳はその働きをこの三次元において表現するための通路、道具にすぎないのです。②③④という肉体より振動数の高いプラズマ体の働きをこの三次元で表現するための装置で、脳が認知症や他の疾患で機能不全、器質的変化を起こしているときも、プラズマ体の上位や魂の働きは正常のままです。

プラズマ体はそのすべてのプラズマフィラメントから出る光で輝いています。フィラメントが自分たちの電気・光を放出して輝き、それ自身がエネルギー発生器であるため、人工的な外部の光は必要ないのです。元来、私たちは電磁気的存在であって、その能力を備えています。人間は物質的身体であるという認識から、私たちは光そのもの、光の仮身であるという理解へと転換すべきなのです。

肉体は光の身体の複製

もっとも密度の高い低振動のプラズマ体は、この世の肉体のいる場所に同時に存在し、より高振動のものも同時に違う次元に存在しています。光の身体は老化も病もなく、エネルギーと

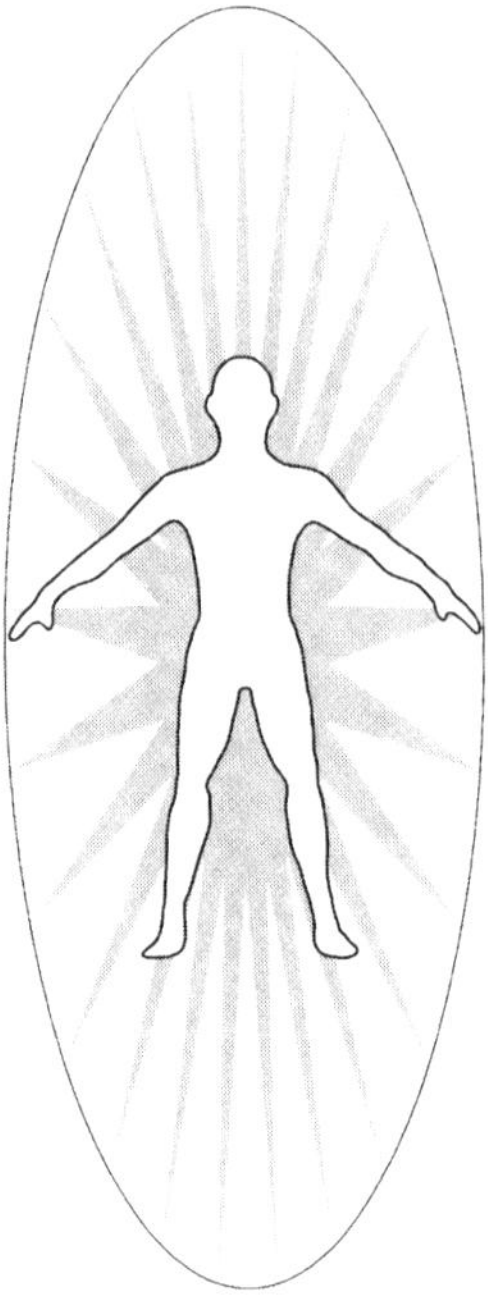

（図６）高波動界からみた肉体

光に満ちて永遠に若く美しく輝いていて、時間、空間という制限もなく自由に行き来できます。ですが、これを実感して理解するのには時間を要することでしょう。

高次の光の身体には高次の魂――真我が宿ります。現在から次第に進化して、高次の身体をまとって高次の魂に統合していくことが、私たちにとっての旅路、むしろ帰路なのです。というのも、私たちの魂は、元はより高次の魂から派生したものであるからです。魂の故郷に帰るのです。

肉体は、光の身体の振動数を低下させて結晶化させたものであり、固体のように見えているだけです。光の身体の複製です。逆に肉体の振動数を上げれば、私たちの視界から消え、別の次元に光の身体として姿をあらわすでしょう。繰り返すようですが、肉体は私たちにとっては固体のように見え、触ることができても、高波動界にいるものにとっては実体がなく、光輝く卵型の姿としてだけ見え、私たちが見ているような明確な輪郭もそこにはないのです。

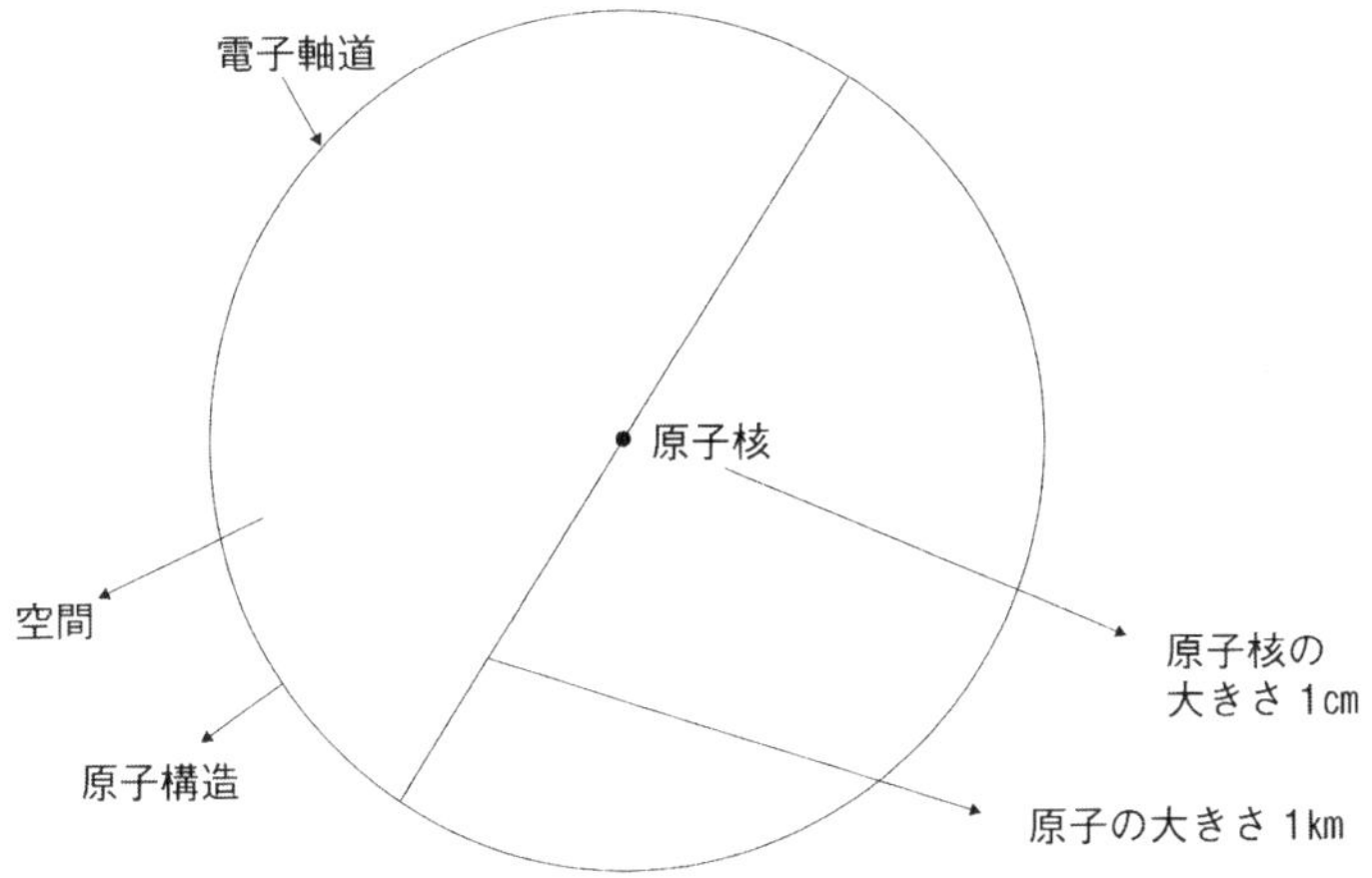

（図７）原子の大きさ（原子核の大きさを１センチとする）

私たちの肉体は原子で構成されており、その原子と分子が代謝や電気活動に伴う光（電磁波）を常に放出しているため、高次元から見ると肉体は消え、人間は星のように、銀河の渦のように、光輝く卵のように見えるのです。

輪郭がない実体のないように見えるのは、私たちの肉体がすべて原子から構成されているからです。それぞれの原子の九九％以上は空間です（原子核が原子の大きさに占める割合は一千兆分の一）。

地球の大きさも、その空間をなくせば、リンゴくらいの大きさになります。しかし、私たちの振動領域にあっては、固体として、触れることのできるものとして知覚されるのです。そして、個人の有する波動に応じて視力があり、見える世界、見え方も変化します。私たちは特定の範囲内のものしか見ておらず、特徴な視力で特殊な見方をしているのだということを心にとどめておきましょう。

次元の違いは振動数の違い

人間には、多次元にわたる多くの光の身体があるという話をしました。この世の社会通念とあまりにかけ離れているために、誰もがとまどうことでしょう。当然、疑念も生じ、思考が追いつかないと思います。しかし、このことは生命の本源に関わる重要なことです。万人が一なる根源に等しくつらなる光の分身ということに直結するからです。

人間は三次元の肉体に加えて、四～九次元に至る光の身体につながっています。それぞれの次元にいる光の身体には独自の特質があり、独自の生を営み、他の次元にいる自分ともエネルギー的につながっており、離れたことはありません。肉体の複製体にはじまり、複製を重ねて（全く同じ複製体が出来るということはなく、各次元の物的特性を反映させた変化がありますが）、高次の自己と現在の自己をつなぐものを収容するのが、大いなる自己全体像です。

次元の違いは、振動数の違いによって生じるものであり、振動数の違いはその個人の意識の違いにより発生するのです。あの世でも、肉体の死後、その個人の意識的発達に応じた光の身体をまとって生活します。意識的な進化に応じた光の身体になるわけです。進化のたびに新しい体に移っていきますが、この世にあなたがいる時点で、あなたの進化した存在はすでに高次元に光の身体をもって存在しています。それは未来のあなたであって、あなたの未来にすでに存在しているのです。ただ、段階を追って移っていくだけです。今から進化して高次の自己をつくっていくというのではなく、すでに存在しているという点に留意してください。

すべての生命が物的次元の身体、肉体を持っているのかというと、そうではありません。物的次元の身体を持ったことのない生命体も多くあります。物的次元の経験を望む魂の意志に沿って、この世の振動数帯にある肉体がつくられています。この世の肉体のみがすべてであるとする考えが、いかに限定的でこっけいであるかがわかると思います。

肉体を超えて、高次元であなたとの統合を待っている大いなる自己――魂が、光の身体を持ってすでに存在していて、それにいずれかは融合できるのであれば、反対に光の身体から肉体化することができるのかという疑問が生じると思います。これは、イエス・キリストが肉体の死後、弟子たちに生前と同じ姿を見せたこととつながります。復活ということです。復活は万人が潜在的に持つ能力で起こすことのできる現象です。イエス・キリストのみの能力ではありません。

自分の意識を物的次元――この世に合わせると、光の身体は物質的な形をとります。それが復活と呼ばれる現象です。低いレベルにいる魂が、それ以上のレベルのエネルギー場、次元に移動することは物理的にできません。しかし逆に、精神的に進化を遂げ、高次の魂に融合できる振動領域に達したときは、その次元に行けますし、それより下位のエネルギー場には意識の力によって自由に行くことができます。物質化から光の合成体への変化が、意識の進化とそれに伴う能力により可能なのです。

第三章　プラーナという生命エネルギー

プラーナは必要不可欠な生命エネルギー

光の身体の説明の中に出てきたプラーナやプラーナ管とはどういうものかについて説明していきましょう。

プラーナは、肉体にとっても光の身体にとっても、生存のために必須ですので、この世の食料や空気よりも大事なものです。しかし、プラーナもプラーナ管も、超能力者でないかぎり、私たちの目には見えません。

昔は、普通の人々のあいだでもプラーナは当たり前の存在でしたが、近代においては、インドの行者、中国の修行者、ネイティブアメリカン、日本神道の修行者のあいだでのみ、その言葉は使われていました。現在は、ヨガや太極拳などの古武術をしている人のあいだで親しまれている言葉です。プラーナはインドや中国では古くより「生命の息」や「気」と考えられたからです。プラーナ管は呼吸管とも言いますが、頭蓋骨の大泉門から股間にまで脊柱体中央を貫

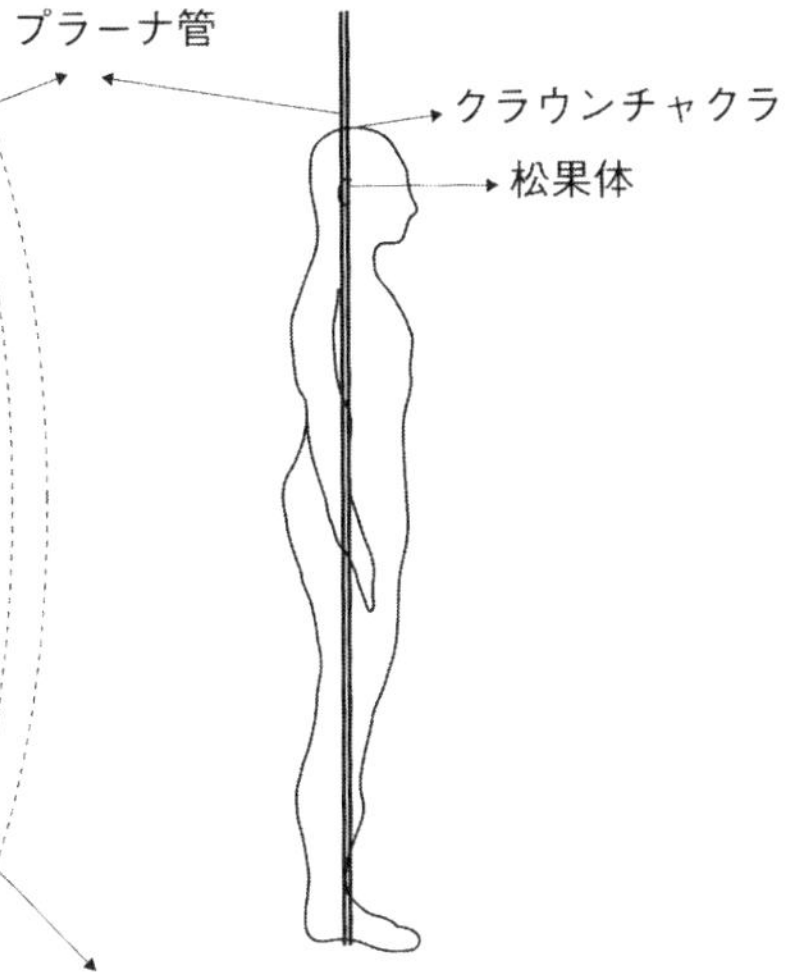

（図８）プラーナ管

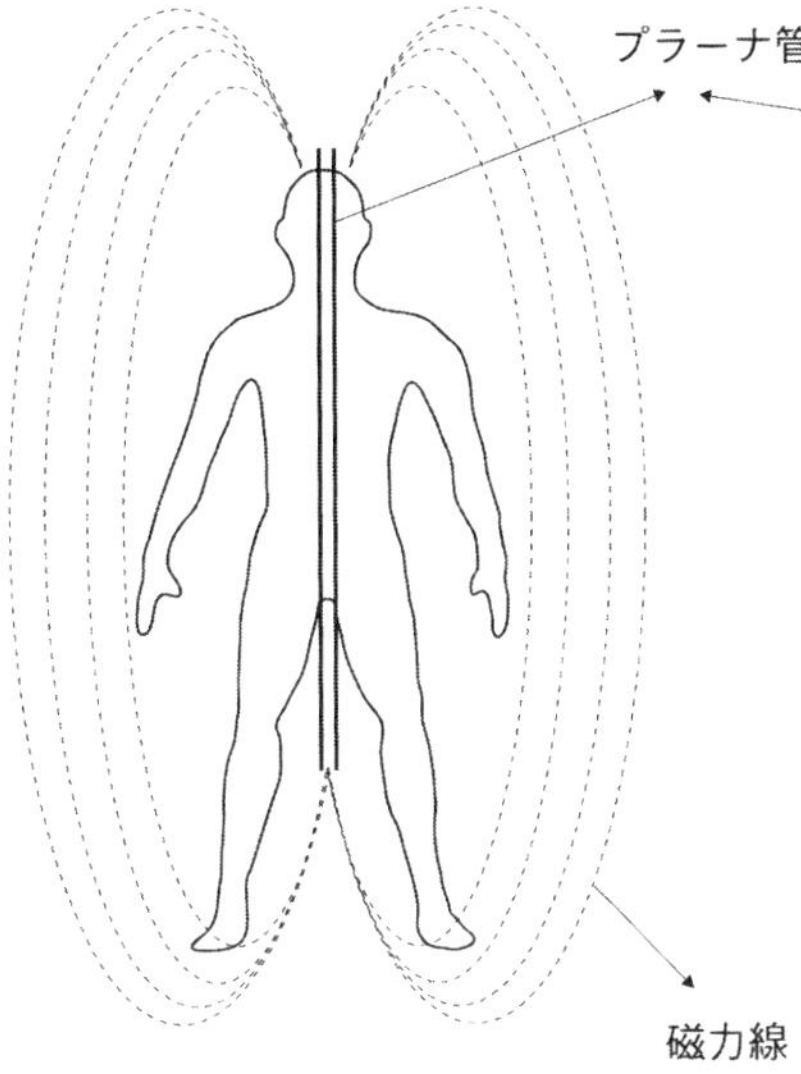

（図９）電磁場としての人体

く、決して曲がることのない管のことで、その中をプラーナが流れています。

人間の体の周りには電磁場があって、プラーナ管はその電磁場を中央で貫く管であり、主にクラウンチャクラや松果体を通って脊柱に沿う形でつくられています。人間には肺などの呼吸器官がありますから、プラーナ管という呼吸管と合わせて、両方備わっているということになります。

お気づきのように、プラーナ管やチャクラは私たちの目には見えません。わかっている範囲では、紀元前三千年頃にはプラーナ管の存在がヨガ行者のあいだで認識されていました。ですが、実はそれ以前の人々の方がもっと明瞭にその存在を知っており、それが現在に至るまでに忘れ去られてきたというのが実情です。

そして、それまでは生命維持するのにプラーナを吸うだけで十分だったのが、プラーナという生命エネルギーを吸収することが減少したため、呼吸器官によって酸素を吸い、食べ物を摂取することが必要となったのです。

そこで、現在の私たちにある呼吸管や消化器官が次第に発生し、現在に至っています。今の人体の構造をとるのに、悠久の時を経たということです。大昔の人体の構造は今とは違います。想像の翼を思い切り広げましょう。逆に言えば、あの世――高波動界ではプラーナ呼吸をし、何も食べる必要もありませんし、次第に食に対する関心もなくなります。そういう世界においては、消化、排泄、呼吸器官などは必要もないので、それらの器官は消失した身体になっています。

プラーナの働き

プラーナは光エネルギーであり、大いなる根源から発せられた、あまねく偏在するエネルギーです。このエネルギーは無尽蔵で、根源よりいつでも引き寄せることができます。このプラーナエネルギーよりさらに高エネルギー高振動のエネルギーもあり、それはより癒やす力が強力です。

プラーナを思いきり体内に取り入れると、どういう効果があるのでしょうか。

まずは、いわゆる生命力が増し、代謝も活発になり活気に満たされます。呼吸による栄養素であり、あらゆる細胞が活性化、浄化されるのです。あなたを不死、無病、若々しい状態が保たれるように養い続けます。肉体や光の身体のエネルギー源がプラーナというわけです。

光の身体と物的身体に流れるエネルギーは、物的次元から九次元までをつなぐ管状のエネルギー通路であるプラーナ管や、エネルギーの取り込みセンターであるチャクラを通じて取り込まれ、経絡と呼ばれているエネルギー管の毛細血管にあたる微細な流れを通じて、各細胞レベルにまで運ばれています。抽象的な表現にならざるを得ませんが、そのエネルギー源は宇宙の根源のエネルギーである――光と生命エネルギーから無尽蔵にもたらされる、とイメージしておいてください。

エネルギー的に結ばれる連続体

この世の身体から九次元の光の身体に向けて伸びる管状チューブ（プラーナ管）は、根源エネルギーに連なります。この光のチューブが開くことにより高次元の魂から光のエネルギーが送られます。

光エネルギーは生命エネルギーであり、情報を含み知性あふれる光です。各次元にある個々の魂をすべてエネルギー的に結ぶ連続体が形成されているのです（図10）。

肉体からもっとも高次の、九次元にいる自己をつないでいる光のチューブ、プラーナ管によ

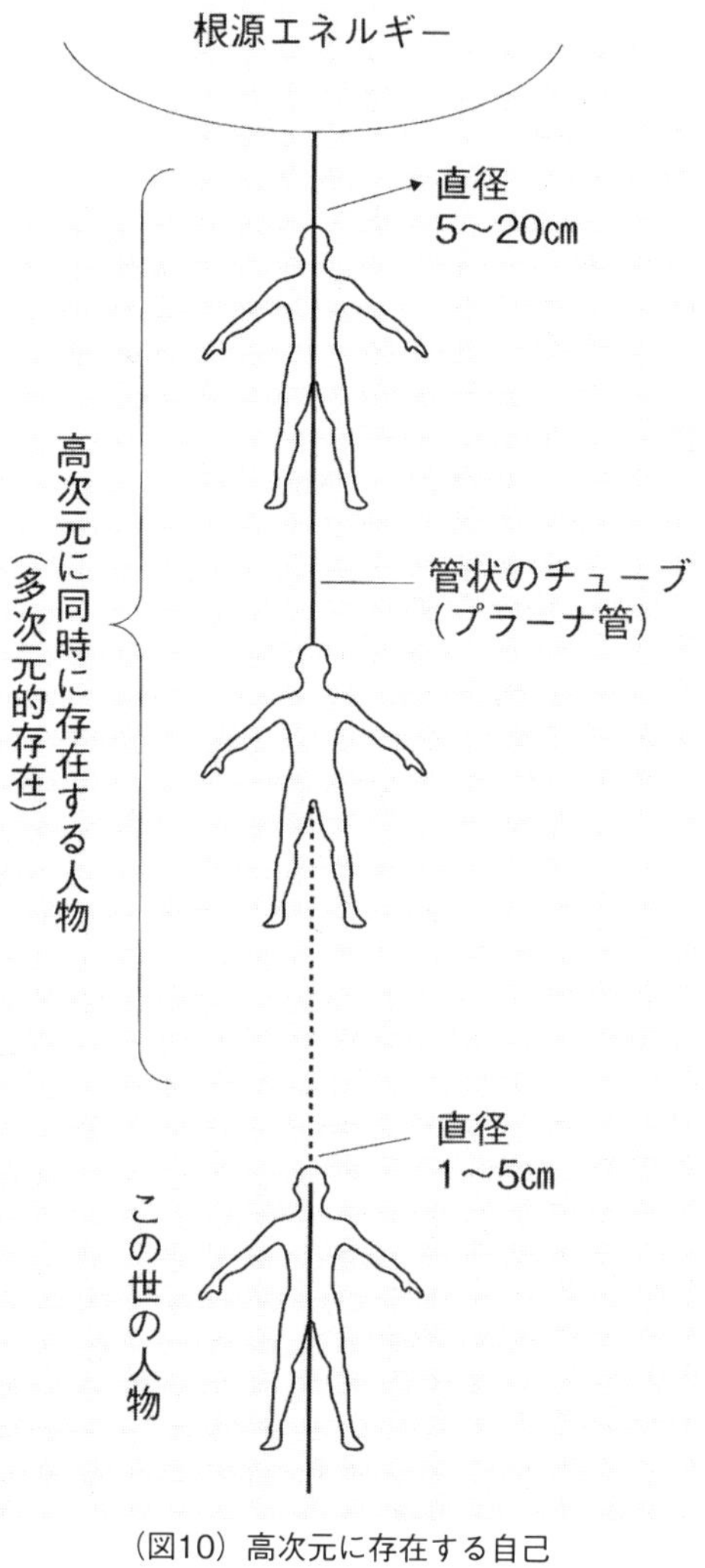

（図10）高次元に存在する自己

って、連なる各高次元の自己は、光エネルギー、プラーナを取り入れ、九次元すべてを結ぶ連続体を形成しています。高次元にいくほど、形の上でもエネルギー的にも、三次元の物的次元よりもはるかに巨大な存在となっています。

では、どうすれば大量にこの光エネルギーを取り入れることができるでしょうか。

このエネルギーは、のべつまくなしにどのような人にも平均的に取り入れられる種のものではありません。この世には、年齢に関係なくいつも元気で活気あふれる人もいれば、何か疲弊していて、しぼんだようになっている人もいます。プラーナ管の頭部の、大泉門にあるクラウンチャクラに入っている端と、股間部の端の両端はクリスタルの頭部で出来ています。その頭部には無数の孔が開いていて、その孔を通してプラーナを取り入れているわけです。この無数の孔の角度、光の屈折率の変化によって、プラーナの取り入れやすさが決まってきます。

もっとも良く取り入れるためには、その光エネルギーと共鳴同調できる精神的状態でなければなりません。特に、感情エネルギー状態が他の人々への無条件の愛と受容の状態になければなりません。根源エネルギーの質がそういうものだからですが、このことの重大さ、深遠さを深く感じてみてください。

逆に、怒り、憎しみ、差別、分離、比較、競争、対立の意識などの感情の状態にあるときには、光エネルギーを取り入れる角度、屈折率になっていません。そうしたとき、エネルギーを全く取り入れることができないというのではありませんが、ポジティブな感情はポジティブなエネルギーを取り入れますし、ネガティブな感情はポジティブなエネルギー・光エネルギーの取り入れを自ら拒んでいるのと同じです。

また、前向きで創造的な内的姿勢、ぬるま湯のような環境にたたずむよりも、挑戦と成長を求める指向がどんどんこのエネルギーを取り込んでいます。それはプラーナエネルギーが、ポジティブで喜んだり、創造的な性質だったりするからです。たいていの人はよく取り入れられる状態とそうでない状態とのあいだを揺れながら生活しています。

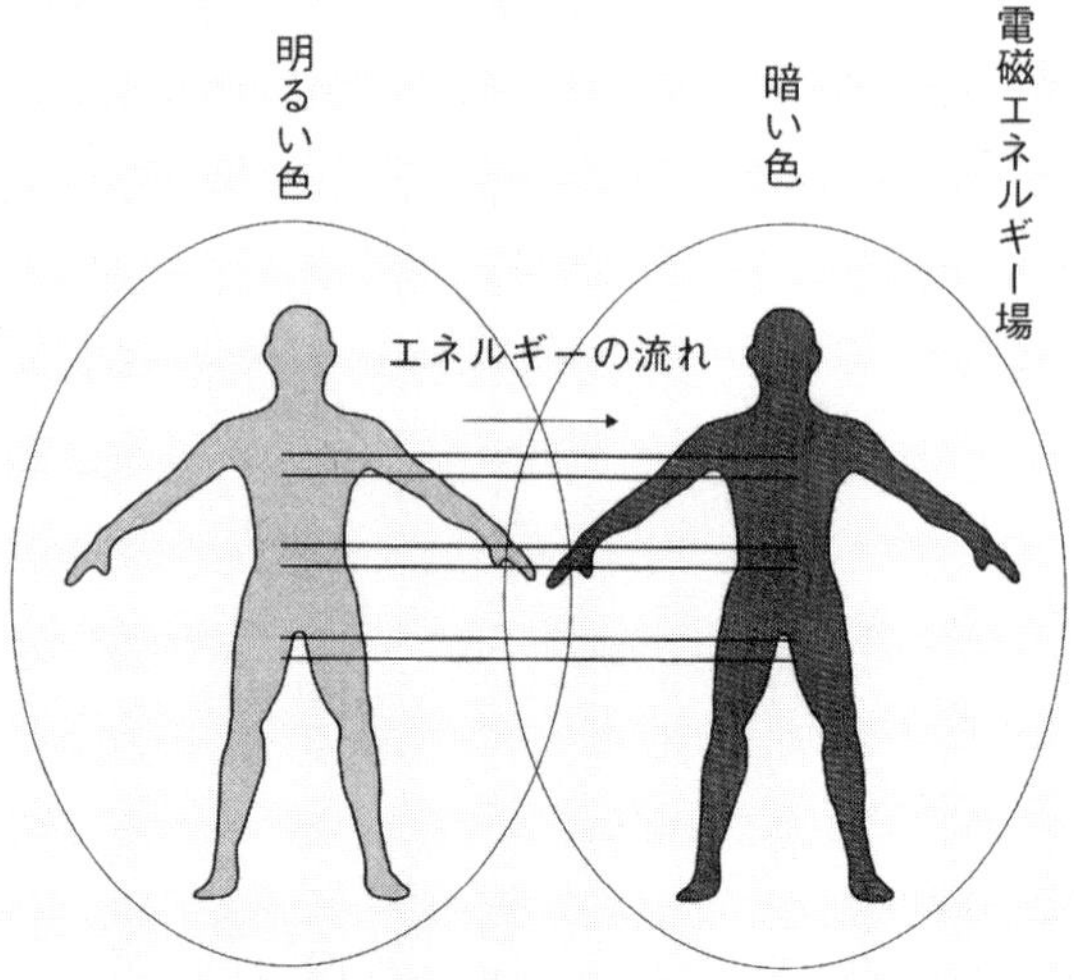

（図11）生命エネルギーのプラズマコードによる抜き取り

では、プラーナ管を通して生命エネルギーを十分に補給できない場合はどうなるでしょうか。

ある人と長く一緒にいると非常に疲れた感じがするとか、エネルギーが吸い取られた感じがすることがあると思います。それは、プラーナエネルギーが不十分な人は、直接周囲の他の人から無意識にエネルギーを吸い取っているためです。相手は誰でも構わず、取れるところから取るということが起きます。医療従事者が患者さんをケア・加療する際にも、エネルギーを吸い取られるということが起こります。

これを、図11で説明します。人々は、高位の自己よりいつでもクラウンチャクラを通して光の生命エネルギー、プラーナを吸収することができるのに、それを忘れてしまったため、他の人から無意識のうちにエネルギーを吸い取ることが、当たり前のようになされるようになったのです。

第四章　チャクラ

生命エネルギーを取り込む器官

チャクラは、ほとんどの人が聞いたこともない言葉でしょう。一体何のことで、そんなに大事なものなのかと疑問に思われるに違いありません。ですが、プラーナ管と同じく、私たちの身体に無駄なものは一切ついていません。私たちには必須の器官なのです。

チャクラはプラーナ管と同様に、生命エネルギーを取り込む器官であり、エネルギー情報配送システムです。インドの古語（サンスクリット語）で「車輪」とか「回る」ということを意味し、人の目には見えず、大気中の生命エネルギー（プラーナ、気）を取り込みます。人には肉体に関する主要なチャクラが七つあり、肉体を超えて存在するチャクラが五つ、小さいチャクラを入れますと、数千個もあるのです。

光の身体がつくる卵型の光の楕円形の周りに、主要チャクラは十から十五センチほどの大きさに開いていています。それぞれのチャクラの振動数が違いますので、重なってぶつかったりして

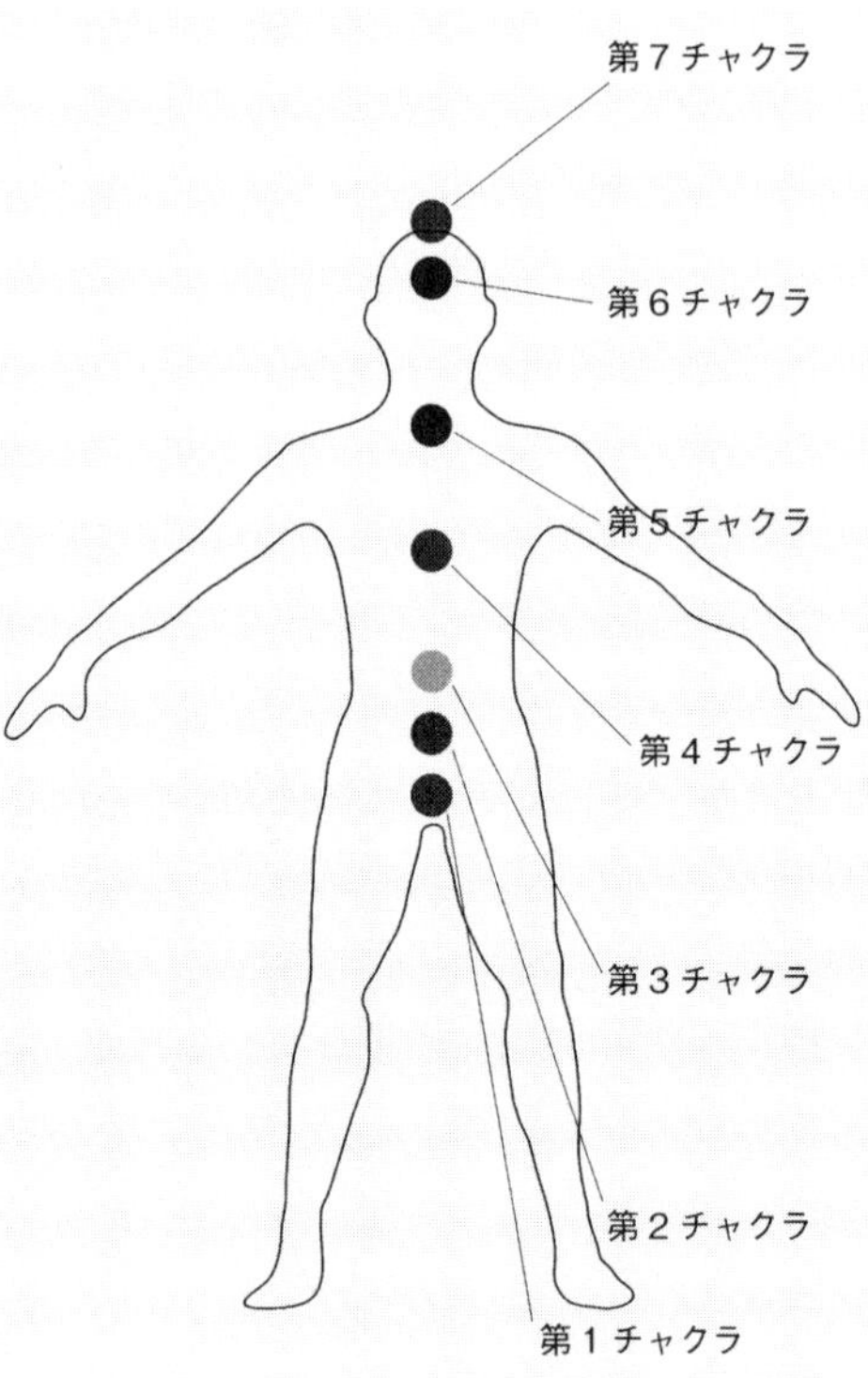

（図12）身体の七つのチャクラ

回転が妨げられることはありません。

また、主要なチャクラは体の中心部にあるプラーナ管――エネルギーの通り路《みち》につながっています。そして各チャクラから、経絡と呼ばれている生命エネルギーの道を通じて各細胞にエネルギーが運び込まれているのです。経絡とは東洋医学において使用されている言葉であって、それは微細な生命エネルギーの通路です。体中のいたる所に張り巡らされ、チャクラからの生命エネルギーを網細血管のように細胞に運び込むためのものです。経絡は七万二千本あると言われています。

東洋医学の鍼灸ではツボ（経穴）という言葉を使いますが、これは細かいチャクラのことです。このチャクラを到激することにより、生命エネルギーのうっ積を軽くして、循環をよくする施術が東洋医学においておこなわれているのです。紀元前にヨガ行者のあいだで、またそれ以前の時代の市井の人々のあいだで、当たり前の事実として知られていたプラーナ管やチャクラ同様、経絡や経穴という存在や機能もまた、長い歴史の中で次第に忘れられてきました。

各チャクラは回転していて、その回転速度が重要です。また、回転しつつ光と音を発し、回転してエネルギーの渦を生み、高次元のエネルギーを取り込みます。高次元のエネルギーを取り入れ、そのエネルギーを体内で利用可能な形に変換する、エネルギー変換センター（高周波、治癒エネルギーを物的なものに転換して周波数を変える装置、コンデンサー）であり、そのエネルギーを、経絡を通して血液のように体のあらゆる部位に循環させます。

すべての生命体にあるチャクラシステム

おそらく大多数の人は、人間は酸素、水、食料、大地、太陽さえあれば生きていける、と思っているでしょう。プラーナ管やチャクラを通して取り入れる生命エネルギーが、絶対に必要なものなのかと疑問を持たれるかもしれません。

しかし、実際にこのプラーナ管やチャクラシステムがないと、生命体は生きていけません。人間は、水と食物だけで生命を維持しているわけではないのです。

すべての生命体にはチャクラシステムがあり、時計まわりに回転してエネルギーを補給しているのです。チャクラシステムが必須のものでなければ、進化の過程でとっくの昔に消滅していたはずです。この世のみならずあの世においても、チャクラシステム、プラーナ管なしに生命体は生存できません。そういう意味においては、水や食物よりも生命のために必須のものと言えるでしょう。

これらは、肉体に重なって存在する光の身体（プラズマ体）と肉体と結ぶエネルギーの通路にもなっており、肉体、光の身体ともに活性化させています。特に大事なことは、チャクラシステムもプラーナ管も、根源エネルギーや高次の魂との接続器であるということです。

チャクラに根源の純粋なエネルギー源からエネルギーを補給します。プラーナ管もチャクラシステムも、根源よりの愛と光にあふれる高エネルギーを吸収するようにつくられ、人間の意識が特に無条件の愛と受容の状態にあるときに、もっとも能動的に働くよう設計されたものです。私たちのような生命体のみならず、惑星、恒星にもチャクラシステムがあります。本当に驚くべきことですが、地球にも太陽にもチャクラシステムがあるのです。地球のような惑星も太陽も生命体だからです。チャクラシステムは、身体、その各器官、地球や他の惑星、恒星にいたるまで、それぞれ独自の意識を持っています。

では、チャクラはどういう形、構造になっているのでしょうか。それは、ろうと状になっており、口の広い方が体の外に向かっていて、体から二十センチのところまで出て、直径十五センチくらいで小さい方の先端が背骨の方に伸びて、プラーナ管とつながっています。

第二チャクラから第六チャクラは体の前方と後方にもあり、ろうと状のものが、回転して渦巻きのようにしてエネルギーを取り入れるのです。身体の細胞の一つ一つが星に相当し、各チャクラが一つ一つの銀河に相当すると考えてください。

私たちの居住する天の川銀河は、約二億年で一回転すると言われています。宇宙ではすべてのものが回転しています。電子からDNA、チャクラシステムに至るまで回転しています。そして、細胞内のDNAの回転、チャクラの回転、太陽系の十二の天体の回転は同じパターンの動きをすると言われています。各天体にもチャクラがありますから、これは自明のことと言っていいでしょう。

ですから、私たちの身体は銀河の縮図とも言え、銀河の中の軌道とつながるように意図されています。占星術は、人間の感情、精神状態、行動、運命などを、天体の位置関係によって占うものですが、これらの人間の活動と天体が電磁的に連動しているがゆえに占星術も成り立つわけです。

チャクラシステムは違う次元との開口部であり、また情報センターでもあります。チャクラシステムも知性と意識（気づき）をもって生きている知的生命体なのです。

チャクラの働き

チャクラは非物質的世界から物質的世界をつなぐ開口部で、非物質的世界の高エネルギーを取り入れ、身体がそのエネルギーを利用できるようにエネルギー転換をしています。すべての生命はチャクラシステムのようなゲート、扉を持っていて、そこからエネルギー補給をしますが、チャクラはいわば次元間の窓のようなものだと考えてください。チャクラから取り込んだエネルギーを用いて、どのように自己表現をするかは、それぞれのＤＮＡによって決められています。

チャクラの働きが活発な方が代謝が良くなり、元気の源になると考えられますが、チャクラの回転がどの程度関係しているのでしょうか。プラーナ管のところでも述べましたが、より良く生命エネルギーを取り入れるためには条件があります。チャクラを活性化させるものは、日光、多くの酸素を取り入れる有酸素運動、笑い、愛あふれる感情、高い意識などです。

活性化とは回転数の上昇を意味し、もしある一定以上の非常に高い回転数となれば身体は消えうせ、高振動体となって光の身体と融合し、私たちの視界から消えるでしょう。

私たちは、生命を維持するための基本的要素である、食べること、呼吸すること、眠ること以外の、身体を活性化し、生気を与えるための目に見えないコントロールシステムに、これまで全く無関心でした。しかし、経験的に、適度な運動や自然の中に身を置いて安らぐこと、創造的意識、意図が人を生き生きとさせるものだと身をもって知っているはずです。これらもチャクラの回転数を上げるのに役立っていたのです。

反対に、どのようなことがチャクラの働きを弱めるのでしょうか。恐れ、憎しみ、不安、嫉妬などのネガティブエネルギーや、差別意識、思い込み、偏見、盲信、自己不信、自己嫌悪などの思考パターンが、チャクラの回転数を低下させ、閉じさせます。チャクラが大きく開けば、身体と精神のうっ積したエネルギーを循環させて洗い流してくれますが、麻薬などの薬物中毒は、チャクラを光エネルギーに対して閉じさせるどころか、構造の変形までを招いてしまいます。そうなると、以前のように光エネルギー（プラーナ）を取り込めず、ネガティブエネルギーが充満しはじめます。その結果、身体の正常機能が害され、免疫力の低下、さらに病気へと進展していくことは容易に想像できます。

叡智を届ける高次元のエネルギー

個別のチャクラの性質についての説明は割愛しますが、第四～第六チャクラが十分活性化されなければ、第一～第三チャクラのエネルギーの方が強くなり、そのコントロール下に置かれて、精神性よりも本能、エゴ意識につき動かされる人間になってしまいます。人や自分に対する無用の評価、判断、決めつけ、偏見などの思念の問題や、ネガティブな感情にふけっていると、第四～第六チャクラの活性が損なわれます。逆にそれらが活性化されるのは、日々の生活の中で保持できている自他への愛と受容、慈愛の感情があふれている状態です。

第七チャクラは、頭頂部にあるクラウンチャクラと呼ばれる高次元との開口部です。このチャクラは第四～第六チャクラ同様、バランスの取れた感情状態、安らぎ、喜びを保持した状態、バランスの取れた思考パターンによって活性化され、どんどんその回転スピードを上昇させていきます。それにつれて、高位の自己――高位の魂から高振動、高エネルギーが体内に入って

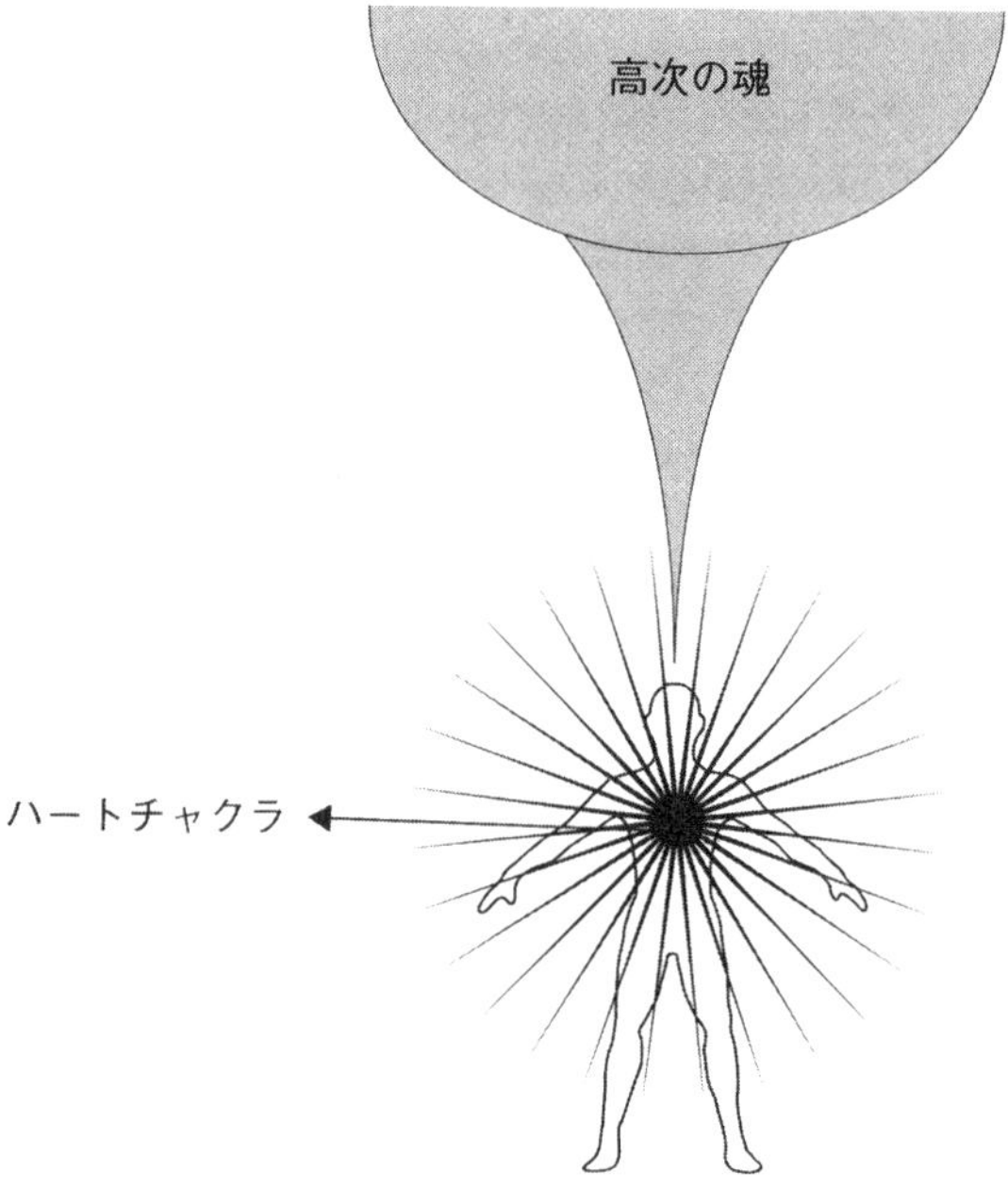

（図13）根源エネルギーに満たされた身体

きます。それがプラーナ管を通して体内に流れ、あなたは光輝く存在となるのです。

また、その高次元のエネルギーは、あなたに叡智《えいち》とインスピレーションを届けるでしょう。クラウンチャクラを開いて、高次元の光のエネルギーが身体に注ぎ込まれるのをイメージしてください。その光のエネルギーが全身に行き届き、満ちあふれ、紫色の光の流れになってハートチャクラ（前胸部の中心部にあり、あなたの魂が所在するところです。あなたという本体真我――魂のいる所です）から放射されるのをイメージしてください。

イメージすることは、日々の生活の中で高次のエネルギーに意識を向けることにつながります。

またそれは、高次のエネルギーの贈り物である高次の意識、知識、インスピレーション、健康を手に入れることでもあります。それを信じてください。

高次エネルギー、第四～第七チャクラを日常生活の中で常に意識していると、高次エネルギーによる高い意識に沿った思念、感情、行動がとれるようになり、それ以外のことは次第に興味、関心が薄れていきます。

こうしてながながとプラーナ管やチャクラシステムの話をしたのは、光の身体と、そのエネルギー補給システムと、人間の精神性との関係について、本当にそういうエネルギー補給装置や光の身体があるということを理解し、実感してほしかったからです。

肉体の周囲のエネルギー場——オーラ

最近よくメディアでオーラという言葉を聞きますが、それはどのようなものでしょうか。

チャクラや光の身体——プラズマ体の放つ光の総和があらわれたものがオーラです。オーラとは肉体の周囲に放射されているエネルギー場で、全体として卵型に見える発先体です。その内部には幾何学的形状、また細い髪を編み込んで繊維にしたような形状の、プラズマフィラメントがあって、光の群れが見えます。

オーラの色彩、波動パターン、音を通じてすべてのことがわかります。あらゆる存在にはオーラがあります。というのも、どのようなものにも同時に存在する、物的側面の複製体としての電磁気（光）的側面こそが、それが放つ光だからです。

オーラは、生命体はもちろん、無生物にもあります。

人間はたえず、思考、感情、言葉によって変化する波動エネルギーを周囲に向けて放射しています。つまり、自分自身の情報があますことなく周囲に波動となって外に向かっています。その波動の放つ光がオーラです。その人の秘密にしたいこと、言えないこと、考えていること、感じていることなど、何もかもが、色彩、音としてそのままあらわれます。

これを治療に応用することも可能です。オーラの色彩と音のパターンから、その人の性格、感情状態、気質まで克明にわかります。それは、オーラのプラズマフィラメント内にすべての思考、感情、行動パターンが記録されていくからです。

第五章　物質と精神、身体と魂との関連

宇宙における数学的世界

今までの話で、物質的なものと精神的なものとの区別がだんだんとわからなくなってきたかもしれません。これらをどう考えればいいでしょうか。

これまで物質的、非物質的、精神的、光の合成などと表現してきましたが、これらは私たちにとって、物質のように感じられるもの、またはそう感じられず、まさに光の構造物のように感じられるという意味であって、決して対立的に言っているのではありません。

この宇宙に、純粋に精神的なものも物質的なものも存在しません。理論物理学者は、数学的モデル・方程式が宇宙をあらわしていると考え、自然界が数学的性質を持っているというより、すべてが完璧に数学的であると考えています。科学的大発見も数学という道具を使ってなされ、それは自然に隠れている数学的モデルをつくることでおこなわれました。

自然界の最小単位であり、ありとあらゆるものをなす素粒子についても、素粒子は完全に数

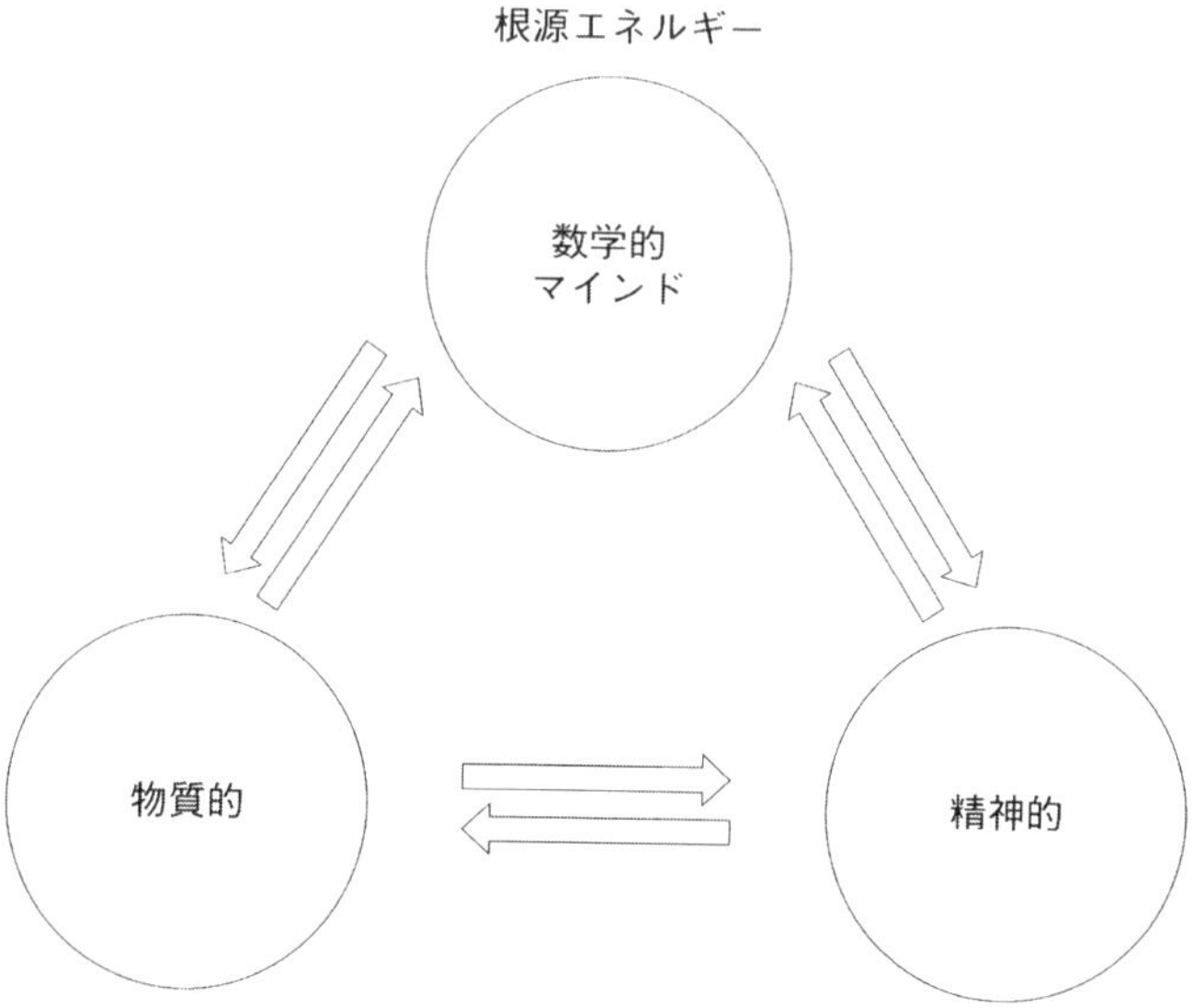

（図14）宇宙を造形する数字的マインド

学的現象であり、数学的性質以外のものを持つことが許されていません。宇宙のすべてのものは波動から出来ていると先述しましたが、波動は周波数のことで、周波数はそれぞれ数字で表現されるので、宇宙のすべては数字のあらわれ、組み合わせということになります。宇宙はその意味でも数学の世界なのです。

理論物理学者は、宇宙の森羅万象が創造されるにあたり、宇宙は非常に高度な数学を用いてつくられたとして、数学こそが世界を設計するために用いられた言語だと考えているのです。そのアイデアに沿って考えていきますと、世界は原則にのっとり厳密に計算し尽くされた高度に知性的なものになります。私たちも、計算しつくされたモデルや公式に沿って存在し、つくり出された存在ということができるのです。

物質性は精神性を内に包み、その逆もまた然り。ある事象にどちらの特性がより顕著であるのか、その存在のあり方によって表現の仕方が違うだけで、本質的には同一のものです。理論物理学者のアイデアを取り入れますと、これは今まで時折話に出てきた根源のエネルギーと表現してきたものが物質性、精神性の母胎と考えて（根源エネルギー＝数学的マインド）図示すると、図14のようになります。

精神的、物質的に生じたものが数学的意匠、マインドであり、根源エネルギーというわけですから、物質的とは数学的マインドや精神性を内包し、精神的とは物質性や数学的マインドを内包するというように、相互に内包し合って、厳密に区別できるものではないのです。

魂がこの世で自己表現する道具としての脳

知性、感情の中心的な座が脳ではないという話は先述しました。すると、脳とはどういう存在なのかと思われるに違いありません。

知性、記憶、感情、情報処理をするのは脳だけであるとする固定概念、先入観、教育的刷り込みが現在は厳然としてあり、これからの話は、あまりにも法外な話として一笑に付してしまう人も多いと思います。特に医療関係者にとっては、脳が精神活動の座であるというのは当然、自明のことで、それに疑いを入れる者はいません。実は、科学者ほど、固定概念、思い込みが強いというのも逆説的真実です。

それはさておき、脳の役割についてですが、簡単に言いますと、脳は魂がこの物質的次元――この世において自己表現するために使う道具だということです。魂は振動数が非常に高く、そのままではこの物的次元と振動数の隔たりがあるため、この世に滞在して、自己表現し、経験の幅を広げることができません。高波動界の意識精神活動（魂）とこの世の精神活動をつなぐ橋、受信、変電所（トランジスタ）として脳があるのです。魂はその成長、進化のために、この世の特定の振動数帯がもたらす環境、物理的特性がどのようなものであるか、転生を通して繰り返し経験しようとしたのです。

脳は、この物的次元の世界において、時間をかけて物的進化を遂げてきました。あの世の高振動帯とこの世の低振動帯をつなぐ役割として十分機能できるほどに進化しました。その段階で、魂が肉体の中に入り込むことにより、この世での転生が開始されたのです。

対比的に捉えれば、魂は元来、完全なものとして根源的エネルギーによって高次元でつくり出され、その後多くの経験を積んで、創造性、個性化を通してさらなる進化の道を歩んだという、肉体などの物的進化とは逆方向の進化過程と言えるでしょう。魂がこの世で活動するために、進化した脳という道具を必要としたということです。

この物的次元――三次元には、特有の物理特性、物理法則があります。どういう特性かと言うと、一つのことがたえずその対極にあるものを必然的に生み出す――双極性です。二元性の世界だということです。善があれば悪もあり、悪は善を刺激する助けにもなり、過ぎたる善は悪の作用をします。ちょうど毒と薬のように。光があれば闇も生まれ、闇があるために光がわかり、陰と陽が微妙に絡み合い織り成す世界となっているのです。シーソーの一つの端を押せば他の端が上がるように、一つの作用がその対極にある作用を呼び覚ますのです。

そういう意味で、この世はとても刺激的で面白く、目まぐるしく絡み合いながら舞台が展開していきます。だからこそ魂は、いろんな舞台の役者に扮し、幅広い経験、学習を通して、多くの叡智を獲得しようと、何度も転生してくるのです。

長い転生によって副作用も起こりました。それは、この刺激的な世界のとりこになり、この世がすべてだ、この世しか存在しないという制限された意識、錯覚を抱くようになってしまったことです。それこそが、現代人の意識の大きな問題です。

かなり話がそれましたが、要は、脳は魂が転生するためのこの世をつなぐ通路、膨大な電気インパルスの受信機として活用している存在だということなのです。

脳機能ではない知性と感情

光の身体に関して、知性体と感情体の話をしました。それでは、その部分と通常脳にあるとされている知性、感情の働きとの関係はどう理解したらよいのでしょうか。

再度、確認のために話をしておきますが、脳卒中や脳挫傷などの脳の機能不全があるからといって、魂のレベルにおいては何の支障もありません。この世では魂の表現の仕方にのみ支障

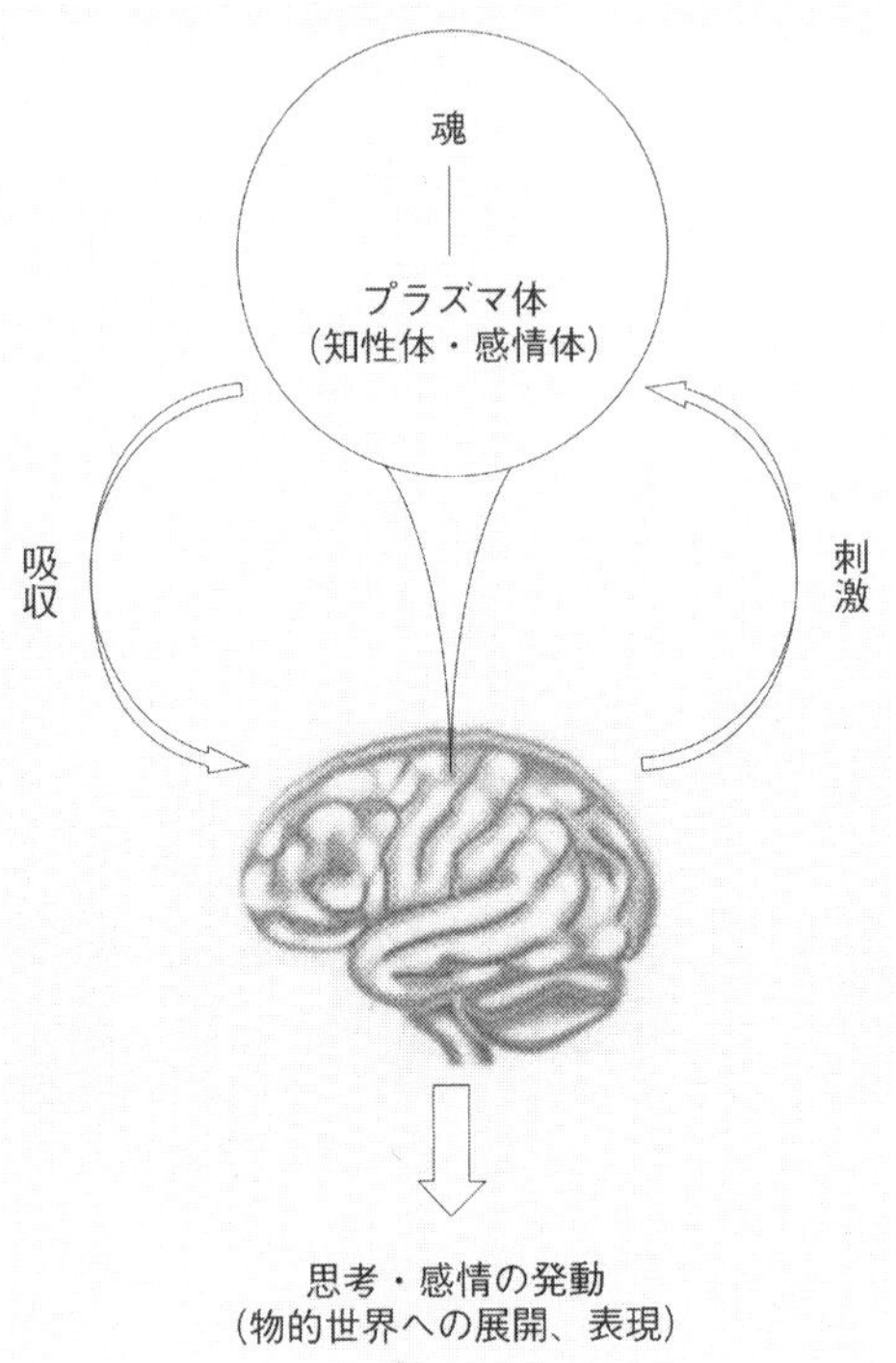

（図15）魂と脳の関係

を来すということです。これは振動数の桁違いの差があるために、魂を傷つけようとしても空気を相手に切りつけているようなものだからです。魂は何の影響を受けることはないのです。

物的側面と電磁気的——プラズマ的側面をつなぐ大容量の物的な橋、それが脳なのです。魂——プラズマ体というソフトに対して、脳はハードにあたります。つまり、脳自体は何らかの情報を伝達するだけで、何も考えたり感じたりしていないのです。実際に考えたり感じたりしているのはプラズマ体である知性体、感情体であり、脳は魂——プラズマ体によってはじめて作動する、電源を入れられるハードなのだと理解してください。

魂は脳を道具として使っており、脳は魂の道具にすぎないのです。それ自体は電源が入っていないコンピューターのようなものです。脳に電源を入れると、魂――プラズマ体を刺激し、そこから知識、情報を取り出して感情を刺激します。それが私たちの自我レベルでの思考となり、感情となっています。図15にあるように、脳は真の自己である魂やプラズマ体の意識の信号によって作動しているだけです。

意識の水準に応じ機能を変える脳

魂の知識、情報、叡知には、自我意識では容易にアクセスできません。その人の意識水準・エゴ意識によって魂との交流が妨害されるからです。あまりにもこの世的、俗世的、物質的な考えに固まった自我や意識水準では、魂の意識にアクセスすることはできません。振動数が違い過ぎるため共鳴しないのです。エゴ意識、自我意識を、比較、優劣、損得、利益、競争、決めつけにばかりかまけさせていると、この意識のレベルが魂の意識とのコミュニケーションを妨害しているのです。

実は、脳は意識の水準に応じてその機能を変えます。つまり、意識の在り方、精神的進化に応じて脳の働きも変わってくるということです。特定のバイアス、信念、固定概念を抱いている場合、脳の機能はその影響下にあります。脳はどのような意識水準であれ、その意識の内容である特定の考え、想念に従い、それを強化する方向に、またその想念をじかに現実の中で体験するように機能するのです。

現代の人の脳が一〇％くらいしか使われていないことは、現代人が物質中心の意識水準であるということを忠実に反映しているのです。そこで、どうすれば意識を高く保って、脳の機能も活発にさせていくことができるかということになりますが、これには大きく二つのアプローチがあると思います。

一つ目は、脳の周波数――脳波は大体一～二〇サイクルで機能していますが、覚醒時には二〇サイクル、睡眠時には一～七サイクルです。よって、覚醒と眠りの中間帯一〇サイクルの領域であるα波の脳の周波数帯が魂の波動と共鳴しやすく理想的です。心を安らかに、リラックスした、軽い瞑想状態のとき、そういう状態になります。あれやこれやとせわしなくいろいろな思念が去来する状態（モンキーマインド）ではなく、心を鎮め、瞑想状態でいるときが脳はもっとも活性化され、直感力やインスピレーション、そして高い意識を吸収することができます。その状態で、意識は拡大し今まで作動していなかった脳の部分も活性化されていきます。

二つ目は、エゴ意識、個別意識から統合意識を持つようにすることです。万人は等しく高貴な出自を持つ光の仮身であるという意識です。そこには比較、競争、優劣、差別、分離はありません。〝わたし〟という意識から、〝わたしたち〟という意識へと、エゴ意識を変容させることで、脳はリラックスしてその機能を拡大します。脳機能のうち高次元の波長と共鳴する部分が機能しはじめるのです。それが進むと、高い意識状態が脳の全機能を活性化するようになります。個別意識が強く、世俗的、物質的思念、想念にふけっている生活では、脳の機能をあえて制限しているのです。

ということは、脳の理想的な状態をなるべく長時間保持することが大事になってきます。統合意識下、軽い瞑想状態のような周波数帯を繰り返し続けていると、脳の中に新しいネットワークが形成され、脳の中に新しい機能が付加します。意識の水準に準じて脳が機能し、高い意識は脳を高範囲に覚醒させ、脳はスーパーコンピューターのようになっていくのです。一〇％の脳しか使っていない人間から残り九〇％も使う人間へと変容すること、それはエゴの壁がくずれ、高次の自己――魂から大量の情報・叡知が流れ込む状態です。

そのような事態が自分の身に起こることはとても想像しがたいと思いますが、一部の特別な人に起こることではなく、いずれは万人が経験することになります。その方向が私たちの魂の帰路になっているからです。

新しいことが嫌いな脳

脳には、特性というか、特徴、クセというものがあります。いったん脳内で特定の感じ方、考え方をもたらすニューロネットが出来上がると、その回路を繰り返し刺激し、その回路を強化するため、特定の考え方のクセ、感じ方のクセが出来てしまうのです。いつもの見方のパターン、感情パターンでいる方が楽なため、脳は変化することを嫌います。これが脳のクセです。

脳は新しいことが嫌いです。今までどおりのやり方に一番の安定を感じ、たとえそれが多少不都合で不自由なところがあっても、繰り返しおなじみのやり方、あり方を踏襲するクセがあります。変化を避けようとするのです。これは感情についても言えることで、特定の感情を味わうクセによって、特定の感情が出す特定の物質を何度も味わおうとします。味わうと安心し、自分らしさを感じるのです。いわば中毒状態なのですが、私たちにとってみると食料のようなものであり、エネルギー活力源となってしまっています。私たちが何度も何度も、特定の感情を呼び起こす事態をつくり上げようとするのはそのためです。

何のために脳のクセについて言及するのかというと、そのクセが障害となって、新たな考え方、感じ方、新しい意識が育ちにくいということを強調したいからです。

脳のクセについてもう一つ重要なことは、脳にとって、実際に体験したことと想像のあいだに区別はないということです。何かを想像することは、じかに経験するのと同じ意味合いを持ちます。だから、何を思い、想像し、感じるかについては、よほど気をつける必要があるのです。実際に体験したことと同じ記憶として刻印されるからです。脳にこうしたクセ、特性があることをよく認識しておかなければなりません。

第六章　細胞の非物質的機能

細胞の電磁気的側面が司令塔

人間の身体は約六十兆個の細胞からなり、個々の細胞は独自の意識を持っています。細胞には私たちの目に見える物的側面とその非物質的側面――電磁気的幾何学的構造体＝プラズマ体という側面があることを思い出してください。その電磁気側面こそが意識の生みの親です。

細胞の物的側面――エネルギー代謝、細胞の再生分裂、電解質エネルギーの細胞内への取込みや排出など――は、電磁気的側面の知的で秩序ある指令に応じてなされています。物的細胞はその化学的作業場で、工場長司令塔は電磁気的側面だということです。個々の細胞には意識＝固有の振動エネルギー波があり、細胞間の共振、共鳴によって相互に連絡を取っています。ちなみに、現代医学ではまだ細胞間の伝達システムは不明のままです。

細胞には電磁気的側面――プラズマ体があり、前述したように、プラズマ体は多彩な色彩と音を周囲に放っています。たえまないエネルギーの流れと多彩な光、交響曲のように音楽を奏でるプラズマ体の物質的表現が肉体です。

いわゆるものから、光と音と振動エネルギーへと意識の守備範囲を拡大していきましょう。

細胞の意識を語る上でまず忘れてはならないことは、各細胞には各個人の人生脚本・シナリオがプログラムされ、保持されているということです。

細胞の電磁的側面は、いわば小型のコンピューターです。細胞個々の経験の記憶を保持し、情報のコミュニケーションをする装置でもあり、DNA情報の読み取り機でもあるのです。無限の情報ネットワークの中にある細胞は、単独で、または細胞間同士で情報を瞬時に、素粒子レベルで処理していきます。なぜなら、すべてが電磁システムである電気インパルスを送り合うシステムで出来ているからです。人間の思考や意思は、電磁システムによって細胞の素粒子レベルまで解釈し、処理されます。思考や意思、感情は、電磁気エネルギーの形で発せられるからです。

つまり、ボスたるあなたが発した思考や意思は、あなたの細胞にその内容を実行せよと命令を下したのだということです。人間の思考がこうしたインパクトを持つことに驚くかもしれません。

思考の内容が感情を変化させ、自らの細胞にも影響し、細胞の固有振動数を変化させ、個人そのものの周波数が変わります。個人の持つ物の考え方、どういう考えを抱くかがいかに重要であるかわかると思います。

感情も電磁気エネルギーであるため、電磁システムにのっとって、細胞に瞬時に影響を与えます。たとえば、不安、憎しみ、怒り、恐怖は、全細胞レベルで身体を攻撃するのと同じインパクトを持っていますし、その逆に喜び、安らぎ、静けさは、細胞に栄養を与えます。

細胞は意識を持つ小型コンピューター

細胞間はいつも特定の振動エネルギー波を通じてコミュニケーションを取っています。知的情報のやりとりをしているのです。細胞の集合体である各臓器も特有の意識を持った、知的存在だと考えてください。身体というのは知性の固まりであって、身体は優秀なバイオコンピューターです。身体は魂にとっても最高の贈り物であり、乗り物です。もっとも貴重な生きたプレゼントですから、念入りにケアし、尊重し、育成しなければなりません。身体は魂にとっても感謝すべき存在です。身体的、精神的によくケアされて、尊重、感謝されているとき、私たちは心地よく感じ、体が軽くなります。

私たちが深い喜びを感じるとき、細胞自体もまたそう感じています。むしろ、私たちにとって、細胞と同様の感じが得られるとも言えます。私たちの意識と細胞の意識は、コミュニケーションを取るといっても、言葉でするのではありません。振動エネルギー波を通じての共振、共鳴、相互に響き合うことによっておこなっているのです。

心地よい感じ、喜び、軽やかさは、細胞からの状態を伝えるメッセージと考えてください。その最高の状態を基準とすることによって、メッセージは私たちに指針を与え、その基準となる思考、感情、行動の状態を忘れないよう、私たちに教えているのです。それは、身体的、精神的、振動エネルギーの操縦、運転の仕方を私たちに教えています。心地よさ、喜び、軽快さを失っているときは、身体的精神的振動エネルギーの滞りがあるか、阻害しているものがあることを示していて、気をつけて運転しなさいというサインが発せられているのです。

私たちは、思念、想念、感情、言葉、行動を通して、常時、振動エネルギー波を放射していますが、そのエネルギーの操縦の方法を、身心がまさに身をもって私たちに伝えてくれていいます。私たちも身体も喜びの状態にあるとき、意識の振動数は最高の状態となっています。それが本来のあり方、ベストのあり方として、保持するハンドルの切り方だと教えているのです。このことは極めて重要です。私たちはこの物的次元において、そのエネルギーのコントロールの仕方、操縦の仕方をこそ学ぶために誕生したからです。

松果体――あらゆる細胞の司令塔

ここで、読者の皆さんにとってはあまりなじみのない松果体について概説しなくてはなりません。というのも、松果体は忘れ去られてはいても、非常に重要な必須の知覚器官であるからです。脳のちょうど真ん中、クラウンチャクラからまっすぐに下ろした線上に、医学的には内分泌器官として捉えられ、光を感受する細胞から出来ている松果体があります。松果体は、痕跡化した、委縮した器官と考えられていて、現代医学においてほとんど注目されることはありません。これは、プラーナが松果体をあまり流れなくなったのと、人々の意識の中でその存在が認知されず、重要性が理解されない状態が、長い年月続いていることが大きな原因です。

昔は、松果体は第三の目と呼ばれ、パスカルが魂の玉座と考えたほどのものでした。プラーナ、プラーナ管やチャクラについても、長い年月のあいだに人々の意識に上らなくなっていきましたが、松果体もそれと同じです。

ここでは、松果体がいかに重要な機能を持っているか、必須の器官であるかについて説明します。

再確認しておきますが、他の器官同様に松果体にも、物理的レベルの、われわれの目に見える物体としての松果体と、その電磁的複製体である、プラズマ体としての高次元の松果体が重なって存在しています。

そして、高次の自己（魂）にプログラムされた情報（高次元のプラズマＤＮＡに保持されている）が、松果体のプラズマＤＮＡで複製され、各細胞にその情報が伝達され、各細胞のプラズマＤＮＡが受け取ってＤＮＡの変革が起こります。高次の自己、魂からじかに松果体にＤＮＡレベルの情報が伝達されるのです。

より詳しく説明しましょう。松果体とは、次のような働きをする器官です。

（1）高次元からの情報を受け取る器官であり、そこを母体として、あらゆる細胞に働きかけ、新しい高度な情報を伝達しています。松果体を通して、あらゆる細胞に組み込まれている健全な情報を活性化させて、病に陥った細胞をDNAレベルで健全な細胞に生まれ変わらせることにより、病を癒やすことができます。プラーナをはじめとする光エネルギーを松果体に送ることで、病んでいた細胞が目覚め、細胞本来のプログラミングを再生して、健全な細胞となるのです。

（2）身体の全細胞のDNAを変革、変化させる源です。

（3）高次元からの情報、英知を受け取り、プラズマDNAを通して全身の細胞の物的DNAにその情報を伝えます。

（4）あらゆる細胞の司令塔です。人生のすべての過程がこの松果体の細胞からはじまります。高次の自己、魂の情報はまず松果体の細胞に伝えられ、その人の人生に関する完全な情報が入ります。人間は物的次元に生まれる前に人生の台本をつくりますが、これが最初に光のコード、暗号として、松果体細胞のプラズマDNAに記憶されるのです。それから残りの身体的細胞が発達し、肉体を形成するに至ります。この肉体形成の際には、松果体から各細胞に組み込まれたプログラム（どのように自己複製していくか、どの遺伝子を発現させるかなど）に従って成長していきます。

いずれにせよ、松果体の細胞は他の細胞と違い、高次元のエネルギー情報を取り込み、全身の細胞にそれを伝えるという大変特異で重要な役割を果たしているのです。

第七章　ＤＮＡ：光情報をコード化したフィラメント

ＤＮＡ―宇宙すべての生命体の遺伝情報センター

本章で、なぜＤＮＡ（デオキシリボ核酸、deoxyribonucleic acid、人の場合、約三十億個の配列がある）を取り上げるのかと言うと、ＤＮＡは、地球上で植物、動物に共通した遺伝子ということにとどまらず、この宇宙全体の生命体の根幹となす遺伝情報センターだからです。ここでは特にＤＮＡの非物質的側面――高次元ＤＮＡ、プラズマフィラメントについて言及していきます。

ＤＮＡこそが、この宇宙全体のあらゆる生命体の根源です。極めて重要なものなのですが、現在、ＤＮＡは元来十二本あるのに、二本しか使われていないとされています。残り十本はどうしたのかというと、それらはジャンクＤＮＡと呼ばれ、何の役割をするのかわからないものとして、ジャンクという名のゴミ扱いを受けてしまっているのです。

繰り返しますが、万物は、目に見え、手に触れることのできる物的側面と、目には見えませんが、物的側面――物質的コードの青写真を持ち、物的側面をエネルギー的に構築している、電磁コードとしてのプラズマ体の側面があるのです。一方のみが存在するということはありません。両方の側面という表現をしてはいますが、元来は一つのものであり、プラズマ体が振動数を低下させたものが物質として顕現しているのですから、当たり前のことです。

プラズマ体としての側面は、物的側面より高振動高エネルギーで柔軟性に富み、周囲との情報交換を素粒子レベルで瞬時のうちにおこなっています。非物質的側面とは、意識、振動エネルギー、知性、情報、量子場の世界とも表現されますが、DNAの遺伝子コードの非物質的側面も同様に知的エネルギー場、情報の集積場です。

DNAは、自己複製して自らの形質、生物学的特徴を伝える遺伝的側面があります。そして、意識、思念がDNAの非物質的側面に働きかけて、その思念を刻印したものから出来ています。DNAの振動数が低下すると、物的側面――遺伝子が顕著となって、振動数が高くなると、DNAの非物質的側面波動エネルギー――意識の面が目立つようになります。

DNAは宇宙全体にいるあらゆる生命体の根源です。地球上の動植物だけでなく、他の惑星の動植物や人間種もDNAを保持していると言われています。それほど、DNAは生命の根源となる普遍的なものなのです。

重要なのは、DNAの波動エネルギーは、根源エネルギーからの波動と直結しているということです。この点はプラーナ管やチャクラ、松果体も同じです。根源のエネルギーにつながることで、根源の意識の代行者、表現者として、人間種は宇宙のいたる所に存在していると言わ

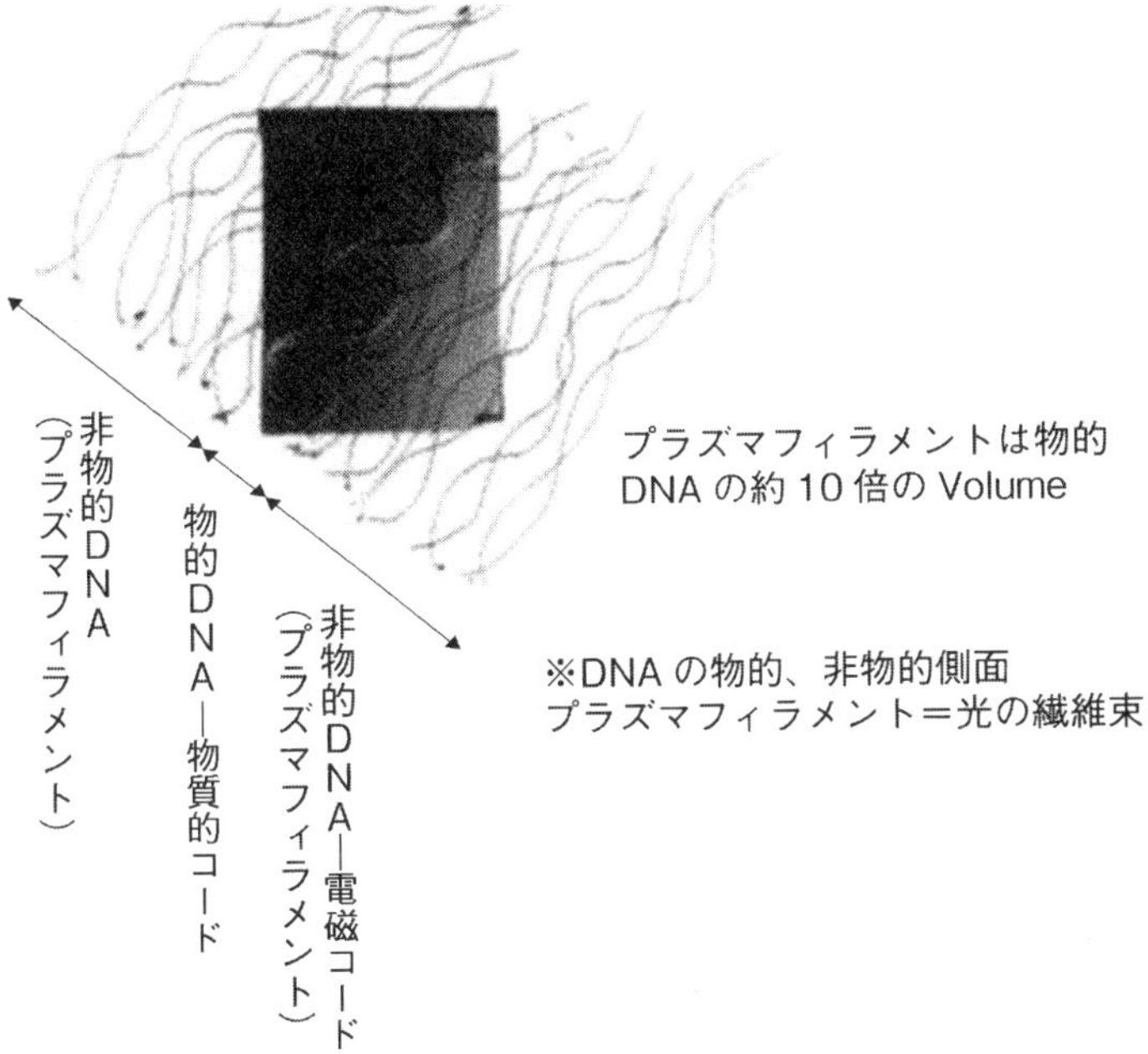

（図16）ＤＮＡの物的・非物的側面

れています。

　ＤＮＡは、根源のエネルギーと同時に、個人の意識＝波動エネルギーの影響下にあります。私たちのＤＮＡに対するイメージは、細胞の中にある、単なる遺伝を媒介する物質というものでしかないでしょう。ところが、人間のＤＮＡの実相は宇宙の記録庫、記憶装置、図書館です。深尽な重要性を帯びたエネルギー体＝プラズマ体なのです。

　ＤＮＡなくして、生物の進化はなく、文明の発達もありません。私たちは、ＤＮＡが重要な財産であることを明確に認識しておく必要があります。

DNAの非物質的機能

図16で示したプラズマフィラメントは、不可視の光を放ち、輝く光の繊維状のものであり、まるで光の糸で縫われた編み物のように見えます。また、三次元的な物的DNA二重らせん構造の十倍以上の大きさを持っていると言われています。

このプラズマフィラメントは、個人の感情、思念を感知するアンテナで、それらの意識的活動がプラズマフィラメントの中に刻印されて記憶されます。こうして、意識活動は物質のレベルにまで伝えられるのです。

プラズマフィラメントは、DNAが情報交換する重層的に編み込まれた不可視の部分であり、その中に可視の物的側面である二本鎖DNAが、らせん構造として存在しています。

DNAの非物質的側面はプラズマフィラメントが織り込まれた構造となっています。光情報により通信された情報が暗号化されて入っているフィラメントで、極めて細かい波動エネルギーの束で、その細かい束が約十億本も重なり太くなってDNAを構成しているのです。このフィラメントが情報を送受信したり、記憶したりしています。

また、刺激に反応するように出来ており、新しい光情報、コードがDNAに入ってきたとき、DNAは電子回路のように働き、多様な情報を素粒子レベルで解釈、翻訳する作業を瞬時のあいだにやってのけます。

数多くの安全装置も設置されています。人間の中のもっとも重要なデータは、特定の高い周波数のみでアクセスできるようになっています。ＤＮＡは細胞の核の中にある遺伝情報にとどまらず、極めて知的な、生きているエネルギー体だという見方が、実相をよりよく反映していると思います。

あなたが新しい考えや見方を育んで意識的に進化し、それとともに喜びや、やすらぎなどの高等感情が発達するにつれ、ＤＮＡのプラズマフィラメントの束は活性化します。その活性化はあなたを新たな周波数を持つ存在へ導き、進化するように促しています。そのようにＤＮＡは設計されているのです。ＤＮＡがあなたの意識を進化させます。あなたが、無条件の愛と受容という内的姿勢を保持すればするほど進化していくのです。本当によくデザインされていて、畏敬の念さえ湧いてきます。

特にＤＮＡを変えるのは愛の感情です。愛によってＤＮＡは変革され、愛の波動はＤＮＡを通して、プラーナ、チャクラ、松果体の活性化と相乗的効果で、あなたを着実に進化した存在へといざないます。

十二本から二本になったＤＮＡ

人間のＤＮＡは本来、十二本として設計されたのに、現在ではどうして二本しか使われていないのでしょうか。

人間は、原初の創造の完全性を依然として細胞のＤＮＡの中に持っています。かつて人間はその能力を濫用《らんよう》して、人間の意識を次第に低下させていき、結果的に、十二本のＤＮＡの機能を果たせないほど低い意識レベルに落ちてしまったのです。

そして、私たちはＤＮＡを二本しか使えなくなりました（これが失楽園です）。人間の能力は衰退し、脳も大部分が休眠状態となり、ＤＮＡも高密度低振動領域でしか活動できないように変わってしまったのです。十二本から二本のみの機能となったのは、能力を濫用し、利己的目的のために行使して、破滅的な結果を招くのを防ぐためでもありました。人間の能力の低下は明らかで、そのため、苦悩、病気、貧困など、数々の困難に満ちた生活に変わりました。

最初の地球上の人類（他惑星から来た地球外生命体）が持っていた十二本のＤＮＡは、宇宙内の進化した存在たちの遺伝子のハイブリッド、合成により創造されたものです。多くの文明社会の共同作業により出来たもので、宇宙の中で最高、最善の組み合わせ、もっとも進化した種となるべくつくられたＤＮＡです。どれほどの能力が発揮されることになるのか、誰にもわからない程のものだったのです。

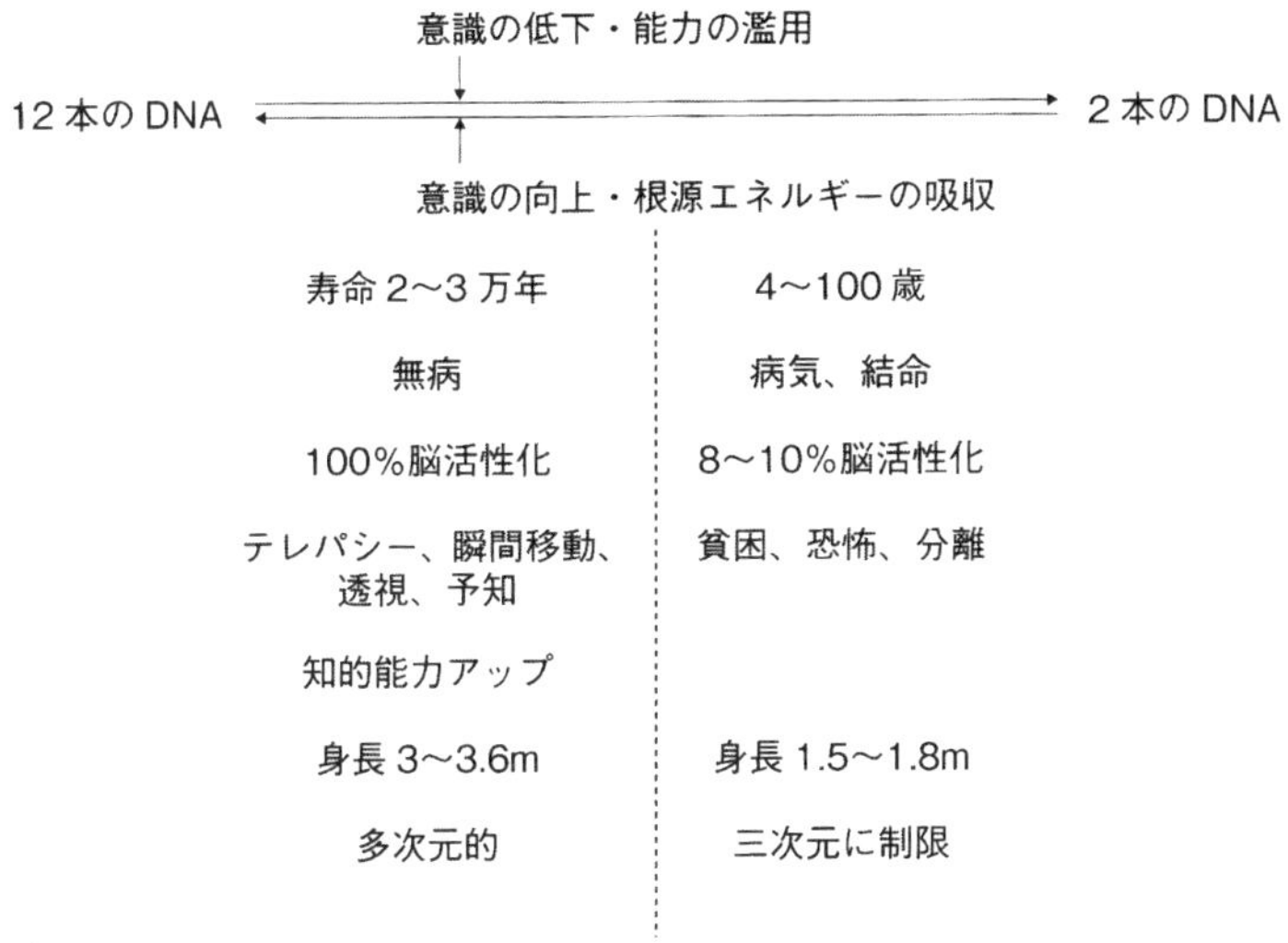

（図17）活性ＤＮＡの減少に伴う変化

前述したように、意識の低下とともに残り十本はバラバラとなり、現在においてはそれがなぜ存在するのかさえ解明されておらず、ジャンクＤＮＡと呼ばれることになってしまいました。また、脳が一〇〇％使用されていない理由も解明されていません。なぜ、一〇％程度しか脳が使われていないのか。無用な無駄使い、不自然で生命的合理性を欠くことのすべては、ＤＮＡが十二本のうち二本しか使用されていないということに帰するのです。

ずっと昔、能力の誤用、濫用という所業のために、ＤＮＡの二本の機能しか使えなくするという選択がなされました。当時は、それが最良で避けられない選択だったのです。これは人間種のつくったカルマと言えます。

こうして大幅に機能不全となり、一気に逆境下に置かれた人間は、その低い機能状態のまま今日まで生きてきたわけです。それは険しく、不自由な日々であり、私たちは十分苦労してきました。不都合な日々の下でしか経験できないさまざまなことを通して、人類は多くの知識と叡知を獲得しました。いま、私たちは再度意識を向上させ、根源のエネルギーと、魂と、DNAを今まで以上に強くつなげることにより、本来の、十二本のDNAの機能を取り戻さなくてはなりません。その日はすでに来ているのです。この本は、そのための情報の提供なのです。

DNAを活性化する根源エネルギー

意識の向上、根源エネルギーの吸収が、どうしてDNAの再編成へとつながっていくのか疑問を抱くと思います。

DNAのプラズマフィラメントには、根源のエネルギーと共鳴する波動エネルギーがあります。その作用で根源エネルギーはDNAを活性化し、三つの単位でDNAらせん構造は再編され、最終的には十二本のらせん構造となるのです。

根源エネルギーを文学的に表現しますと、無条件の愛と受容というように表現されます。そうしたクオリティーを持つ波動エネルギーです。このエネルギーを吸収するためには、あなたの意識状態も同様のクオリティーとなっている必要があります。意識指数（愛と光の指数）を上げると、根源エネルギーとますます共鳴し、吸収するようになります。

あなたの意識指数を上げなければＤＮＡの活性化は不可能です。このエネルギーを体の中に取り入れていくと、細胞意識は浄化、変容し、ＤＮＡの十二本のフィラメントの束が振動し、フィラメントが点火されてＤＮＡの再編成がはじまります。

十二本のＤＮＡのフィラメントの束は機能しはじめ、十二チャクラセンター（情報、エネルギーセンター）につながるのです。十二本のＤＮＡの活性化⟷十二チャクラ活性化⟷脳の全体活性化、となります。十二本がチャクラセンターに持続されると、十二のチャクラセンターとお互いに情報交換をはじめます。

十二本のＤＮＡ構造の活性化によって、脳をフルに活用できない今と比べて、あなたは天才になるでしょう。エゴ意識による対立、苦悩から離れ、意識指数（愛と光の指数）を上げることと――つまり愛の実践をすると、あなたにますます根源エネルギーが吸収され、喜び、清涼感、安らぎ、静寂さが、あなたの内から泉のごとく湧いてくるでしょう。

多くの宗教や道徳はどれも愛の実践を説きますが、それにはこうした科学的、合理的理由があるのです。単なる観念論や倫理などではなく、エネルギーの本源につながることで、より多くのエネルギーを活用できる、生かせるという物理学的なことなのです。それゆえに、あなたが、無条件の愛と受容というエネルギー振動場にいることが極めて重要となります。それは、いわば根源エネルギーにつながるあなたの意識の中心点です。振動エネルギー場の意識は細胞間に喜びの共鳴場をつくり、幸福感が増します。

そうは言うものの、意識の中心点に到達するのは難しいと思われるでしょう。たしかにそのとおりです。中心点の根源エネルギー場と長く共鳴しているのは難しいことです。高い意識状態に一瞬達しても、すぐエゴ意識によって落下してしまうからです。しかし、万人の意識の中核にこのエネルギー場はあり、あなたの外にあるわけではありません。

エゴ意識はモンキーマインドであり、あれやこれやとせわしなく、感じたり、考えたり、多くの雑感を生みます。人の評価、比較、競争、優劣といったなかで活動するために、人はエゴ意識にコントロールされやすく、それが自分だ、自分らしさだと勘違いしたりします。しかし、このエゴ意識が言ってくることをまともに相手にしないことです。モンキーマインドがまたやっているというふうに放っておいて、力を与えないようにしてください。そして、意識の中心点にすぐ帰れるように修練しましょう。一見単純なことのようですが、意識の向上のために重要です。

意識を持つ生命体としてのＤＮＡ

では、両親から受け継いだＤＮＡがどういうものなのかによって、身体面や能力の点で大きな影響や差があることは、どう考えたらよいでしょうか。

転生の大きな目的の一つに、長い転生のあいだに培った問題点、ひずみを正し、アンバランスな箇所を修正するということがあります。その目的のために、どの両親にするか、魂レベルで合意した両親を選びます。両親の方も、自らの問題点の修正に資する子どもを選ぶのです。

アンバランスの修正をするという課題を果たすため、必要な特質を有するＤＮＡを持つ両親を選択します。

弱点を持つＤＮＡの両親をあえて選択して、それを克服するレッスンをするのです。病気になりやすい脆弱《ぜいじゃく》性を持ったＤＮＡが選ばれれば、克服するのに必要な強さを持つＤＮＡもまた選ばれます。エゴ意識にとって苦労が少なく、楽で快適な人生が送られるようなＤＮＡもあれば、とんでもない、絶対選択したくないと思うようなＤＮＡも、両親との魂レベルで同意し、選択しているのです。たとえば身体的障害者などに生まれるのも本人の選択です。不自由な体で、どれほどこの世でいじめられ、さげすまれ、仲間外れにされ、惨めな生活が予見されようと、自分はそのような環境の中でも堂々と立派に生きてみせるという、困難な選択をした勇者《ゆうしゃ》なのです。そういう人は、一回の人生で二、三回分の人生の体験をしています。こうした障害や困難は、前生からのカルマとか罪によるものでも、罰でもありません。魂レベルの主体的な選択によって、エネルギーレベルの調和とバランスを回復するためにおこなわれることです。

人間の、六十兆個の細胞の中にあるＤＮＡは、一体となって作動し、意識を持ち、知性がある、生きている存在です。相互に情報交換をしているエネルギー体です。現代科学の理解とは全く違います。ＤＮＡの指令により脳は機能します。ＤＮＡ全体としてマインドを持ち、根源のエネルギーともつながっています。ＤＮＡ同士でコミュニケーションをしていますし、他の動物や植物ともコミュニケーションします。生物学でいう、細胞の核の中にある、ただの物的な二本らせん鎖の遺伝情報だけのものではないのです。

ＤＮＡは、全体として人間の周囲に意識場を形成しています。人間の脳が意識場をつくるのではありません。脳は、ＤＮＡによる意識が、三次元の世界につなぐものとして使う道具であり、伝導体です。

細胞意識の中心的役割を、ＤＮＡの非物質的側面——プラズマフィラメントのエネルギー場がつくり、ＤＮＡ総体として、魂とともに人間の意識を形成しているのです。

ＤＮＡはスーパーバイオコンピューター

私たちは、基本的には、根源エネルギーより創出されたほぼ同じＤＮＡ生命体です。人と人は、ＤＮＡの果たす情報交換を通じて、意識的に、また無意識的にコミュニケーションしています。

ＤＮＡには莫大《ばくだい》な量の情報があります。あなたについてのすべての情報も入っています。ＤＮＡは宇宙的に普遍のものであり、生命の基本的媒体として、記憶の宝庫、情報の送受信機、情報の保存装置にとどまらず、ＤＮＡ同士で情報交換し、生きている意識体でもあります。ＤＮＡこそスーパーバイオコンピューターなのです。現代科学で解明してきたレベルをはるかに超える、意識を持った生き物と考えてください。

人と周囲の環境、人と動植物は、ＤＮＡの非物質的側面——プラズマフィラメントの束のエネルギー場（ＤＮＡの働きの九〇％を占める）により、意識的に無意識的にコミュニケーショ

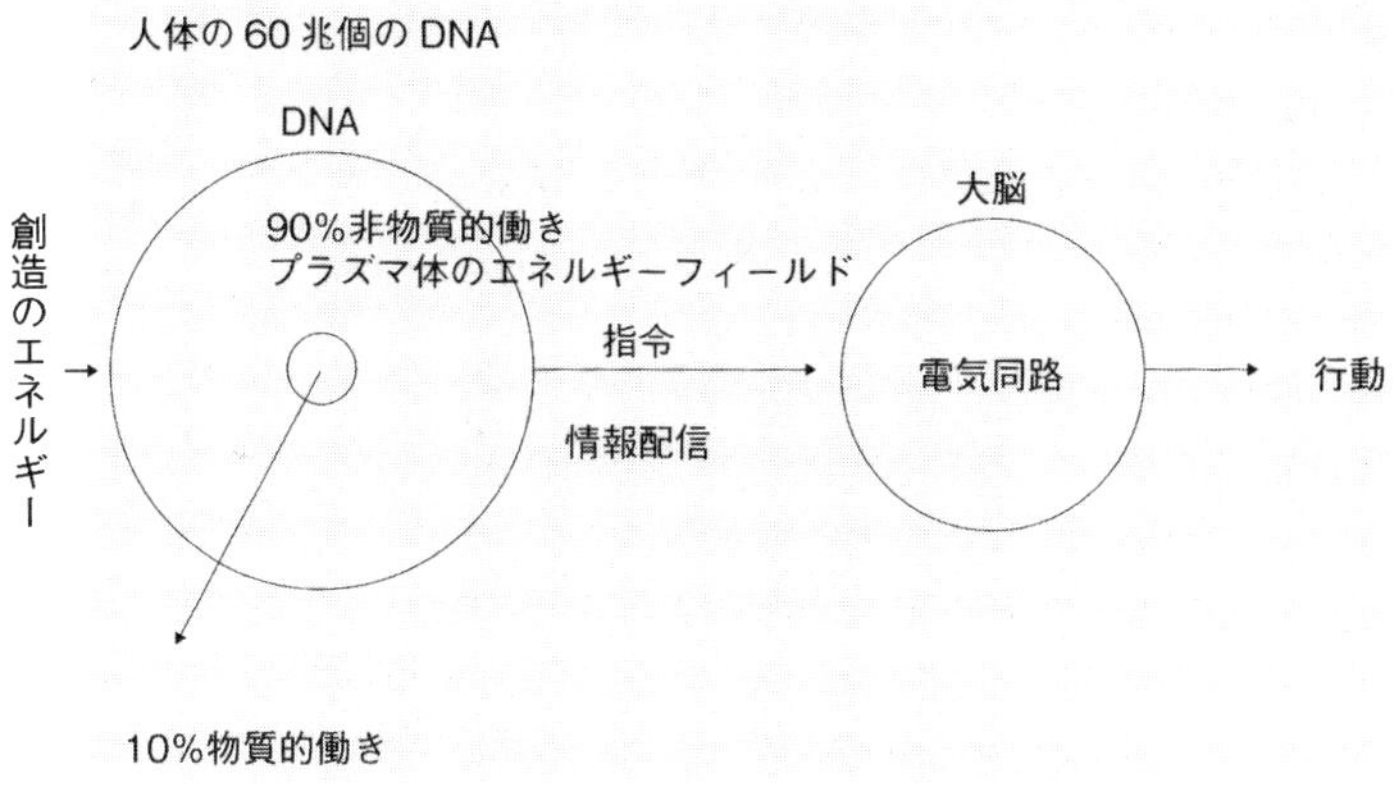

（図18）DNAの働き

ンしています。

すべてがわかり、わかられているのです。虚偽や虚飾も居場所がありません。ＤＮＡがバイオコンピューターであることは、高次元の世界においては、昔からのごく一般的な認識です。こうした情報が、この世、三次元に届くようになっただけです。

ＤＮＡのような宇宙の普遍的存在による情報の蓄積、記憶の保持がないと文明の進展はありません。私たちは、長い転生のあいだに獲得した知性、高い情緒性、叡知、芸術性といった財産をＤＮＡの中に貯蔵し、その上に立って存在しているのです。

第八章　感情に対しての新しい見方

感情は内的姿勢の反応

　ここで一つの章を割いてまで感情を取り上げる必要があるのか、と疑問に思われるでしょう。しかし、感情というものは、一番パワフルなエネルギーであり、意識の内容として大きな部分を占めています。感情というものを、新しい視点、今まであまり意識されなかった視点から見ていきましょう。

　少し想像してほしいのですが、もし、私たちに感情というものがなければどうなるでしょう。病的な状態で、感情の平板化や、失感情症という、感情が湧いてこない状態になっている人がいます。その状態には苦痛を感じるようです。生きている実感がなく、無味乾燥で、毎日が味気なく、活力がない、生き生きとした感じがないというのです。

　感情がなければロボットと同じです。では、感情がなく、知的にのみ発達した生命体はどうでしょう。生命に対する共感も、愛情もなかったとしたら、凶暴なただの機械のようになりかねません。宇宙には実際に、感情のほとんどない、または、感情が完全になくなった生命体も存在していて、感情を持つ私たち人間種のことを大変うらやましがっているようです。

感情には大きな幅があり、高い叙情性をたたえる無条件の愛と、受容を生み出す歓喜（全細胞が高速で振動している状態）から、全身をすっぽりと包み込んで凍りつかせるような恐怖まであります。感情は、理性、知性に対して、より強力なパワーを持ったエネルギーであることは経験的にわかることでしょう。

また、感情の抱き方は人によっても違います。ある人の取った態度や言動に対して、ある人は被害的となるでしょうし、ある人は怒りや、敵意を感じるかもしれません。ある人は冷静に、波風立てず平然としているかもしれません。

つまり、感情とは出来事に対する受けとめ方（思考、解釈）であり、内的姿勢に基づいた反応だと定義づけることができます。単なる感覚ではありません。思考、観念、信念の体系があって、感情はその反応として発生します。その逆はありません。思考の内容が感情を方向づけ、操作しているのです。ですから、内的姿勢を変えることで感情を変えることができます。意識的成長と連動しているからです。パワフルな感情に振り回されることなく、感情を深く理解することによって、感情を意のままに操ることもできるのです。

男性の方が女性に比して、感情の発達、高い情緒性、叙情性、共感能力や美的感性の発達が悪く、そのためエネルギー的に滞って、詰まっているようになっている人が多いようです。その半面、女性は感情にふりまわされる人が多いのです。

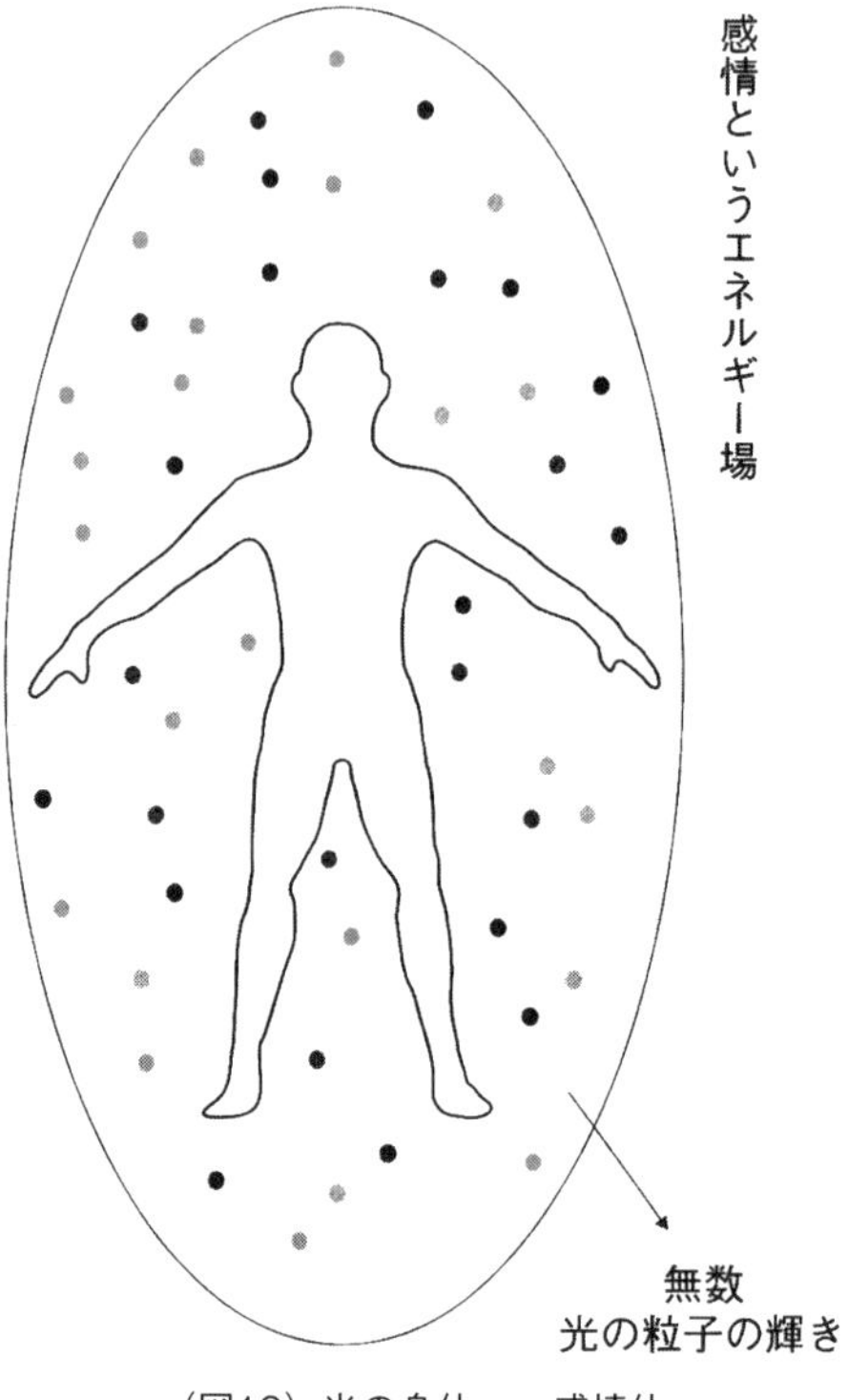

（図19）光の身体――感情体

人々の多くが、感情に対して知性が優位にあると考えていますが、そうではありません。高等感情の発達は意識の進化にとって必須のことです。それを踏まえて、この世で特に学習する必要があるのは、感情のコントロールと浄化の修得です。

図19のように、無数の粒子からなる宙に浮かぶ明るい卵型のエネルギー場が感情体です。現代医学では、大脳が感情の座のように考えられていますが、そうではありません。感情は、感情体というエネルギー場で感じるのです。不安を感じているときには、特定の部位が活性化しますし、色彩の変化により、その不安の記憶パターンを保持している部位がわかるのです。

感情はエネルギー源・食料源

どんな感情も、細胞間の共鳴が起こす振動エネルギー場から発せられ、特定の領域に保存されます。感情は音、振動、光を伴い、その音にはいろいろな音質、高低、密度があって、感情によって一定の振動数を帯びています。意識も音を伴っていますから、感情と意識は、音と振動とに互換性があるのです。これは、音と振動波の組み合わせにより、特定の感情や意識の状態をつくれることを意味しています。音楽の重要性はここにあります。音楽は、魂の領域にも直接的に響き渡る癒やしの重要なツールです。

感情によって人は元気になったり、ふさぎ込んだり、怒ったり、笑ったりしますが、なぜ感情によってこのような変化が起きるのかと言いますと、細胞間の共鳴場で起こす振動エネルギーの振動数によって、どの感情が主に発せられるかが決まるからです。

また、感情というものは人間にとってのエネルギー源、食料源としての側面もあります。あなたが活気にあふれ、元気が出るのは悲しみからではなく、喜びからです。喜びや、やすらぎ、静寂さといった感情は、エネルギー（感情は電磁気エネルギーにより発信させられ、あなたの周囲や大気圏にもいつも放射されています）として、あなたにポジティブなエネルギーと力を与えているのです。あなたの今のあり方、存在を認め、支持してくれる元気の出る食料源なのです。

あなたの固有の振動エネルギー波がどの周波数帯にあるのか（このことはあなたがどういう存在であるのかの質を決定しています）、また、どういう周波数帯の世界にいるかによって、どういう感情をエネルギー源、食料源とするかが決まります。意識の進化した存在ほど、愛にあふれる感情をエネルギー源とし、低い未発達の存在ほど、人の不安、恐怖、混乱などをエネルギー源としているのです。感情が食料源になるなどとは、誰も考えもしなかったことなのではないでしょうか。感情が食料源になるということは、長いあいだ、意図的に隠されていました。そうした考えに至ることを阻みたかった闇の勢力があったのです。

感情は電磁波エネルギー

現代は、テレビや映画などで恐怖や不安が大量に生産されて、視聴者へ放出されています。これは、振動数の低い存在たちにとってとてもおいしいジュースであり、食料源です。感情ジュースというわけです。しかし、これは単なるおやつや副食といった程度のものではなく、振動数の低い彼らにとっては主食であり、なければ死活問題です。プラーナ管を通じて生命エネルギーの補給ができなくなっているために、他の人からもたらされる感情エネルギーを死にもの狂いで摂取しているのです。

実生活で経験する感情も仮想現実でのそれも関係ありません。しかし、あなたが愛と安らぎ、喜びの中にあるとき、彼らはあなたからエネルギーを摂取できませんし、あなたは彼らにとって無用の、役に立たない退屈な存在と見なされ、彼らは去っていきます。闇の存在が、世の不穏、混乱、不安定な状態をつくり出すことにやっきになっているのは、エネルギーの問題が背後にあるからにほかなりません。彼らは、安定、平安の世界では生きていけないのです。

ここで、エネルギーのやりとりについて（液体状〜ゲル状プラズマを介しての）具体例を示してみましょう。図20を見てください。その①のケース、出生後、臍帯は物理的には切断されますが、プラズマ体としての臍帯は切断されずに、通常は五歳ごろまでまだつながっています。これは、子どもが自由に安全に行動できると母親が安心できる長さまであり、その後次第に消滅していきます。

ところが、母子一体のエネルギーが強く、母子分離がなかなかできなくて、母子共生、相互依存の関係が強い場合、プラズマ体としての臍帯が切れる年頃になっても、まだつながっていることがあります。特に、母親が子どもを溺愛し、自分のペットのように扱い、子どもの自立の道を分離不安から無意識に阻害している場合です。思春期になってもプラズマ体はつながったままであるため、子どもはそれを断ち切ろうと暴れ、もがきます。また、子どもが過度に母親の庇護《ひご》から離れるのを不安がり、いつまでも依存するときも同様の現象が起きます。このプラズマ体のコードは、思念、想念によってつくられるからです。

図20の②の、恋愛の場合、そのカップルの心身の結びつきが強いほど、互いに多くのプラズマ体の糸によってつながれています。そのため、恋をすると一体感が感じられる場合もあれば、

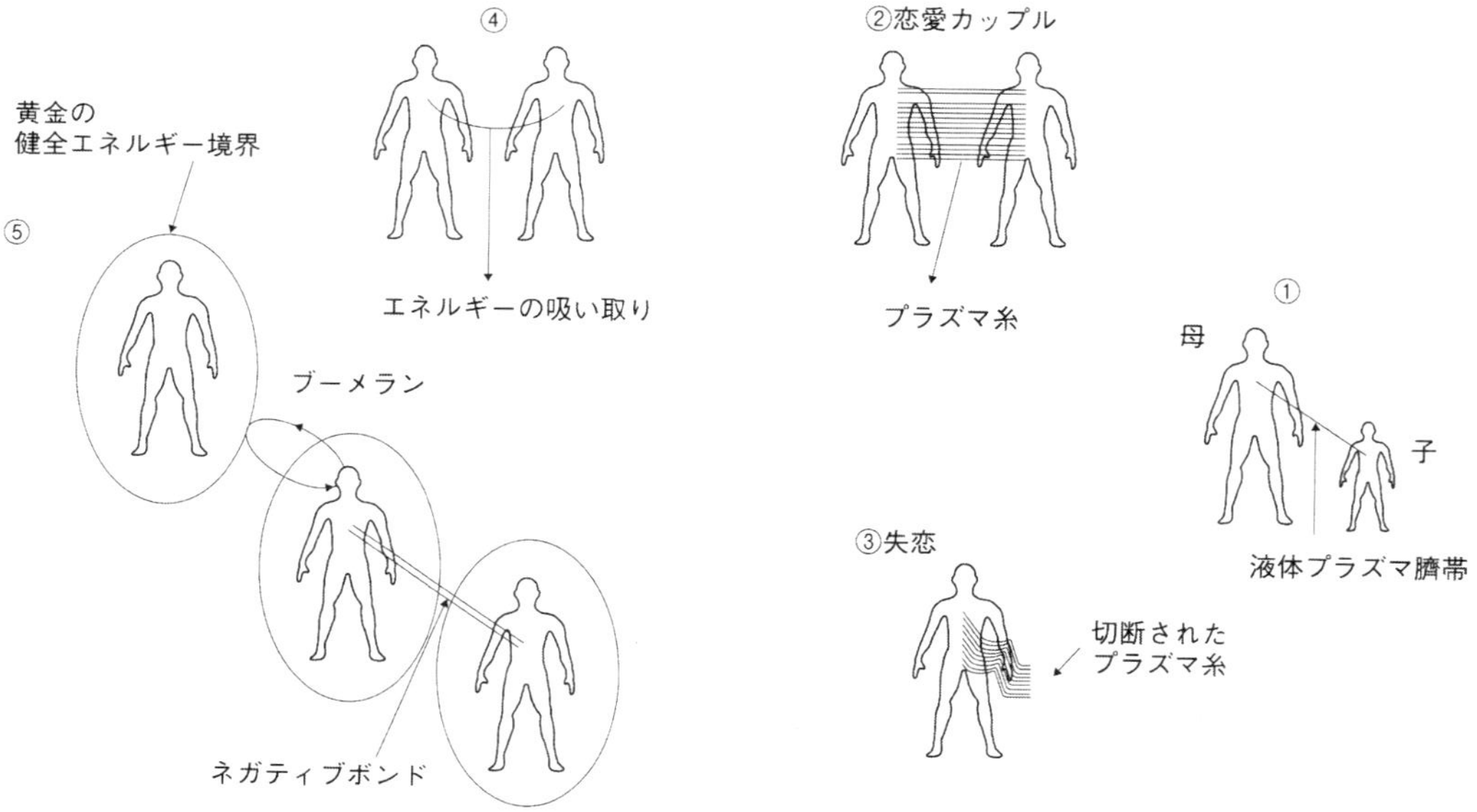

（図20）液体プラズマによるエネルギー的つながり

窮屈な感じも覚えることがあるでしょう。

図20の③のように、失恋すると、思念、想念により造られたプラズマ体は断ち切られ、その多くの切断面がダラーッとしなだれて垂れ下がり、傷口をさらした状態になります。それは心の痛みを生み、時間の経過とともに、相手に対しての思いや執着がうすれたときにしなだれ、下がったプラズマ体も自分の内に吸収され消滅します。それは同時に、心の傷の癒やしを意味するのです。

図20の④の場合、特定の人に会うと何か非常に疲れるとか、消耗した感じになる人がいると思います。これは、エネルギーを必要とする人が、相手は誰であれ、取れるところから無意識の内に、エネルギーを吸い取っているからです。普通、必要とする生命エネルギーは、高次の自己から根源のエネルギーをプラーナ管、チャクラを通して吸収できますが、そのエネルギー摂取に問題があり、少ししか吸収できないのです。そのために、無意識に感情体のエネルギーコードを水平に伸ばして、他の人から吸い取ることが当たり前になっているわけです。

また、図20の⑤のケースはどういうことかというと、あなたが思い、考え、話をするといったことから発生する電磁気エネルギーが、あなたから放射され周囲に伝わっていることを示しています。その思いや、考え、話す言葉が、特定の人を名指ししたものであれば、そのエネルギーはその人に向かい、無意識下にあなたがその人をどのように考えているか、どう思っているかが伝わるのです。そして、相手が悪感情を抱いていれば、共同作業的にネガティブな結びつきが生まれます。このネガティブボンドのために、相互に相手の成長を阻害する関係となるのです。

一般通念としては、人の想念や感情にしろ、ただエネルギーとして自然に消えていくと思われていますが、そんな簡単なことではなく、きちんとプラズマレベルで形態をつくります。

それと反対に、受け取った人が一定の高い周波数を保持し、健全なエネルギー境界を持っている場合、その人に向けられたネガティブエネルギーははじき返され、その人に影響を与えることはできません。そのネガティブエネルギーはブーメランのようにあなたに戻り、ネガティブエネルギーをため込むことになります。

感情は人に情報を与える知的システム

感情は、心構えや思考を反映したものであるために、逆に、感情を通して自分がどういう心構えや考えを持っているかがわかります。心構えは内的姿勢として前に表現しました。どういう状況で、どのような人にどのような感情を抱くのか、よく注意していれば、自分自身の評価基準、先入観、尺度、ひずみに気づくことができます。

つまり、感じることによって、感情は人に情報を与える知的システムともなっています。感情というパワフルなエネルギーはあなたを映す鏡とも言えるでしょう。あなたがイライラしたり、不快な感じがしたり、嫌悪感、怒り、不安を感じるときは、その対象についての心構えに問題のあることが多いので、そのことを通じて自分はどのような人間なのかを知る格好の材料

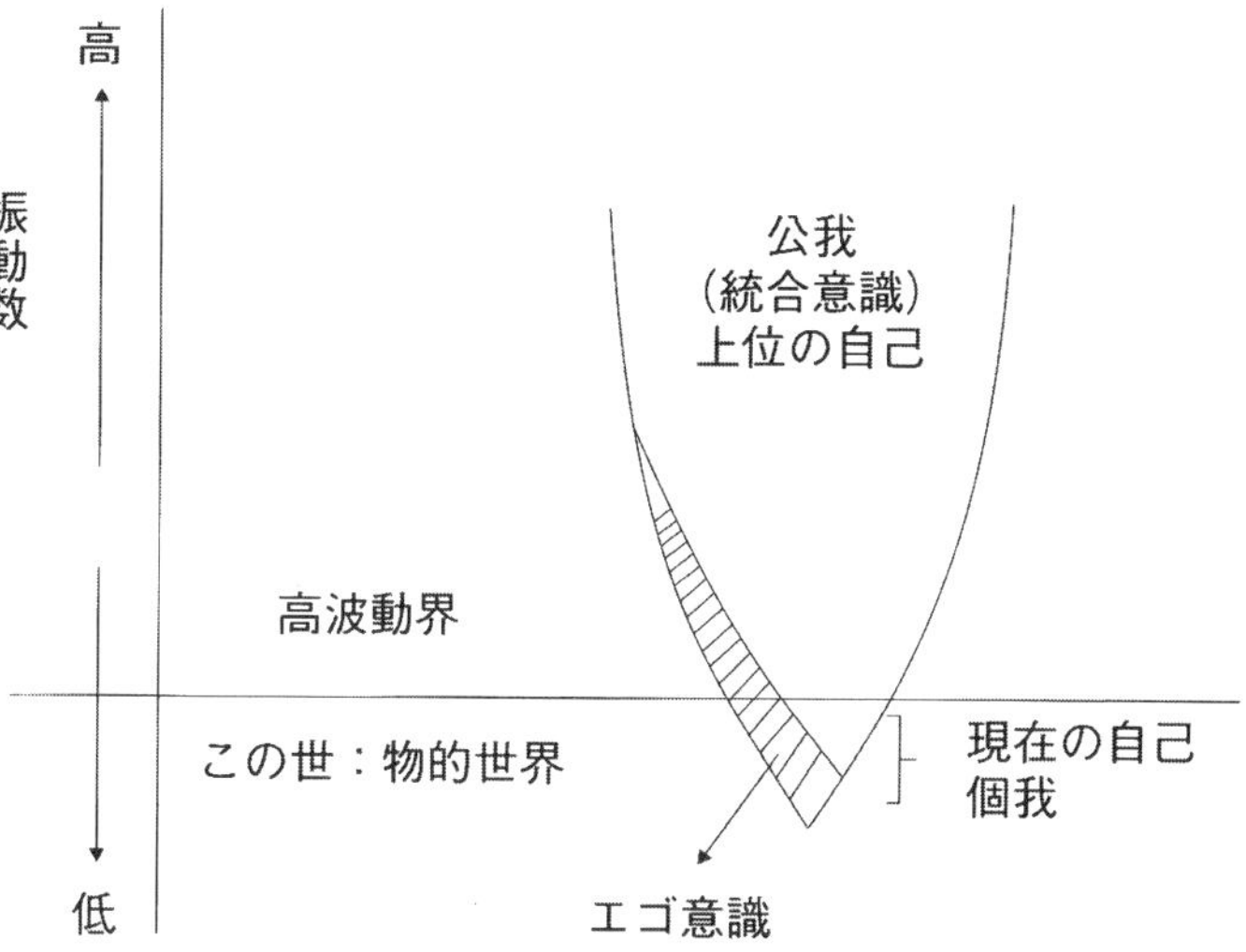

（図21）個我と公我という視点

とすることができます。

無条件の愛と受容という至高の心境はとてもハードルが高く、ほとんどの人は自分にとって無縁のものだと考えがちです。至高の精神性とは、思考や観念ではなく、内面からふつふつと泉のように湧き上がる喜び、平安を深く感じられること、物事が一体として感じられること、その心境を保持できているという状態という意味です。普段の修練によってやっと到達できる境涯であるとも、また、今すぐにでも獲得できる心境でもあると言えるでしょう。あなたも、たとえ一瞬であっても、この境涯に立ち入ったことがあるはずです。ただ、その心境の持つ振動を保てず、すぐにエゴ意識に引きずり落とされてしまうだけなのです。

しかしながら、実際には私たちの故郷

はその無条件の愛と受容という波動域にあり、エゴ意識下にある波動域よりもはるかに長くその高みの波動域の中で生活し、慣れ親しんでいる心境なのです。今からつくり上げる何か困難なものではなく、自分の中にすでに存在している心境です。私たちはそれを忘れてしまっているだけなのです。もろもろの感情は愛から派生した、その変形です。日常生活で味わう感情は、自分の中にすでに、高い叙情性を伴う至高の心境があることを思い出す手助けをしてくれている、自分が本来どんな存在であるのかを知らせてくれる知的システムです。

生命本来の振動状態は至福

一般通念として、私たちは個我（現在の自己）と今の肉体とが自己のすべてであると刷り込まれてきましたが、実際はそうではありません。それは自己のほんの一部にすぎません。

私たちは、エゴ意識と根源エネルギーに連なる公我――統合意識が共存した状態で生きています。エゴ意識のみが私たちのすべてではなく、より大きな公我が本来の私たちであることを常に思い出して、意識をその方向にむけておくことが、感情のコントロールにとって大事です。

ここで言うエゴ意識とは、嫉妬、比較、増上、卑下、欲求不満などの感情の影響下に個我の波動がある場合のことです。公我――統合意識とは、やすらぎ、喜び、静寂、清々しさを感じるときの意識状態のことで、無条件の愛と受容の振動状態の意識です。

この至福の状態は、すべての生命体にとって自然の状態、本来の状態です。生命の本来の振動状態は至福であって、高度に進化した生命体は自在にこの状態に入ることができます。感情は私たちにとってエネルギー源でもありますから、砂をかむような味気ない生活とは違う豊かさを与えてくれます。

無条件の愛と受容という高みの感情状態は、この三次元から一気に九次元までの波動エネルギーと共鳴するという、飛翔《ひしょう》のためのジェットエンジンとしての役割を果たすのです。知性や理性よりもはるかにパワフルなエネルギーです。いろいろな意識の世界を一気につき抜ける能力が感情にはあります。その意識指数——愛と光の指数が上がった状態が、自己と他者の一体、融合を体験する至福の世界です。

人は、憎しみ、嫉妬、自己嫌悪、悲しみ、怒りなどのネガティブな感情をなるべく感じたくありません。そのため、そういう感情が湧き立つ事態を避け、感じないよう努めたりしますし、またそういう感情をどういうふうに処理していいのかわからなくなります。その結果、ネガティブな感情を極力感じないように、思い出さないようにしたり、無意識に抑圧したりします。悪感情を抱く自分が嫌になるし、気分の悪い思いをしたくないからです。そうすると、ネガティブな感情は意識下に追いやられ、うっ積したエネルギー魂となります。

感情のあり方によって自己価値が決まり、同じような体験でもどのような感情を抱くかによって体験の質も変化します。感情が私たちにとって身近であるがゆえに、私たちはその重要性や価値に気づくことなく、不当にないがしろに扱い、ときには塵やゴミのごとく厄介物として軽視してきました。だからこそ、逆に感情に大きく揺り動かされ、翻弄《ほんろう》されてきたのも当然のことでしょう。

感情は生きている意識あるエネルギー

ここで、私たちにとって感ずるのも嫌で、感じる事態を忌避し、扱いがよくわからないネガティブな感情について、その解消、解放、浄化の道に絞って話をしてみましょう。

感情のコントロールとは、感情を抑圧し、感じないようにすることではありません。浄化のためには、リラックスした状態でその悪感情に寄り添い、十分に深く感じてあげることが必要です。感情にも意識があり、生きているエネルギーですから、どんな感情であっても無視され邪険に扱われると、意識の深部に住みつき、気づかれ、感じてもらうまで、つまりは認めてもらうまで、長く住みつくのです。

自分の感情を感じないように、感情を超越しようとする修業や試みは、自然に反するものです。人間の感情は元来、破滅的性質のものではありません。感情はただ感情であるだけです。ほんとうは、良い感情も悪い感情もないのです。

人はネガティブな感情を抱くと、自分が嫌になったり、恥ずかしくなったり、感じないように工夫したり、罪悪感を抱いたりしますが、それはただの感情であって、自らを破壊するものでも、駄目にするものでもありません。忌避することによって、よりパワフルに感じられるだけで、十分に寄り添って感じてやれば次第に薄らいでいきます。

こうした感情は、他ならぬあなたが創造したエネルギーであるために、あなたにその責任があります。自分でつくり出しておいて、知らぬ顔をして、その感情に見向きもしない、会おうともしないで避けるというのでは、つくられたネガティブと言えども、意識を持つエネルギーとしては立つ瀬がありません。感情という精神活動のダイナミズムは、エネルギー的なもの、知的なものとして捉えてみるとよくわかります。ですから、感情を人格を持つ人のように考え、接していくことが大切です。

ひどい目に遭ったり、裏切られたりしたら、悪感情を持つのは当たり前だとほとんどの人は言うでしょう。たしかにそのとおりです。問題は、事態がどのような内容であれ、その悪感情をつくり出したのが他ならぬあなたであるために、あなたにその責任があるということです。他の人は別の感情を抱いたかもしれません。その人の内的姿勢——心構え、意識水準に応じて、反応としての感情が発生するのですから、感情の責任はあなたにあります。あなた以外にそれに対処する人はいません。

感情の抑圧、否定は、一時的には嫌な気分にならずにすみますが、未消化の抑圧されたエネルギーは同質のエネルギーを引き寄せやすいので、再び同じような経験を繰り返し、同じような感情を抱くことになります。また、精神的成長がなされようとするときには、過去の解消されていない感情の問題に向き合うことになります。その解消なしには次のステップに進めません。

ほとんどの問題は、自分を受け入れられない、自分に対しての愛情不足から生じていると断じて間違いないと思います。自分をどのような人間と認識しているかは、その人の人生の質を大きく左右するもっとも重要な点です。自分と自分自身の感情に対しての関係は、自分と他者との関係と同じと言えるでしょう。それが人間関係の質を決定します。

感情の解放浄化に重要な二つの事柄

①深呼吸して、気持ちを整えて、自分に関する嫌な気分を十分に感じてあげましょう。すると、数分後には急にその嫌な感情が消えていくのがわかるでしょう。また、声に出して叫んだり、大声をあげたり、悲鳴をあげたりすることも大事です。感情は音を伴うので、声を出すことにより感情を解放する手助けになります。

十分に深く感じてもらった感情は、認めてもらった、気づいてもらった、わかってもらえたと納得して、ボスたるあなたの意向に沿って、光のエネルギーに変容します。音や声を通して感情を出し、透明にすることもできます。感情エネルギーは、体の各所の細胞間の共鳴エネルギー場に押し込められ、細胞内のDNAにも記憶されていますが、その感情エネルギーを、運動、声帯その両方を通じて浄化することもできます。解放や浄化を感じられるまで、声や運動を通じて出してあげることです。

これは、経験的に無意識のうちに多くの人が実際されていることだと思います。ネガティブな感情を取り除くのではなく、十分に感じてあげること、また、声や運動を通じてそのエネルルギーを解放すれば、変容して感情体もバランスを取り戻します。バランスが取れれば取れるほど、押し込められていたエネルギーもどんどん解放されていくでしょう。バランスを取り戻したというはっきりしたサインは、〝すっきりした〟〝心地よい〟〝体が軽く感じる〟というものです。

②ネガティブな感情を抱いている時に、自分の中の観念や心の姿勢がその感情を生むのにどう関わっているかをチェックしてみて下さい。万人は聖なる出自を持つ光の存在であり、また自分も相手も発展途上にあるという前提に立って、ある人に対しての考え方や見方を変えるだけで感情も変化するからです。

悪感情が取り除けずにもがいている人にとって特に難しいのは、許すということかもしれません。許すとは、あなたの現在と過去の自分とのあいだに起こった事態を、なるほどそうだったのか、そうするしか仕方がなかったのだと相手の立場に立って得心し、納得することです。誰もが欠点や弱点を抱えていて発達途上だということに気づくことで、許しの気持ちが生まれはじめます。

ネガティブな感情エネルギーは、人間関係の中のエゴ意識の絡み合いで生まれます。相互に相手の立場になって、相手の経験した感情を味わうことが許しへの道に必要です。一方が相手を許すとき、同時に相手もネガティブエネルギーの呪縛から解放されるという図式になっています。それは、エゴ意識を離れ、魂の意識に立って物事を再評価するときのみ、より高い視点に立てたときのみ、許せるようになるということです。自分の感覚や感情がより深く、広々として感じられるでしょう。無条件の愛と受容への偉大なるステップです。

自己尊重の感情

自己嫌悪は現代における切実な心の問題です。自己嫌悪するがゆえに他の人も嫌悪し、争いや心身症、薬物中毒、うつ病などの自己嫌悪と等価の問題が生じます。

ほとんどの人は、自分を誇らしく好きになったり、反転して嫌いになっては落ち込んだりしています。自分を愛せないために、他の人の愛を求めてさまよいますが、結局、自分本位の要求でしかないので、求めるものが得られず、また自己嫌悪に陥るというパターンを演じている人が多いのです。

自分に対しての愛情の欠如、劣等感を、人からの愛情、関心、賞讃、評価で埋め合わせをしようとすると、不断にそれらの供給が必要となりますが、世の中そんなにうまく物事は運びません。供給が断たれ、少なくなると、自己嫌悪に陥って怒り出すことになるでしょう。本当は、あなた以外にあなたを愛する必要はありませんし、あなた以上にあなたを愛する人もいません。

自己尊重の感情は、本来の自分、高位の広大な自己に対しての気づきを通じて、たえず湧く泉のごとく、内面からの喜びや安らぎの感情とともにやってきます。

自分がつまらない、自分のことが嫌で仕方ない、能力もない、取るに足らない存在であるという想念は、その想念が正しいと思われる事態をあなたにもたらします。あなたの想念の正しさを証明するためです。抱いた想念通りに環境がつくられます。あなた自身が、そうではない、自分は価値ある人間であると心から認識するまで、自分がつまらない人間であることを実証する出来事ばかりが起こるでしょう。それは、そうではないということをあなたに気づいてほしいからなのです。

価値がないという思いは、もっと人に認めてもらいたい、人より優れた大きな存在となりたいという思いに結びつき、結果的にあなたはより小人になってしまいます。なぜなら、その感情は、他の人との比較、競争、対立、評価というエゴの機能であり、願望だからです。

エゴ意識やそれと結びついた感情は、生きていて意識を持つエネルギーです。そのエネルギーは、何とかして意識の内に優位な場所を得ようと、あなたにあれこれと仕掛けてきます。自分の居場所を得るために忙しく働きかけるのです。そうした動きが、エゴ意識のみがあなたという存在のすべてであるかのように錯覚させます。

自分のように何の能力取得もない人間のどこに価値があるというのか、全く根拠がないではないか、そんな自分が大いなる自己や魂につながった神秘な存在だと、そんなことは妄想だ、と、エゴ意識はあなたを説得しようとするでしょう。エゴ意識に同調することから離れなければ、魂の意識は最終手段として、あなたを苦境に追い込むことで考えを改変しようとします。

高次の意識から見た苦境の意味

自分はつまらない嫌な存在だという思い込みに人は悩み、もがき苦しみます。幸福、成功のみを経験している人は誰一人としていません。長い転生のあいだに、一方を経験すればその逆の経験をすることとなりますし、あらゆる経験を通して成長し、知恵を得ることが転生の目的なのですから。

エゴ意識は、成功、楽なこと、楽しいことのみを望みますが、魂の力により、一方からその逆の一方まで、幅広い経験を実体験することになります。自分にとっては不本意で、不都合な失敗も、挫折も、長い人生のあいだにあなたが学ぶ必要のあったもの、学びのための材料にすぎません。

あなたは、自分のペースで、やり方で、独自の道を歩んでいる、ユニークな、宇宙で唯一の存在です。その道程に進歩の糧《かて》として、いろいろな試練が用意されます。人の道は誰一人同じものはなく、他の人との比較、優劣、評価の対象とはならないのです。自分の人生の独自性、ユニークさに価値をおくべきです。

繰り返しになりますが、自己嫌悪の感情になじんで、ふけってばかりいると、何も変わりません。あなたが変わるまで同じ課題と向き合うことになります。挫折は、変えなさい、変わりなさい、物事の見方とやり方を変えなさい、というサインです。変わるということは成長することです。

苦境にいるときに抱いていた感情や思いと、時間を経て思い返してみるそれとは、かなり変化していると思います。時がたてば、過去のつらい時期についての新しい解釈や、新しい見方、考え方が得られているはずです。これは、過去が再解釈されたのです。そういう意味で、過去は変わります。変えることができるのです。

あなたは、失敗、挫折にまつわる苦しみや、駄目な人間であるという自己イメージが、自分そのものであると誤解していたかもしれません。しかし、あなたはそのような存在ではありません。より大きな偉大な自己――魂があなたの本当の姿であり、それを忘れていただけなのです。

一度得られた自分に対しての愛と受容の感情や意識の波動は、根源エネルギーの波動と共鳴して、ますます愛と光に満たされていくでしょう。

それとは逆に、自分自身や他の人に対しての嫌悪、決めつけ、不信は、根源のエネルギーをブロックしてしまいます。そのため、ますます不信、不満、対立、欲求不満、相互不信、相互嫌悪のパターンの轍《わだち》を抜け出せなくなるでしょう。

私たちは、自分への愛情の程度に応じて、他の人からの愛情を受けられるようになっていきます。また、自分への愛情の程度に応じて、他の人へ愛情を与えることができます。

まず、自分の器を愛情で満たし続けてください。そうすると、他の人への愛情も自然に器から流れ、注がれていくでしょう。自分の器が自らの愛情で満たされていないと、満たされない飢餓感や不全感をうめるように、他の人への依存や欲求が強くなり、執着につながっていきます。自分を愛し、許し、受け入れているからこそ、周囲に喜びと調和、安らぎに満ちたエネルギーを放射できるのです。そのことは、愛情あふれる人々を周囲に引き寄せることにもつながっていきます。

長い転生の記憶を、生まれてきたとき全く覚えていないために、試練や苦境にさらされ、挫折するたびに、あなたはとても落胆し、失意のうちに深く転落してしまったように感じられるのでしょう。しかし、あなたはより高く、広い、神聖な自己の分身です。よく思い出してください。そんなことは、安い気休めだと思うかもしれませんが、苦境にあるということは、変化することを迫られているか、または、あなたが本来やるべきことを無視して放置していることを意味します。そして、あなたはそれに向き合う以外に道はないのです。他の人への期待も捨てなければなりません。他人への期待で苦しむのはあなたです。

第九章　意識という根源エネルギー

あらゆるものの源——意識

普通、意識というと、目が覚めているとか、何かに注意を向けているといった意味で使われると思います。では、それ以外に何か特別の意味がこの意識という言葉に含まれているのでしょうか。実は、これが本書全体の話の核心部分です。

意識という言葉について考えることは、物事や生命についての本源的働きについて考えることになります。魂という言葉とともに、最重要のものです。そのため、長くなりますが、辛抱強くついてきてください。

意識を理解するために、まず量子場と意識についての話からはじめたいと思います。いきなり物理学の話かと思われるでしょうが、意識は量子力学的な現象であるがために、意識を理解しようとするとどうしても最低限、概略的な理解を欠かすことができないのです。大まかなイメージ的な理解で十分です。

では、ベースとして量子場という概念を援用して、意識について考えていきましょう。意識とは量子場のことです。意識は量子場から生まれ、量子場に働きかけ、量子場的働きをするからです。

原子よりも内側のミクロの世界、おおよそ原子や分子のサイズ一千万分の一メートル以下の世界と、外側のマクロの世界は全く異なる世界です。この境目の壁は非常に大きく、一般常識はミクロの世界には通用しません。当然、物理的法則も全く違います。

通常の物理学が通用しない、原子の内側のミクロの世界の物理学が、量子力学です。原子より小さい世界では、原子より大きい世界に存在する物質とは振る舞いが異なります。原子より小さな世界では、物質は、粒子性（エネルギーのかたまり）と波動性（状態の性質）を併せ持ち、エネルギー量は連続値ではなく、とびとびの整数倍のエネルギーを持つため、普通の物質と区別して量子と呼んでいます。ちなみに、この飛び飛び整数倍という性質を利用して、今日のデジタル化がなされているのです。

簡単に言いますと、小さな物理量の単位が量子です。物質をつくっている原子そのものや、原子より小さい電子、中間子、陽子、光子、クオークなどもみな量子です。

量子を扱う科学である量子力学とは、いわゆる、モノ以外の状態、つまりエネルギー振動全般を扱う新しい科学です。簡単に言うと、極微、極小の振動——波動といってもいいですが——を扱う科学のことです。

電子も光もモノではありません。これらは状態――エネルギー振動であり、その状態が力学的に変化していくものです。電子も光も振動そのもので、振動を生み出す媒体（音に対しての空気のように）、としてのモノはありません。水はモノですが、それがゆれている状態――波はモノではないですね。量子にはこの状態があるだけで、その状態を生み出すモノはありません。

量子が活動している場、振動域を量子場と考えてください。量子場は、素粒子が何らかの情報を担って活動している、知性を持ったエネルギー場と言えます（この意味については後で詳述します）。このエネルギー場の働きこそが意識です。意識とは通常考えられているような、覚醒している、気づいている、知覚があるということに加え、生きていて、知性を持つ、素粒子の活動している場所です。量子と素粒子はどう違うのかと思われるでしょうが、量子の方が少し定義の範囲が大きいほかは同じものを指していると考えてください。

意識は量子場よりつくられ、また、量子場の働き方そのものが意識です。意識は量子場より素粒子を取り出し、それが原子の材料となります。さらにそこから分子をつくり、次第に振動数を低下させながら、私たちが見て、触れる物質をつくり出すのです。量子場は現実をつくり出すエネルギー場と言えます。

意識とは、私たちが持っているものではなく、私たち自身が意識そのものなのです。肉体も精神も、周囲の環境も、現実も、すべて意識からつくり出されたのです。そこに意識の深遠な重大性があります。

量子場は知性の源泉

図22は、量子場から物質化する過程をあらわしています。①のラインは、意識がもたらす次元ごとに、振動数が規定する法則に準じて自己複製しながら、次元降下し物質となるプロセスを示し、②のラインは、意識がたえず物質を複製する下位の意識領域を示しています。

量子場という素粒子が活動しているエネルギー場が、知性を持っているというのはどういうことなのでしょうか。

人体をはじめとする生命体が、とてつもなく精緻で知的な構造を持ち、機能を果たしていることに異論をは

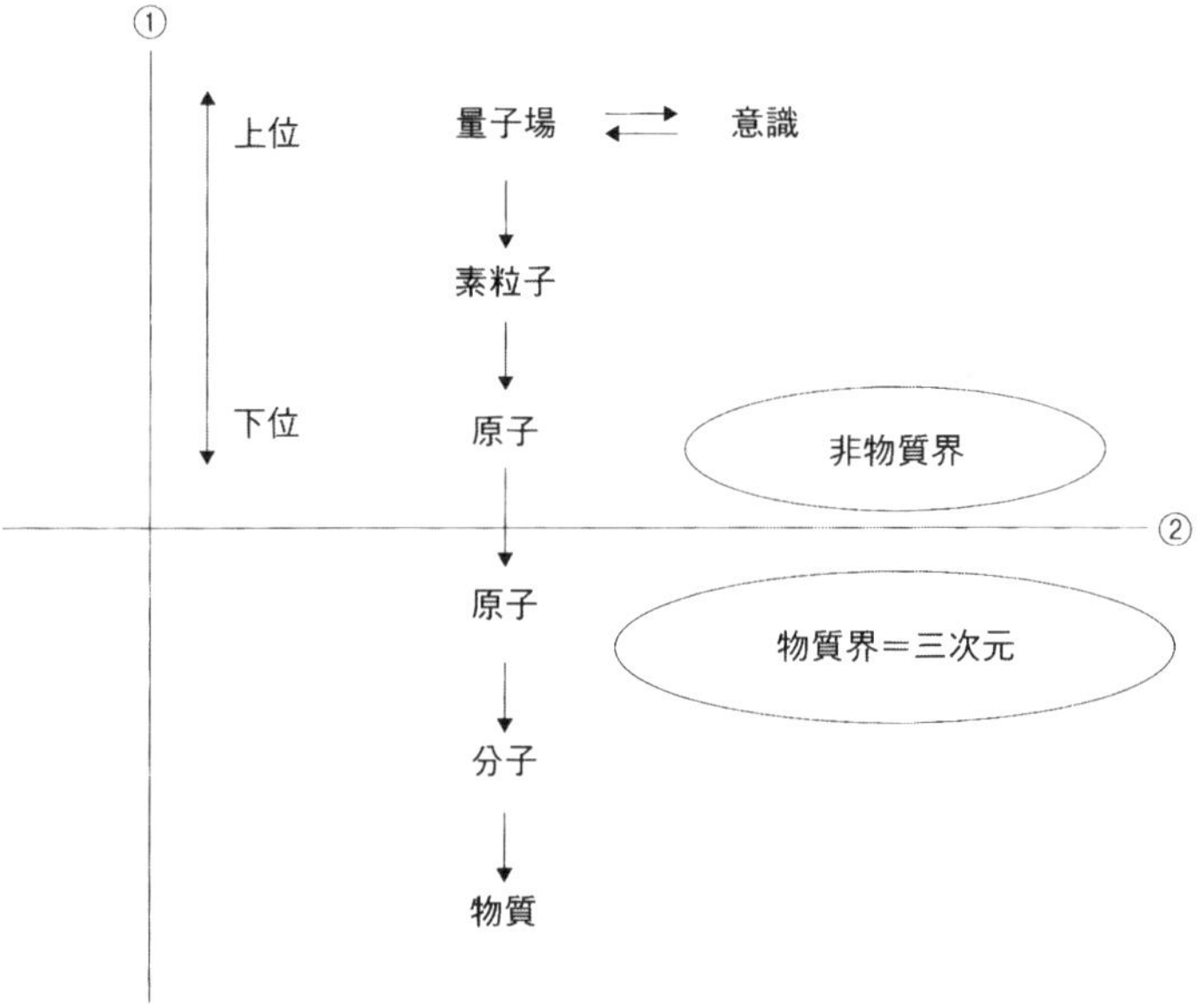

（図22）量子場から物質化の過程

さむ人はいないでしょう。畏敬を抱かせる、唖然《あぜん》とするような知的世界が展開しています。その構造や機能は、特に蛋白質《たんぱくしつ》を中核とした分子により遂行され、その分子は原子の結晶であって、また素粒子の集合です。

そう考えていくと、素粒子レベルでの知的な働きがなければ、すべてがバラバラとなって霧散消滅するとわかります。ゆえに、素粒子が活動している量子場が知性の源泉として捉えられるということです。

図22は、身の周りの物質やそれを形づくる元素も、意識から生み出されたということを示しているわけです。量子場、素粒子の活動しているエネルギー場が意識の源泉であり、その源泉に意識が働きかけることによって、次第に振動数を低下させて物質をつくります。この世の万物はすべて、意識が展開し、顕現されたものです。よって、小石から植物、動物に至るまで、すべてが意識を宿していることになります。

意識と素粒子

意識という精神的働きと物質とが同一の起源を持つとわかりました。すべてが意識の表現であり、顕現だということです。意識の水準は、根源の超高振動から低振動までであります。意識水準の違いは振動数の違いであり、振動数の違いは次元の違いを生みます。私たちの周囲にはいくつもの次元が重なり合い、隣り合っており、人は意識の在り方により、いろいろな次元に意識をとばして生きているのです。

意識的に、意図して、いろいろな世界に意識をとばしていける人がいます。これを仏法では〝観自在〟な人と言います。意識をとばすということは、換言すると、意識を持つ組織だった素粒子群を旅立たせることであり、素粒子の流れを自在に変えることなのです。

量子場にどういう意識的働きかけをするかによって、現実も変わります。

人生のレッスンとは、その働きかけの仕方、エネルギーの使い方を学ぶことだといっても過言ではありません。量子場に集中的に、理想、願望をあらわした映像をむすぶことによっても現実を変えられます。自分の意識の中で起こる変化が、あまたの外界の環境、境遇の変化としてあらわれるのです。あなた自身の意識の振動にないものは経験できませんから、現実化はできません。最近よく言われている「思考が現実化する」というのは、このことを指しています。

量子場をなす素粒子のふるまいは、この物的次元のモノでは考えられないほどユニークなものです。どのように違うのでしょうか。

素粒子は物質の最小単位という意味ですが、私たちの世界でいうモノではありません。素粒子は遠くから見ると粒子のように見えるけれど、近づくほどにただの空間でしかないように見えます。光子（光のエネルギー）や電子もそうです。これらはエネルギーの魂であり、波動です。ここでいうエネルギーとは、物体に何かの変化を与える、振動を起こすことのできる源になるものという意味です。

素粒子群が次第に振動数を落としながら磁力に引かれ、整然と並んで結晶化して、高密度の物質となることは前にも触れたとおりです。ここでは素粒子の波動性というものがもたらす摩訶不思議な現象を、意識と関連づけて話すことにします。

素粒子には、スーパーポジション（同時に何カ所にも存在するということ）と呼ばれている現象があります。波のあらゆる位置に存在している可能性が、今この瞬間にあり、それに働きかける意識の在り方によって位置が決まるという現象です。換言すると、あらゆる可能性の中から観察したとき――意識したときに、可能性の中の一つがあらわれるというのです。これは、意識の向け方により結果が変わるということを意味します。

こうした世界では、一つの結果が確定する前に、同時に何カ所にも存在しているのです。あたかも、忍者の分身の術のようです。そして、量子場の素粒子のつくる無数の振動数の中から、意識することで、一つの振動状態を取り出すと考えればよいでしょう。

また、非局在性と呼ばれている現象も観察されています。起源の同じ、発生状況の同じ素粒子、原子、分子同士は、どんなに離れていても、一方が宇宙の果てにいても、一方に変化が起きれば、もう片方にも同時に同様の変化が起きるという現象です。つまり非局在性とは、どんなに空間的に離れていても、あらゆる所に同時に存在するのだということを意味しています。ですから、素粒子の世界は空間も距離もありません。このあたりの事象は、論現的にも非論現的にも考えてイメージすることが求められます。

さて、ミクロの世界というのが、いかにユニークな世界かということの一端を紹介しました。

この素粒子の性質が、後で述べるパラレルワールドに結びつき、多次元性や、高次元には時間空間というものがないという結論に結びついてきます。

ちなみに、時間に虚数単位iをかけると、時間は空間の次元と区別がつかなくなり、ピタゴラスの定理を使って四次元距離が計算できるとわかってきました。時間と空間とのあいだには虚数が関係していますし、超光速光子、タキオンの質量も虚数であれば成立します。量子力学での波は複素数（実数＋虚数）での振動ですので、量子力学の世界は複素数の世界です。なぜこの世に実在しない虚数が自然界に関わるのか。それは、この世の光子以上の速度の世界――ミクロの世界は、実数だけでは表現できず、複素数なしには成立しないからです。

実数には有理数、無理数、整数があり、これらの数はすべてこの世の時間と同じに直線上にあるものとしてあらわすことができますが、複素数は直線上から離れた平面上にしか表記できません。この世は実数の世界で、高次元は複素数の世界だといっても間違いではないでしょう。虚数という言葉が誤解のもとになっているのです。これは、高次数や波動数とでも変更すべきものでしょう。

意識の多面的な表現

量子場から意識が誕生するということに続いて、意識とは何かという話に移りましょう。これはもっとも根源的な、深遠なことについて問いかけています。

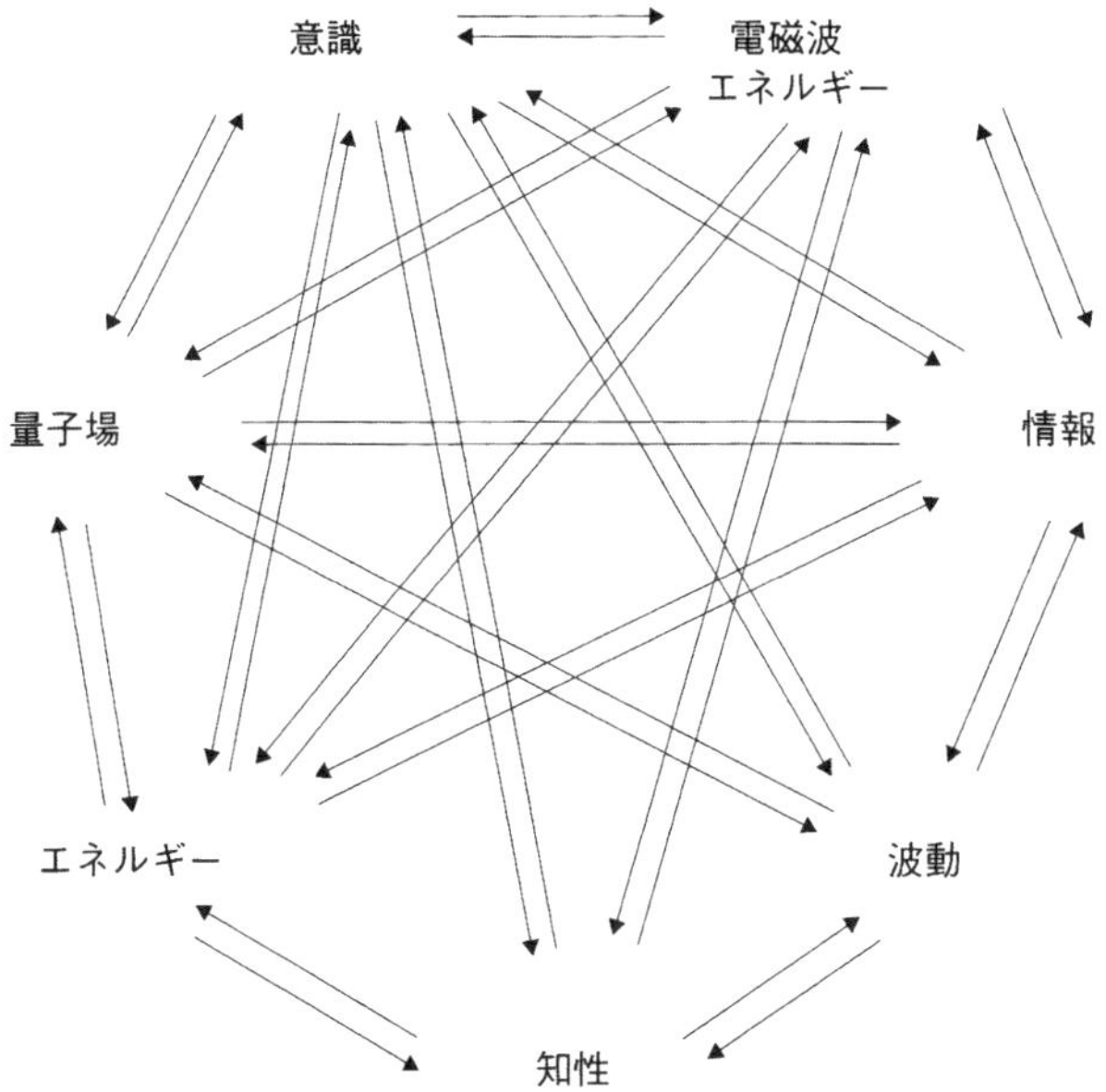

（図23）意識の多面的表現

このことを考えるとき、他の人々と同じように、自分は自分のレベルで物事を考えており、また、自分のレベル以上では考えられない、考えてはいない、ということを肝に銘じなければなりません。その大前提に立って話を進めます。

人には自意識というものがあります。自意識こそが私たちにとって大変な厄介者で、私たちを悩ませ、人との分離、比較、競争、優劣、対立へといざなうものです。

自分のことだけにかまけて自意識につき動かされていると、次第に息苦しくなり、どんどん行き詰まって、自分が本当は何がしたかったのか、自分は何者かがわからなくなっていきます。意識の本源的働きとは、個別意識――私という意識――から、私たちへというふうに、他者、自然との統合を模索する方向（統合意識）へと働きかけるようになっているからです。

そうした意識のベクトルには、安らぎ、喜び、静寂、神聖さ、創造性、充実感があります。それらを深く感じるとき、あなたの意識のベクトルは正しい方向にあります。意識は、量子場の「素粒子が何らかの情報をもって活動している状態」から発生します。また、意識は量子場に働きかけて指示を与えるエネルギーでもありますから、図23のように、素粒子の織りなす振動状態は、意識、量子場、エネルギー、知的働きとして、また情報の担い手として多彩に表現することができます。

言葉が違うために、何か分離した異なるもののように勘違いしがちですが、実際これらは同じ働きを多面的に表現したものです。一つのものはすべてのもの、すべてのものは一つのものということです。

これは、根源エネルギーの多様な働きも言いあらわしています。素粒子の波動状態から知性が生まれ、情報を伝え、他に働きかけるエネルギーにもなり、新たな意識を生み出し、その意識が素粒子に働きかけます。エネルギーは特定の振動数を保持し、同時に特定の情報を持つ意識です。

振動数が高くなればエネルギー量は増大し、高い意識になっていくのです。逆に考えると、高い意識にフォーカスすれば、より大きなエネルギーを得ることができるわけです。意識はエネルギーであり、エネルギーは意識であり、情報でもありますから、どのようなエネルギー（電

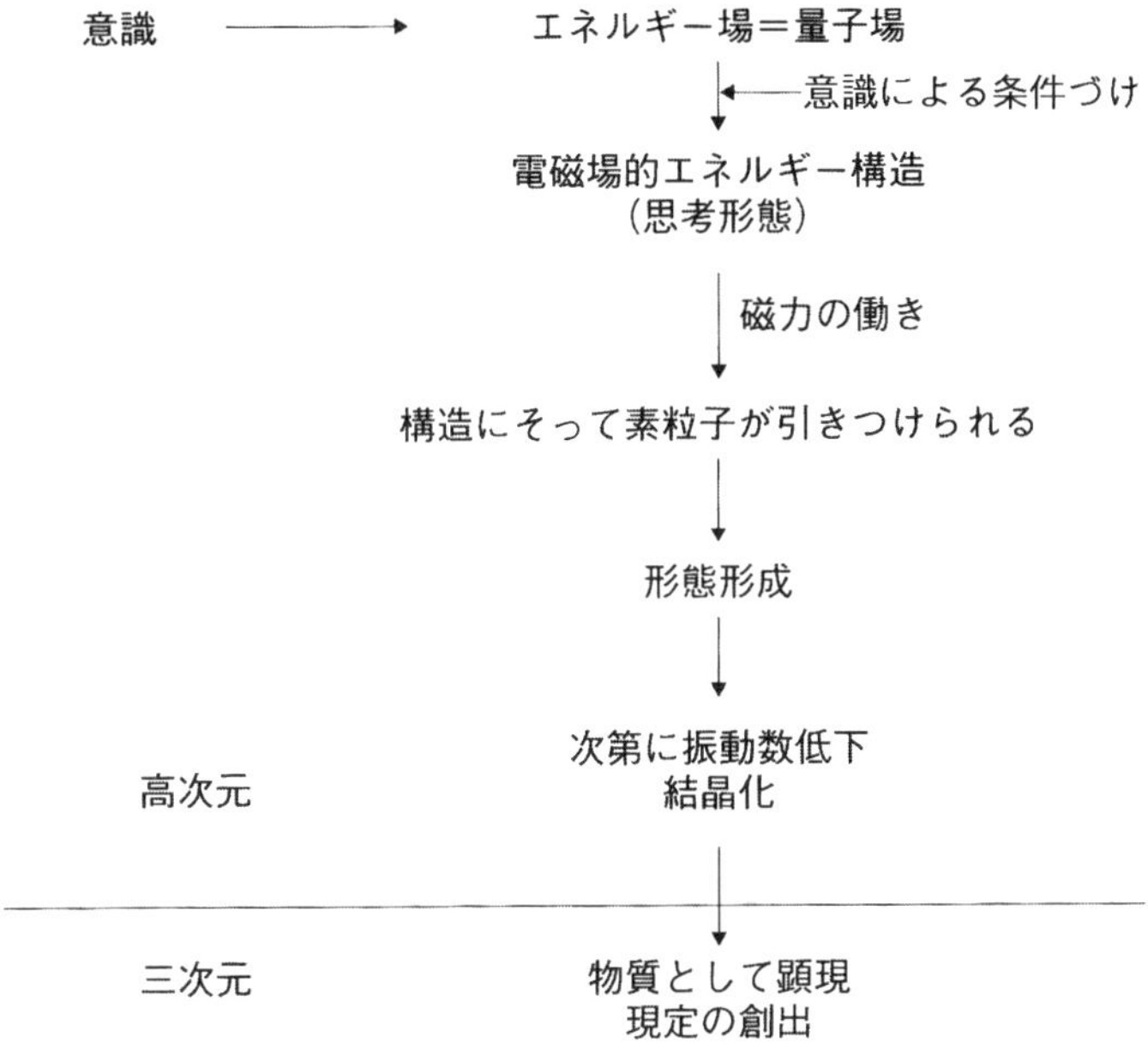

（図24）意識の働き

力、磁力、電磁気力、熱など）にもすべて意識があり、知的な働きをします。

整然とした働きをする量子場効果

図24は、意識の働きについて説明したものです。物質も意識からつくられたもの、意識の結晶化とも言えます。意識は、量子場に働きかける——意識を向けることで、物理学では観察効果と呼ばれている量子場効果をもたらします。

量子場効果とは、それまで不規則でランダムな動きをしていた素粒子が、特定の意識を向け

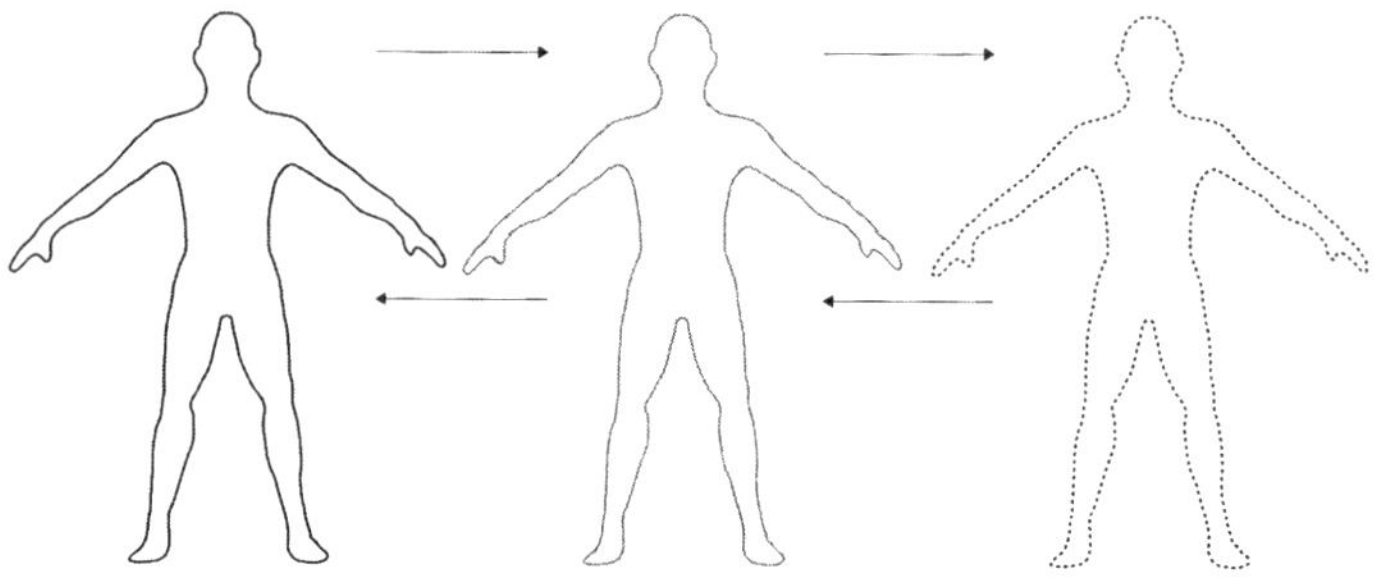

（図25）意識による振動数の変化に伴う肉体の出現と消失

られると、その意識の内容に応じて、多くの可能性の中から一つを選択し、突如、規則性のある秩序を見つけたように、整然とした働きをするようになることを言います。

意識とは漫然とした観念的事象ではなく、常に形態を伴います。その形態もまた意識を持つのです。素粒子が幾何学的構造をつくり、その構造の持つ磁力に引きつけられるように次々と素粒子が凝縮していき、次第に全体的に振動数を低下させ、私たちの目に見えるレベルにまで低下することで、この世に物質として顕現するのです。これは、意識が現実をつくるプロセスの話ですが、意識には、その使い方次第で素粒子を自在に操り、利用することが可能だということを示しています。素粒子の振動数さえ意識の向け方によって変わります。そうしたければ、病気や老化などの身体的制限からも解放されるでしょうし、また、ある人が自分の身体の素粒子の振動数を上げれば、その人はあなたの視界から突如消えるでしょう。そして、そこから振動数を低下させれば、まるで映画のワンシーンのように突如あらわれるのです。イエスの復活もこの現象です。

あらゆるものが持つコミュニケーション能力

図26を見るとわかるように、すべてが電磁波（光）システムですから、あらゆるものが、あなたに情報を与えるというコミュニケーション能力を持っています。コミュニケーションというと、私たちは、会話をする、声が聞こえてそれに対応して話す、といったことをイメージしがちですが、ここでいうコミュニケーションとはテレパシーを使ってのものです。テレパシーによるコミュニケーションは、波のように響き、意味が即理解される、または思考を植えつけられるように感じられるでしょう。

高波動界の人々は、あなたにテレパシーでコミュニケーションする能力を有しています。リラックスしているときに突如アイデアや発想、思念が湧き上がったり、絶体絶命のときに何かをひらめくといったことは、テレパシーであなたに植え込まれ、運ばれた思念です。低振動、高濃度のこの物的世界においては、波動的共鳴、同調が難しいために、私たちはそのことに気がつかないだけです。天才といわれる人は、このテレパシーの優秀な受信能力者のことです。

あらゆるものが、それらの持つコミュニケーション能力によって、あなたの考え方、在り方に影響を及ぼしています。太陽や惑星や植物までもがそうなのです。自然の中にも種々のエネルギー場があり、相互に情報を交換しながら生きています。そして、そのエネルギー場には意識も知性もあり、情報に瞬時に対応し、外界の変化に反応できるようになっているのです。

存在するすべてのものは、分子に至るまで意識を有する存在です。エネルギーもまた意識、知性を有し、すべてのエネルギーは協力し合うように存在しているのですが、人間はそれぞれに違う名称を与え、別個のもののように考えてしまっているのです。

自然は太古より、土、水、風、火、空の五大によって成り立つと考えられてきました。その五大も意識を持っており、知性を有する存在です。彼らは妖精という姿を取り、人によってはそれを見ることができます。童話やおとぎ話や絵画に出てくる妖精は実在します。植物の集合意識も妖精という姿となってあらわれます。

そして、それら妖精の存在もまた人間の

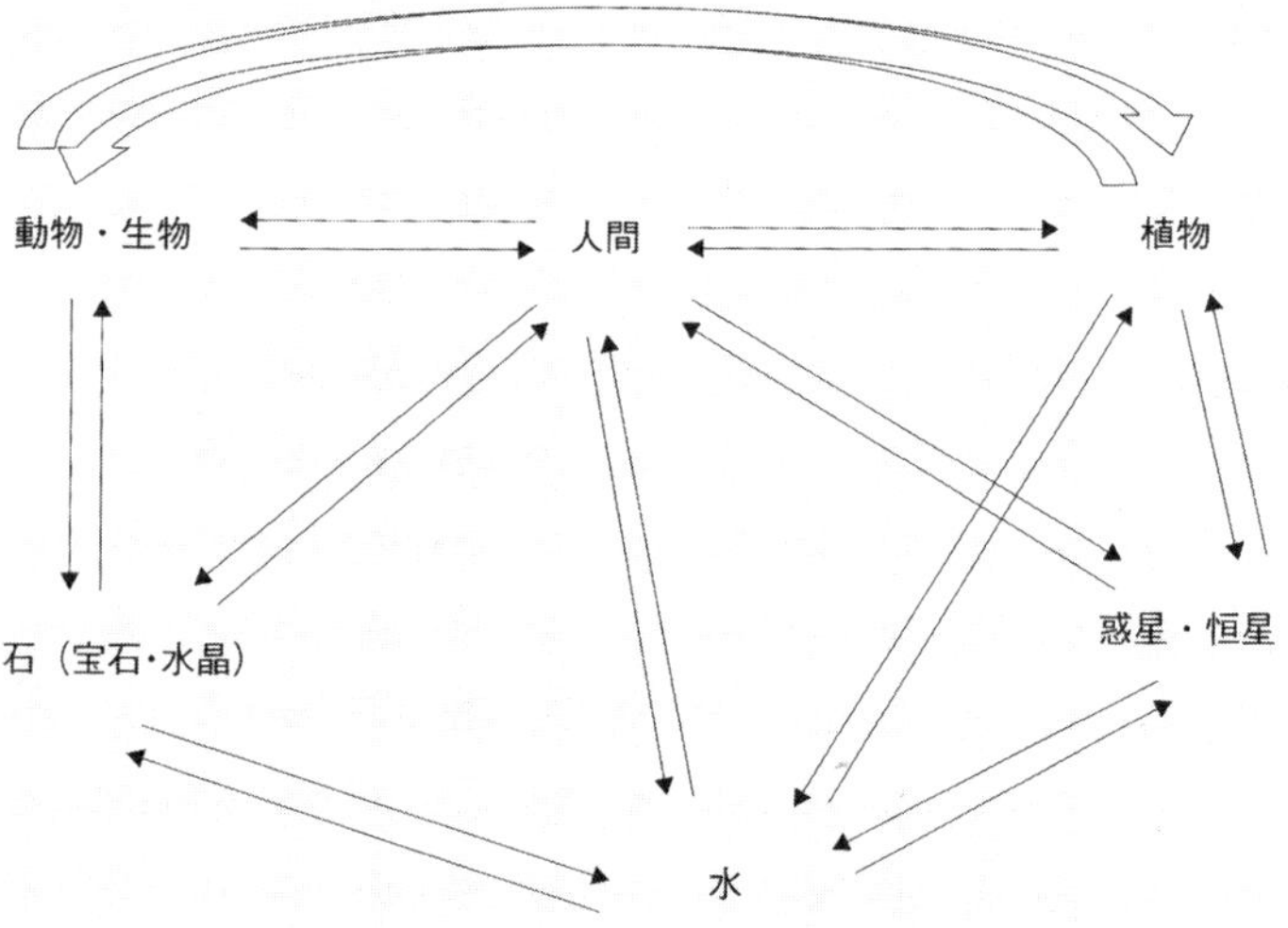

（図26）人間とのコミュニケーション網

意識の在り方に影響し、気象にも関わってきます。異常気象は、温暖化や環境汚染の影響がもちろん大きな要因ですが、それに加えて、人々が大気に放つネガティブな想念や、感情の電磁気エネルギーの蓄積もまた、気象に影響を与えています。たとえば、凝り固まったネガティブエネルギーを浄化するために、暴風雨や洪水が起きたりするのです。

高次元の世界では、気象は安定しています。一年中が五月くらいの陽気で常緑、草花が咲き誇り、異常気象もありません。

個別意識の源

私たちの個別の意識はどこから来たのでしょうか。それは、大いなる高位の魂から枝分かれした、私たちの本体である魂から来ています。魂は意識と同義と考えてください。

私たちは今、自分が人間であるという意識を持ってい

（図27）高波動界の風景

ます。人間と言われている身体を所有しているからです。人間の魂は、もともとこの世界の物理特性に基づいた特別な世界を体験し、学習するために、この世に一時的にいるにすぎません。自分が人間であると思い込んでいるだけなのです。奇妙に感じられるでしょうが、そうなのです。

今後私たちは、魂の進化とともに故郷たる高波動の世界に入っていくのですが、そのときには、人間でありながら人間を超えた存在となります。そのときにやっと、自分が一時的に人間になりすましていた、人間としての粉飾、仮面をかぶっていただけだったという自覚が生まれることになるのです。

意識の水準は高い所から低い所までありますが、高い水準とはどのような世界なのでしょうか。

高い意識状態では、個としての意識は次第に薄れ（個としての意識が薄れないと高い意識に到達することもできません）、大いなる自己――魂の意識そのものの中に融合していきます。

個としての意識が完全になくなることはなく、常に全体性の中で生きる、統合意識の世界です。これを仏法では、一如の世界、真如の世界、空とも表現しています。全存在の源泉となる、根源の意識状態です。

意識――思考の在り方が存在のあり方を決定するのは前にも話をしたとおりです。根源のエネルギー源（根源の意識）が、あらゆる次元、世界へと顕現する無数の振動エネルギーを始動させます。それにより、あまたの意識――魂が発生します。意識こそすべてを生む土壌なのです。

高エネルギー高振動の世界は、感覚、感情的には、安らぎ、静寂、愛、喜び、神聖さが支配している世界であり、あらゆるものを生み出すと同時に、根底より維持し、支えている、大いなる大元の意識です。人間をはるかに凌駕《りょうが》した根源の意識は、創造というのが、表現するに最適な言葉ではないでしょうか。

根源の意識は、古往今来、いろいろな名称で擬人化されたり、キリスト教の神、ブラフマン、大日如来《だいにちにょらい》、毘盧遮那仏《びるしゃなぶつ》、アラー、天之御中主神《あめのみなかぬしのかみ》など、いろいろな宗教において多彩な名称を付されてきました。これらの呼称の違いから、違うものを信仰するのだととらえ、愚かにも対立を生んでいるのはご承知のとおりです。

自我は魂の出先機関

広大な意識の世界にひきかえ、私たちが意識できている――知覚できているものがほんのわずかなのは、人間が自らの脳の一〇％以下しか作動させていないからです。私たちは三次元的な世界の知覚に閉じ込められた意識ですから、世界の九〇％以上を意識できていないのです。私たちの脳は、脳自体が知覚できるであろうと思い込んだものしか知覚せず、本来は知覚できているはずのものの大半を排除してしまっています。さらに、五感が非常に狭い周波数帯に対応するように発達していて、限られた光や音などのエネルギー情報しか、活用も、情報化もできていないのです。

また、この世の人々の意識が物的世界のみに限定、制限されているのは、自我の壁（自分でつくり出した思考パターンでの思い込み、先入観）により、物的世界以外の世界を意識にも上げずに排除して、意識を非常にゆがんだ偏狭な状態にしてしまい、自我意識（物的意識）外の意識の九〇%に厚い蓋《ふた》をかぶせているからです。この自我の壁を打ち壊すのが、本書の主眼でもあります。

禅宗では、座禅、瞑想、また作務などの修行をしますが、それは他ならぬこの自我の壁を打ち破るためのものです。意識的に、自分の中に住みついた固定概念、独り善がり、そして、思い込みやうっ積したネガティブな感情を解き放とうとするもがき、格闘が修行です。

自我とは魂の出先機関で、この物的次元で生活し、適応していくための事務処理をする機能を持ちます。つまり自我は、この鈍重で制限の強い高密度の世界においても、魂の機能が十全になるようにするためのこの世の助手であり、従者のようなものです。長くこの世界にいると、助手がこの世での操縦者のように振る舞いはじめ、また私たちも助手の話ばかり聞くようになるため、自我はいつも問題を起こしてきました。しかし実は、当の助手も、本来の役割を大きく超えたことで大きな負荷がかかっていて、ひどく疲れているのです。

自我の壁が破壊されれば、高位の意識から大量の情報や、知恵、光、新たな知覚が奔流のごとく流れ降りてくるでしょう。高次の意識の世界に戻るために、変容させるべきは自我の壁です。人は、特定の観念や感情に支配され、コントロールされて生きています。それを検証して、

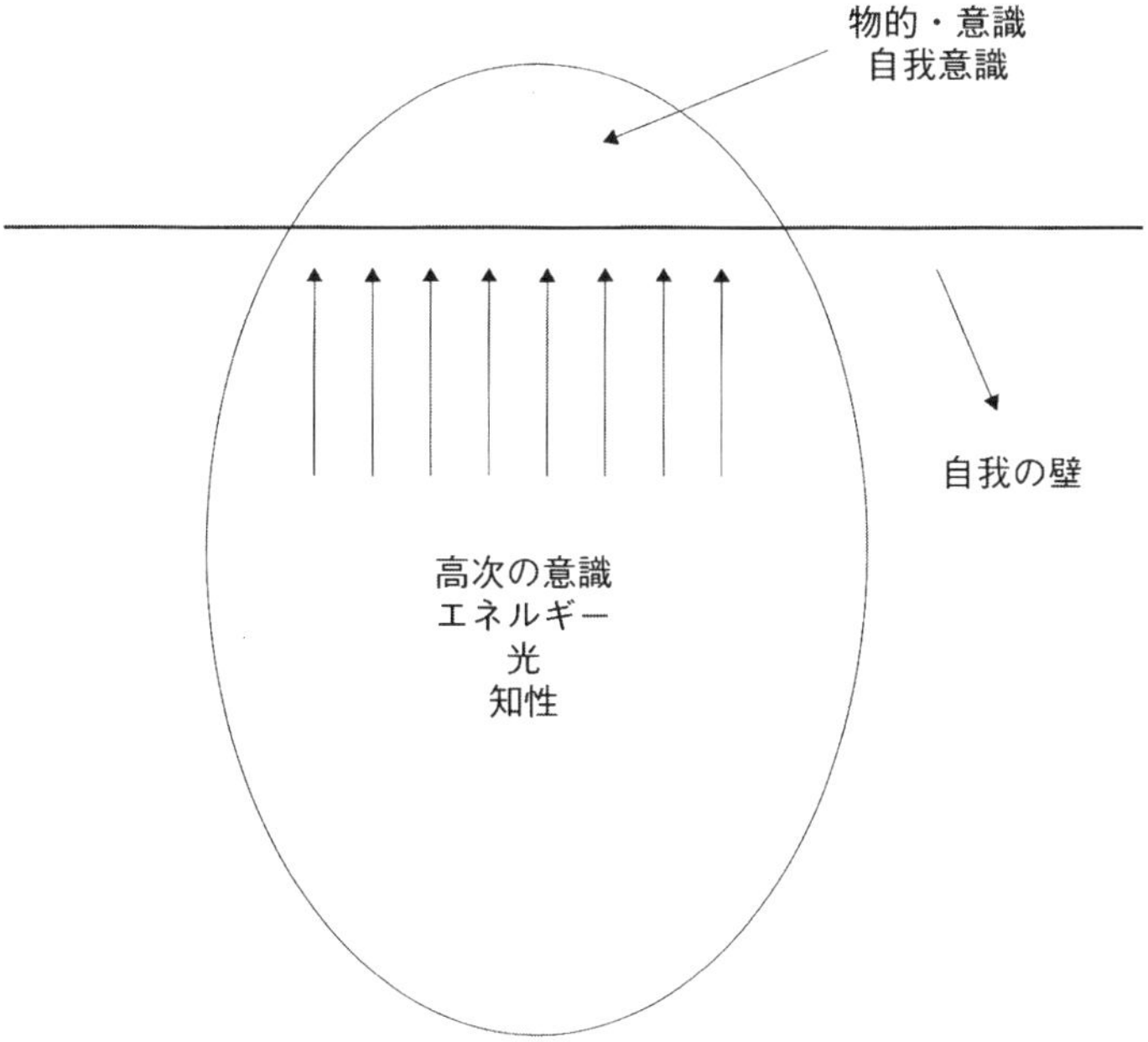

（図28）意識と自我の壁

より広い世界、光に満ちた世界へ移りましょう。そのためのファーストステップを踏み出しましょう。

今後は、毎日、瞬間瞬間に、自分の意識に刻印する想念や感情に対して気をつけていなくてはなりません。どんな思いや感情を感じているか気づき自覚することで、明確にそれらを選択し、自分が操縦士となって、想念や、感情に対して明確な意識を持ち、方向づけすることで、意図したとおりの選択をおこなえる生き方ができます。無意識の内に住みついた思い込みをなくし、信念体系の支配下に置かれない自分をつくっていくことができるのです。それができないと、特にストレスがかかっているときや欲求不満のときに、問題のある思念や感情に基づく行動が、自動的に何度も繰り返されます。人間は同じことを繰り返す強い強迫性を持っていますから、日々のチェックや気づきが必要となるのです。

多次元的な活動をする意識

意識がなくなるということは、この宇宙のすべての消滅を意味します。意識はたえずその表現を変化させながら存在する、永遠のものです。量子場の世界である意識には、消滅ということはないからです。量子場は限りなく短時間にたえず生成消滅を繰り返す素粒子の海です。その海から意識は素粒子を識別して自在に使いこなし、形態形成を通して創造します。

意識は永遠の存在であり、多次元的な活動をしています。あなたは実に多次元的な存在ですが、自分に気づき、知覚して意識しているのはこの物理的次元――三次元のあなただけで、それは広大なあなたという存在のごく一部でしかありません。

たとえば、恐竜という生命形態が、かつて地球上――三次元で約一億年のあいだ繁栄しましたが、今、その姿を見ることはありません。しかし、恐竜の意識は絶滅したのではなく、この世と違う次元において高波動体――プラズマ体という光の身体をもって生存しています。また、恐竜の生存していた時間軸に入ると、じかに恐竜のいる世界を体験できます。これは人間だけでなく、すべての生命体が多次元的であるということのほんの一例です。意識あるゆえに生存し、その意識に見合う身体を持つことになります。生きとし生けるものがすべて独自の意識を有しており、決して消滅することはありません。変化するのは形態だけです。

すべての人に宿る高次の意識

根源エネルギー、根源意識状態の世界は、喜び、やすらぎ、神聖さに満ちた、光にあふれた世界と表現できるでしょう。しかしその世界は、私たちの外に、別の次元に存在するものではありません。万人の中に根源エネルギーの振動があります。私たちは根源エネルギーといつもつながっていて、それは常に万人の内にあるのです。あなたの意識の内には、光あふれる喜びや安らぎに満ちた神々しい世界があって、これは今まで失われたことはありません。

この、魂の中にある意識のことを、私たちは長いあいだ忘れていて、その世界に対するアクセスの仕方もわからなくなってしまったのです。根源意識の深奥の世界こそが意識の中心点であり、私たちの思考と感情の中心点となるべきものです。何かあればすぐにこの中心点に帰ればよいのですが、どう帰ったらいいのでしょうか。

帰るためには、統合意識に自分の意識を方向づけるしかありません。すべての人に、神聖な意識、高次の意識が宿っていると意識し、認識することです。

人にはいろいろな外観があり、神聖な意識がいろいろなぬいぐるみを着て、この地球上で生活していますが、深奥にある意識こそが原初の根源の光のエネルギーで、意識進化の中枢であり、根源です。その大きな支柱、根幹がなければ、自分自身の思考や感情のネガティブサイドを変容させることもできませんし、成長もできません。支柱がなければ、末流にある意識もまた、本流や源泉へ遡上することはできません。

エゴ意識、統合意識

ほとんどの人は、意識が高まったり、低くなったり、フラフラして落ち着きがなく、すぐ揺れてしまいます。そのため、高い意識といかに共鳴し、同調するか、それをどう保持するかが重要になってきます。意識の保持のためには、真相をよく理解することが肝要です。

エゴ意識になるほど意識の振動数が減少し、統合意識になるにつれて振動数が高くなり、高位の意識を獲得することはすでに述べました。エゴ意識の主導下にある人は、何かにつけて人の優劣、損得、比較を取り上げて評価決定を下しますが、その評価決定はエゴ意識がしていることであって、魂の統合意識がしていることではありません。

統合意識は、エゴ意識とは全く違うことを考え望んでいます。エゴ意識主導の生き方は、進めば進むほど窮屈で行き詰まり、自分が一体何をしたかったのか、自分は一体何者なのかわからなくなっていきます。エゴ意識による判断、評価を真剣に取り上げないように心がけましょう。相手にせず、ああまたやっていると思って、統合意識にゆだねた方が、楽になり、楽しく心も広々としてきます。人間はそのようにつくられているのです。

統合意識とは、愛の意識であり、自分を大事にし、人にも慈愛の心で向き合い自分と同じように考える意識です。この愛は眼識のある愛です。洞察力を伴う愛です。

統合意識の下した決定の中にいるとき、不思議とエゴ意識は静まり、安らぎを覚えています。迷わない状態になります。そうした、エゴ意識によらない、全く新しい物事の考え方を会得することで、少しずつ統合意識にアクセスできるようになります。低い振動数に共鳴している低い意識が、高振動の意識を少しずつ取り入れることにより、解放されていくのです。高い意識状態を保持することが続くほど、利己的欲望に振りまわされることもなくなり、そういうものに関心が薄くなっていきます。今までとは違った視点から広く物事を見通すようになり、自分と人の垣根が取れて、境界が薄らぐでしょう。

低い意識は、現実という舞台の上で演じている自分の役に夢中で、それが芝居と似たようなものであることに気づきません。その役は長い転生の中で一時的に演じているにすぎないのに、認識できないために、執着して見方が偏狭になり、利己的になります。

あまりにも長く低い意識につながれていると、魂の意識はそれを看過するわけにはいかなくなり、衝撃を与えて本来の道へ戻そうとします。試練、病気、挫折など、当人にとっては何かの罰に思えるようなことを起こして、自己満足したマンネリの生活や、利益を求めて明け暮れる独善的な世界からの覚醒を促すのです。試練と苦しみを与えて、より広い視野や今までとは違う見方、感じ方ができるように導くのです。

意識と脳機能

では、脳機能と意識との関係はどうなっているのでしょうか。

脳の機能は意識により作動し、意識レベルが上がるにつれて脳機能もより広範に活性化していきます。人は意識の指揮の下、自分の脳や身体を機能させ、考えたり感じたりしています。通常、人は脳本来の能力の一〇％以下しか機能させていません。高いレベルの意識を使っていないからです。高い意識が自分の中で保持できるようになれば、遠隔透視、テレパシー通信、予知能力などの超能力も発揮されるようになります。こうしたことは、この世においてはまれな出来事ですが、高波動界においては日常のことにすぎません。

超能力よりも、高次意識に伴う高い精神性を保持することの方がはるかに重要なことです。高い精神性を保持できれば、身体は若々しく活気に満ち、抵抗力、生命力、免疫力もアップします。

脳は意識によって機能するハードです。現代医学では、脳機能の一部の働きの結果、意識が生じると考えていますが、実はそうではありません。

根源のエネルギー意識がその複製体として個別化、枝分かれしたのが魂です。その意味で魂は意識そのものと言えるでしょう。長い転生を機に、それぞれの経験、学習、知性、智恵などを身体に持ち込んだのが魂であり、魂なしにはあなたの個別の意識はありません。

三次元は魂の修行の場

ある人が、その人固有の波動エネルギーよって、自己の波動より高い振動数域に行きたいと思っても、跳ね返されて物理的に入っていけませんし、まぶしくて見えもしないでしょう。意識の高さの程度は、その個人の放つ生体光子の量によっても、プラズマ身体の放つ光によっても、測ることができます。

私たちは、根源のエネルギー、至高の意識より生まれ、そのエネルギーに貫かれた存在です。これは、簡潔ですが実相に寸分たがわない描写です。神聖で尊厳ある存在、光に満ちた光の仮身が私たちの本体であって、その根源への道が統合意識の道です。

では、高次の世界が理想で低次の意識の世界は望ましくないということなのでしょうか。この疑問は奥深い意味を持ちます。

この物質界を織りなす物的波動レベルは低い振動数帯にありますが、高波動レベルの世界に比して劣っているとか下位に属するということではありません。それぞれの世界に独自性があり、物的特性があり、個性があります。それぞれが、そのユニークさのゆえに貴いのです。

私たちの今居住している物的世界ほど、いろいろな経験ができて、バリエーションに富んだ世界はありません。魂の修業にはもってこいの世界、困難な世界だからこそ、魂は何度も転生してきたのです。低い振動数の世界という言葉だけで、この物的世界を描出することはできません。

この物的世界は、他の意識階層の世界が、ほぼ均質な意識レベルの人たちだけが居住しているのに対し、いろいろな意識レベルの人たちが交じり合って生活しています。当然、低い意識レベルの世界となると我執にまみれた意識レベルですから、生きるのに息苦しく、喜びも薄く、不安定な感情にひきずりまわされる生活となります。

しかし、高い意識の人から低い人までが混在しているため、多様な経験をすることができます。魂の進化のために格好の世界というわけです。三次元の意識の世界だからといって、劣っていて無用な世界ということではありません。

高次の意識に到達する方法

ここで、意識を高めることについて、毎日の出来事とそれに対しての対応、反応の仕方にポイントを絞って話をします。

その人にとって好ましくない嫌な出来事が起こり、ストレス、イライラ、緊張、欲求不満、不安や葛藤を抱えるときが正念場です。絶好の意識的成長の機会です。

起こったことが好ましい出来事のときは、どんな人も機嫌よく楽しくいられますが、嫌な事態、不測の出来事が起きたときは違います。そういったときにあなたがどんな反応をするかが、今のあなたの意識レベルを映す鏡となります。嫌なものに対する反応がどんなものになるのかが、あなたの日頃の内的姿勢、心構えや信念体系による結果であり、起こった出来事自体は、あなたの問題点をあぶり出して気づきを促す触媒にすぎません。

つまり、人は強いストレスがかかったときにはじめて生の姿を出し、本人が持っている問題点があらわになるということです。一つの出来事に対しての反応は、人によってそれぞれ違います。特に、どういう感情的反応をするかの責はすべてあなたにあります。

強いストレスがかかったとき、大概の人は前と同じパターンの反応を示すだけにとどまり、進化、成長が得られません。だからこそ、トラブルへの対処の仕方で、あなたがどういう人間で、どの意識ステージにあるかがわかるのです。出来事は気づきを深めて自己認識するため、精神的成長のためにデザインされていると考えてください。

嫌なことがあったとき、ただ怒鳴り散らしたり、人のせいにする、被害的になる、自分はやはり駄目な人間だと再確認するなどといった、ワンパターンな反応に陥ってはいないでしょうか。そうした、自らのネガティブな反応に気づいてほしいために、出来事はデザインされています。自らが引き寄せ、気づかなかった問題を映し出すように手配され、配剤されているのです。成長への踏み台です。その人が同じパターンを繰り返す限り、学習が不十分だと見なされる限り、同様の出来事がレッスンとして繰り返されることになるでしょう。

では、誰がその望みもしないレッスンを繰り返させるのでしょうか。それは、あなたの魂なのです。

出来事の意味を、相手の立場から見て、自分が相手だったらどうするか、第三者の立場から見てどうかと多面的に検証し、この出来事は自分にとってどういう意味を持つのかと考え、その意義を見いだすことが大事です。言葉にすると簡単に思えるかもしれませんが、実際のトラブルの際には、感情的なしこりを抱えているために、徹底してできる人はごく少数です。

望まない出来事を繰り返し起こす原因ともなる感情的なしこりも、取り組むべき対象と言えます。それが考え方や見方をゆがめているからです。感情的しこりは、問題がいかにして、またどうして起きたのか理解して、自分を許し、相手の立場に立って考え、相手の心情も理解するという基本的なことをおこなえば解消するはずです。何かトラブルがあったとき、自分が相手だったらどう振る舞っただろうかと考えると、往々にして、自分も相手と同じように行動しがちだとわかるはずです。そう考えれば、批判する資格はなくなりますね。自分が相手を許し、愛するとき、ほぼ同時に相手もそうしています。これはシンクロニシティ――同時性という現象です。

自らの内的姿勢の変化は電磁エネルギーとして相手にも伝わり、相乗効果を得られます。自らの問題の解決は、相手の解決にも役立つというわけです。

高次の意識に到達する最良の方法は、まず自分自身を愛し、その自分という器を愛で満たすことです。そうなれば、あふれ出た愛のエネルギーは自然に他者に向かっていくことになるからです。人は、自分を愛する程度に応じて人を愛することができるし、自分に対しての愛の深さに応じて人から愛を受けるのです。また、自分を理解している程度に応じて人のことを理解できます。

自分を嫌悪・否定している人には、人を愛することは難しいことです。人から愛情を補給してもらいたいだけなので、愛が身勝手なものになるからです。たいていの出来事は愛のレッスンのためにあり、往々にしてそれは一生をかけてのレッスンとなります。

根源エネルギーから生まれた私たちは、その根源の意識において「私」という意識を持っていませんでした。その意識状態から個性を持つ意識体である魂を持つようになり、悠久の魂としての旅がはじまったのです。その魂は数々の愛のレッスンを経験し、高次の意識を獲得しつつ、根源の意識へと帰還していく旅の途中にいます。

なぜ、愛のレッスンが意識の成長にとって必須なのかというと、愛こそが根源エネルギーの本質だからです。愛と言うと、好き嫌い、男女の情愛、家族への愛など、感情レベルのことと して考えてしまいがちですが、愛は根源のもっともパワフルなエネルギーで、この宇宙を支え保持し万物を創造している力です。愛を得るほどに意識指数という指数が高まり、愛を保持しているほどパワフルに光り輝きます。意識指数は、光と愛の指数とも言われる宇宙の一つのスケールです。宇宙の調和とどの程度共鳴する意識の振動波をあなたが放射しているのかという指数です。それはその人が放つ生体光子によって測ることができます。

意識は電磁波エネルギー振動でもあるので、特定の音や光を放ちますが、高次意識になるにつれて輝度が増し（もちろんこれは私たちの目には見えませんが）、上位に行くほど、まぶしくて正視できないほどとなります。そして、特定の意識は、特定の音を持っています。よくヨガや密教では真言を用いますが、これは、真言――マントラという特定の音を声に出し発することにより、音を媒介にして特定の意識レベルの扉を開く鍵としているのです。

意識と無意識

意識と無意識についての解釈は、心理学、精神医学において約二十四通りほどあります。ここでは、今まであまり光が当たらなかった新しい視点から無意識について考えてみましょう。意識と無意識という表現を用いると、両者に何か区別があるかのように錯覚しがちですが、実際にはこれらの実相は全く区別できません。ただ意識があるのみです。ですが、ここではわかりやすいように、旧来に準じた表現をすることにしましょう。

無意識にある感情や観念は、ただ単に意識の底に沈下しているものではなく、生きていて、意識があり、エネルギー、形態、色、生命を持っています。この理解こそが新しい視点です。それぞれの感情や思念、想念を、生きた人間と同じような存在として考え、対応していく必要があるのです。感情、思念、想念、信念体系は、みな意識を持つ意識体なのです。

ネガティブな無意識は、私たちの感じ方、見方、考え方を、私たちが気づかないうちにコントロールし、支配しようとするエネルギーです。たえずエネルギー波動を生み出しています。私たちの中に何人もの人間がいて、覇権をめぐってエネルギー闘争していると考えてください。自分が自分を相手に戦っている状態です。このことが、あなたの肉体や現実にさまざまなトラブルや、不快なことを引き起こしてきたのです。内部闘争を収めるためにも、統合された人格を築く必要があります。

より高次の意識を目指すほど、精神内面を深く掘り下げていかなくてはなりません。そうして精神的バランスが保てるのです。

ユング心理学にシャドウ（影）という概念があります。人生で思い出したくもない、無視され否定され、軽べつされ、受け入れたくない認めたくないと、「ぞんざい」に扱ってきたわだかまりやしこりがシャドウです。未処理のエネルギーの総体のことで、それが無意識にエネルギーを持ちつつ住みついて、解放、浄化されるのを待っています。

無意識な各部屋の住人

では、ネガティブな感情エネルギーをどう処理したらよいのでしょうか。図29のように、無意識の各部屋の住人は、自分のことを全く不必要な存在だとは思っていません。

なぜなら、こうしたダークサイドを持つ人が、たえまなくそれぞれの感情、想念を生み出し、それぞれの部屋にエネルギーを送り続けているからです。生み出された感情や想念は、逆に必要とされている存在なのだと認識しているでしょう。たとえ生みだされてしまったとしても、その後全くエネルギーが送られなければ、その感情の強さは衰退し、影響力も少なくなります。

こうしたダークサイドの感情は、無意識の部屋の住民であることに変わりはなく、たえず自

（図29）無意識・ダークエネルギーの部屋

分の存在をわかってほしい、認識し認めてほしい、光の意識の中に入れてほしいと思っています。好きで私はここにいるのではない、私を創造したのはあなたでしょう、と主張しているわけです。知らぬふりをしたり、関係ない、認めない、と拒絶せずに、自分のものとして受け入れてほしい、承認してほしい、他の人のせいにしないでほしいと願っているのです。光を求め、扉を開けて解放されるのを待っています。

　これらのエネルギーの鬱積は、エネルギーの流れを妨害するブロックをつくります。

　気に入らない出来事に出合うたびに、精神的に衝撃を与えられるたびに、それらの部屋の住人たちは光を求め、気づいてほしくて意識の表層サイドで待っているのです。

こうした鬱積は、現実の世界において身体的症状としてサインを出すことが多いです。そのため、人は精神的に葛藤し苦しみ、肉体的に病気へと巻き込まれてきました。

ネガティブな感情の解消法

さて、解決法です。これは、すでに話していることのうちにあります。

トラブルのたびに、また試練のたびに、各部屋にある感情や、想念——たとえば、怒り、不安、イライラ、嫉妬、自己嫌悪、無力感、憎しみ、悲しみ、敵意、罪悪感など——が、浮かび上がってくるのを嫌がらずに、避けずに、十分感じるようにしてください。それが各部屋の扉をあけて、その存在を認めることになるからです。十分感じるのは自分自身のダークエネルギーと直面するのです。そして、その存在を認め、今までの苦労をわかってあげて、もうその部屋にいる必要はないのだと納得してもらいましょう。十分感じてあげると、それらはエネルギー的に衰弱していきます。

人の場合も同じです。自分のことをわかってもらって、認めてもらい、今までの苦しみも共感してもらえれば、得心して次のステージに行く心の準備が整います。そのことと全く同じです。むやみに排除しようとしたり、除去しようとしたりしても、納得できなければその場を動きません。愛の意識——高い意識からの光エネルギーを与えて、ダークエネルギーを光へと変容させ、解き放つのです。ダークエネルギーは、自分のものであっても、本来の自分のものではありません。一時的に付着したものですから、いつまでも悩みの種になると考える必要はないのです。

当然、そんなにうまく解決できるのかという疑問もあるでしょう。脳も無意識も、変化することに対して不安があるため、強く抵抗します。心理学で言う反復強迫という現象です。人は、少々不都合があり、欲求不満があっても、変化することよりも現状維持を選択しがちです。変化することで生活も精神状態もより不安定になるのではないかと恐れるのです。しかし、変化がなければ成長もないのは自明のことです。

経験して押し込んだ感情に向き合って、その感情を再びじかに感じなければなりません。それは抑圧したものだからです。冷静になって、十分感じることで、感情の持つエネルギーは次第に弱まっていきます。自分の内なる悪感情を認め、理解することが、その感情に対する責任の果たし方です。そうすればダークエネルギーは光のパワーを受け、変容していくでしょう。

すべてのネガティブエネルギーが光のエネルギーに変容することを望むかと言うと、そうではない場合もあります。その場合は、ネガティブエネルギーの選択に任せるしかありません。もしくは、ボスであるあなたが、そのエネルギーに対して明確に、もう私の意識の中にすみついている必要のないこと、私はあなたを必要としないことを伝え、部屋の扉をあけて外に出てもらうという解決法もあります。

無意識のネガティブエネルギーが解放されるにつれて、トラブルや出来事に際しての反応の仕方が変わっていくでしょう。今までこだわっていたこともなくなり、関心興味の対象も変わります。今までのようにむやみに悩んだり、機嫌を悪くしたり、人を避けたり、イライラすることが少なくなり、自己防御的な、攻撃的な態度を取ったりすることがなくなります。それは、意識の地下世界が浄化されたことの証しです。

今までよりもゆったりと安らいで、静かな心境になっている自分を発見するでしょう。新しい考え方、物の見方、感じ方が根づいてきて、昔なじみのワンパターンな反応を放棄できたのです。それは新しい自分自身の開拓であり、意識の拡大を意味します。

意識的な成長のための基本的態度

あまり回り道や苦労をせずに、意識的に成長する方法はないのかと思われるでしょう。この世は確かに、不幸を知ってはじめて幸福の意味を知り、病気になってはじめて健康のありがたみを心底理解するというふうに、二元的に経験するようになっています。意識的成長の糧となるからです。

せめて、同じ悩みや困難に向かうことを避けるため、意識的に成長するためにはどうすればよいのでしょうか。基本的なものを列記してみましょう。

（1）自分自身を発見し、高めることに関心を持つこと。

（2）何かが起こってそれに反応するだけの受動的な構えではなく、よく準備して、進んでチャレンジすること。

（3）自分の中に思いやりと愛に満ちた波動を保持すること。自分の中に愛の波動を保持できなければ、自分の周囲に愛と思いやりに満ちた人間関係を築くことはできません。愛の波動は磁気的にそれに共鳴する人を引きつけます。

（4）自分への奉仕と他の人への奉仕のバランスを取ること。

（5）なぜそういう感情が湧くのか、そういう考え方を持つに至ったのかをよくよく考えて、その理由を理解しておくこと。自分の考え方、感情の持ち方のクセをよく知っておきましょう。たとえば、よい運動選手ほどきれいなフォームをしています。力みのない、均整の取れた、効率的で無駄のない動きをします。そういう選手は、不調時にはフォームのチェックを必ずします。人はどうでもいいことに力を入れ、肝心なことには気がつかず、意識が及ばず、問題点から逸れてしまうことが多くあります。人間の心の在り方も同じです。心のフォームをたえずチェックしましょう。

第十章　魂という実在

根源エネルギーから生まれた意識単位

さて、ここでは、今まで何度も話に上がってきた魂が、たしかなものとして本当に存在するのかという話をします。

今まで魂という存在について、誰からも教えられたこともなく、考えもしなかったら、その存在を疑うのは至極当然のことです。いわんや、高次の魂などというものを一体誰が想像できるでしょうか。

魂こそが恒久に存在する真の自己であり、光輝くエネルギー体であるということをここで説明していきます。少しずつ理解していただけたらと思います。

文明のはじまりから、文字、哲学、宗教において、魂という言葉はよく使われてきましたが、あくまでそれは観念的、形而上《けいじ》学的な抽象でしかありませんでした。ここでは、魂が実体を持ち、驚くべき機能を有する私たちそのものであることを順次説明したいと思います。

魂はそれ自体、そのエネルギー、能力、潜在力において、宇宙の中でも別格の意識単位です。たえず変化し、あらゆる方面に、自らがじかに体験して学ぶことを求めます。魂とはあなたが所有しているものではなく、あなたに属するものでもなく、あなたという存在そのものなのです。

そうすると、魂はどこにあるのでしょうか。それは、胸部中央の、ハートチャクラが存在する所にあります（図30参照）。当然、高振動の不可視の光を放つエネルギー体ですので、目には見えません。ハートチャクラは愛の感情、無条件の愛と受容というエネルギー場で、もっとも進化を促進させるエネルギーを生み出す座です。ここに魂が存在します。ハートチャクラの約三センチ奥まった所で、星がきらめくような、黄色の光に輝く光の炎のようなイメージが近しいです。

一方で、エネルギー的に言うと、魂は身体の中にあるというより、魂のエネルギー場の中に身体があるという方がより正確です。エネルギー場で身体を包み込んで、身体を活性化させているのです。

魂は根源エネルギーから生まれた意識単位で、高次元の光の構造体がその成分です。光の世界はあなたの魂の中にあり、それは根源エネルギーといつもつながり、あなたを永遠に創造の光により輝かせ維持します。光は、愛という根源エネルギーの本質を科学的に表現したものと言えるでしょう。

魂は、より高位の魂からの分身として、新しく生まれる身体の中に、純粋な全く白紙の状態で入っていきます。この白紙にどういう絵を描いていくかはあなた次第です。

妊娠中、魂は何度も母親の胎内を出たり入ったりして、新しい肉体と自分の魂とのあいだのエネルギー調整、いわば試着をし、最終的に肉体と、プラズマ体（知性体、感情体）すべてを、ピッタリ合った状態にしていきます。この際、特に液体〜ゲル状プラズマは、魂と肉体の接着剤として働きます。どの母親の胎児に入るのかは魂レベルで母親の魂とのあいだで合意があります。

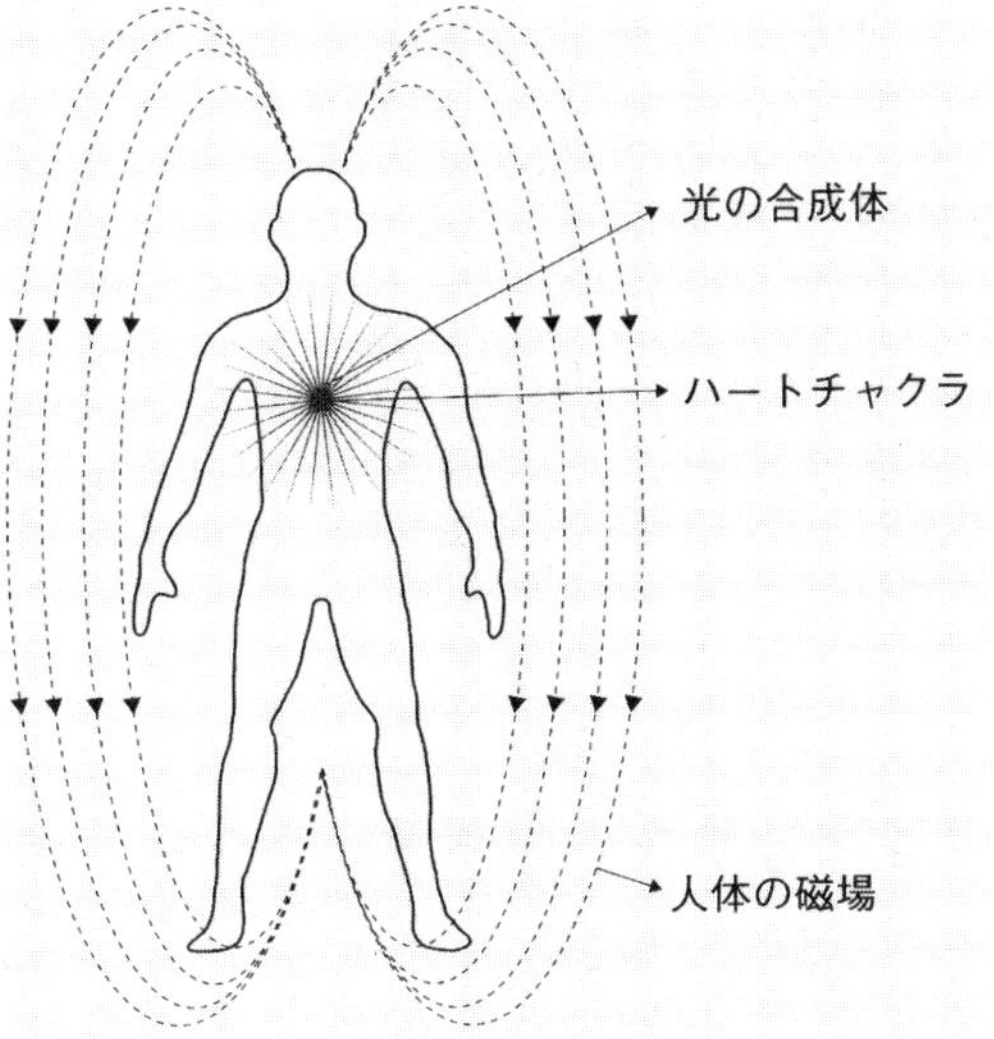

（図30）魂の位置

この世に誕生するときには、それまで経験した記憶は何も思い出せない状態（過去世のことをいろいろ思い出し、記憶がしっかりあればこの世での学習、成長の妨げとなるから）にしているために、自分が意味もなく世界に放り込まれたような感じがしているかもしれません。

しかし魂は、自分の人生を送るにあたって、自分にふさわしいＤＮＡを探しあてますし、両親は自分たちの成長を促してくれる魂を持った子どもを得るようになっています。両親となる人は、魂の属する集合魂――ソウルグループ（何千もの魂の集合体）の中から選ばれます。

つまり、あなたの転生は自ら選択し、脚色したものであって、これは罰とか他よりの強制があってのことではない、自ら意図したものです。ありとあらゆる経験を積み、しっかりと物事を理解するため、弱者、強者、貧困、富貴、加害者、被害者、多くの文化、民族、人種、時代にわたって何度も転生するのです。物事は、じかに経験してはじめてわかるからです。この転生は地球ばかりではなく、ほかの惑星、太陽系においてもなされますが、あなたそのものがそっくりそのまま転生するというわけではありません。このことについては後に説明します。

転生は、舞台に立っていろいろな役割を演じる俳優によく似ています。白人を演じたり、黒人を演じたり、貧困にあえいだり、金持ちであったり。舞台俳優のように多くの人生という芝居を演じるのは自作自演とも言えますが、その中から多くの知性や、叡知を学ぶようになっているのです。その学びが不十分だったり、演じきっていないものがあれば、似たような設定の芝居を演じることにもなるでしょう。あなたの人生という舞台に登場し、役の上で絡み合った人々も、それぞれの役割があり、それぞれの学習があったのです。

芝居そのものはつくりものにすぎず、登場人物は何の罪も責められるものもありません。等しく神聖なる本質を持つ登場人物も、あなたの演出による芝居にすぎず、あくまでも芝居以上のものではありません。

その考えに立つと、芝居の中に登場した人々や自分を許し、受容することができるはずです。

さて、魂がこの世に入るのは胎児に宿る方法だけではありません。通常は、①出産を経て肉体に魂が入るケースですが、他にも②三次元の肉体に他の魂と交代して入る場合、また、ほかの魂と一緒に入る場合、③高次元の光の身体に入っている魂が直接光の身体の振動数を下げて物質化、肉体化してこの世に姿をあらわしているケース、という方法があります。

魂の根源は創造のエネルギー

魂とは、図31に示されているように、人間にだけに生まれるものではありません。人間としての生、転生はその一部です。

高波動界においては人間やほかの動物、植物、龍、イルカ、クジラなどともコミュニケーションできます。すべてが創造の一部で意識があり、心があるからです。すべての源は神聖なる光の合成体です。魂は地球だけに転生を限っているわけではなく、ほかの惑星、恒星、他の銀河にも転生したことがあります。高振動界は、時間空間や物理的制限を全く受けることはありませんので、こういうことも可能なのです。

魂の根源は、創造のエネルギーであり、その複製体としてあなたの高位の自己——魂が発生し、そこからまた分身としての魂が発生しました。その魂は人間だけに生まれ変わるのではなく、たまには動植物にも人間以外の知的生命体にも生まれ変わります。前述しましたが、魂は

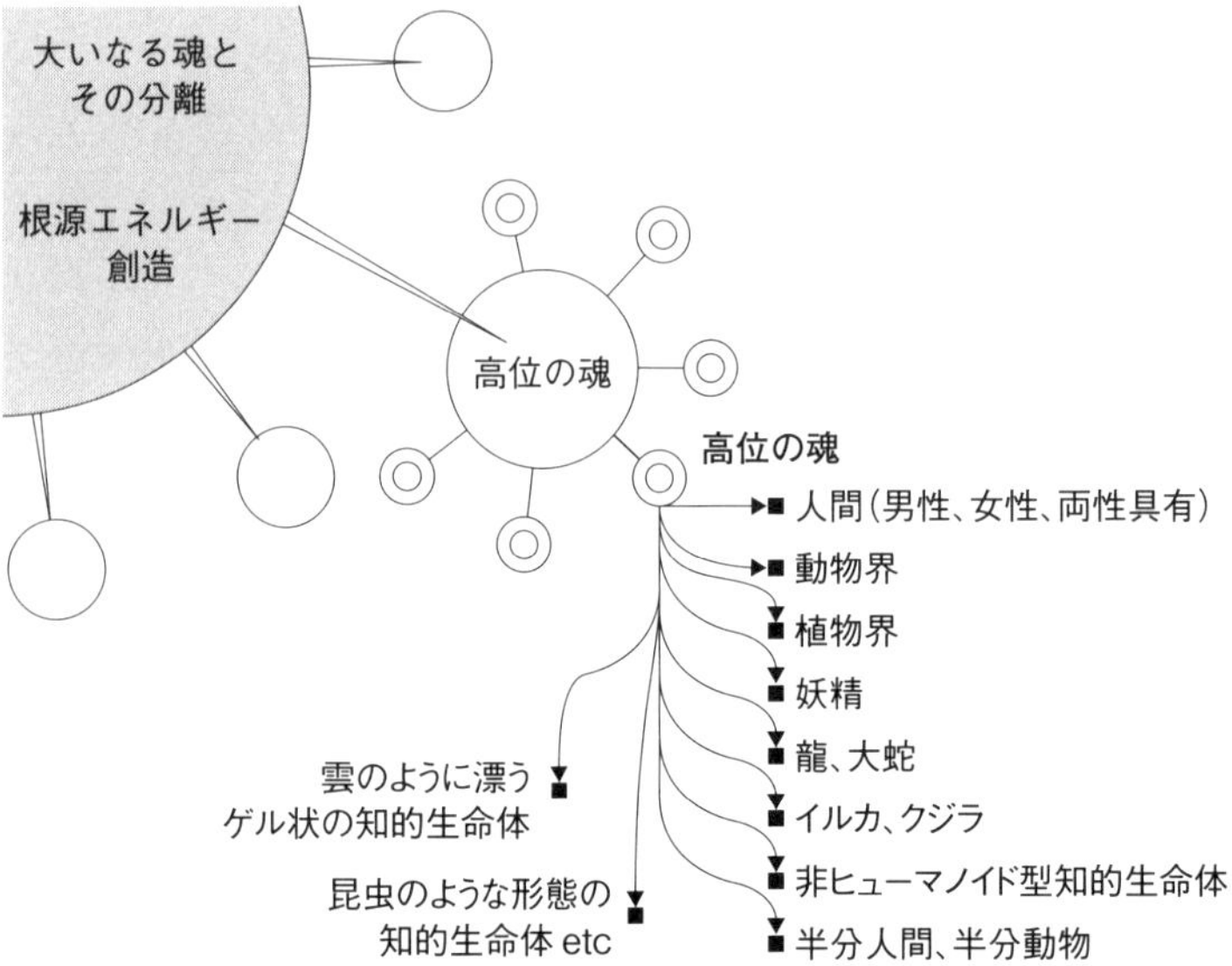

（図31） 魂の多様な存在形態

人間という存在をはるかに超えたものなのです。私たちはつまり、一時人間としてこの世界に住み、人間の変装をして人間になりすましているとも言えます。転生を通して数多くのバージョンを魂は持っているわけです。

人間であるという部分は、魂という生命の全部を表現できるものではありません。魂は創造エネルギー、根源のエネルギーの複製体であり、万物はその根源のエネルギーの複製を蔵しています。魂は、あらゆる生命形態に順次分離、分身化していきました。それは可能な限り、さまざまな経験をするため、そのことを通して物事を完全に理解するためでした。

魂は創造——根源エネルギー、宇宙のもっともパワフルな光から生まれた

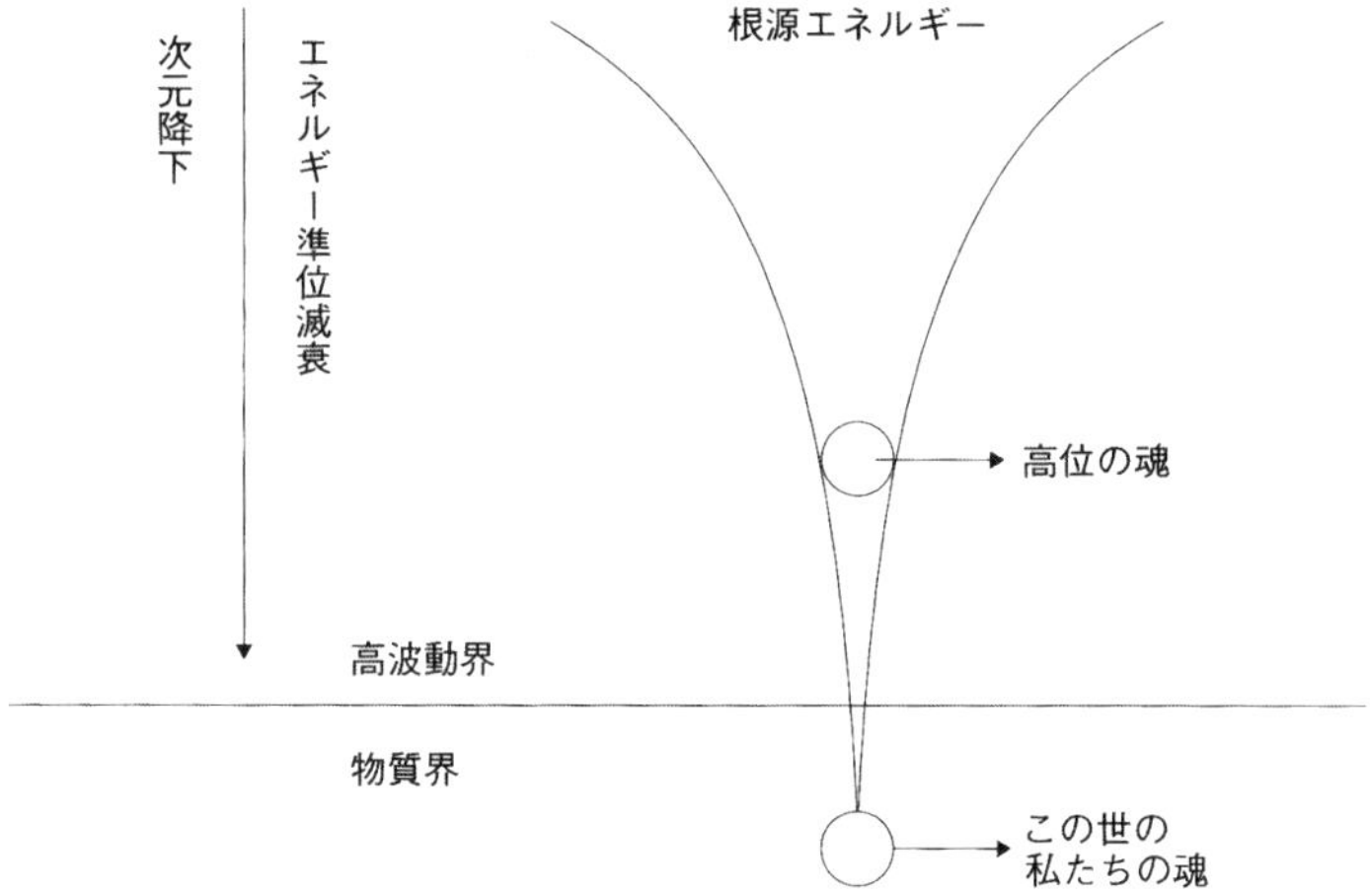

（図32）低エネルギー化した魂

光エネルギー体です。それは決して破壊されることのない、生きて意識を持つ存在と言えます。宇宙のすべてのものはエネルギーで出来ている、エネルギーフィールド（エネルギーの集積している場所という意味）です。それは休みなく運動、振動しています。魂というエネルギーフィールドは休むことなく、私たちが眠っているあいだも物質的制限を一切受け入れずに、自由自在に移動し活動しています。宇宙内の存在はすべて電気（電子の流れ）と電磁気（光）のエネルギーの振動により成り立っており、私たちも電磁気エネルギーのエネルギーフィールドです。

高位の魂はあまりにもエネルギー準位が高く、そのまま物質界——この世において存在することは不可能であるために、エネルギー準位を下げ、意識レベルを下げてはじめて、物質界の波動レベルに調和する魂が住むこと

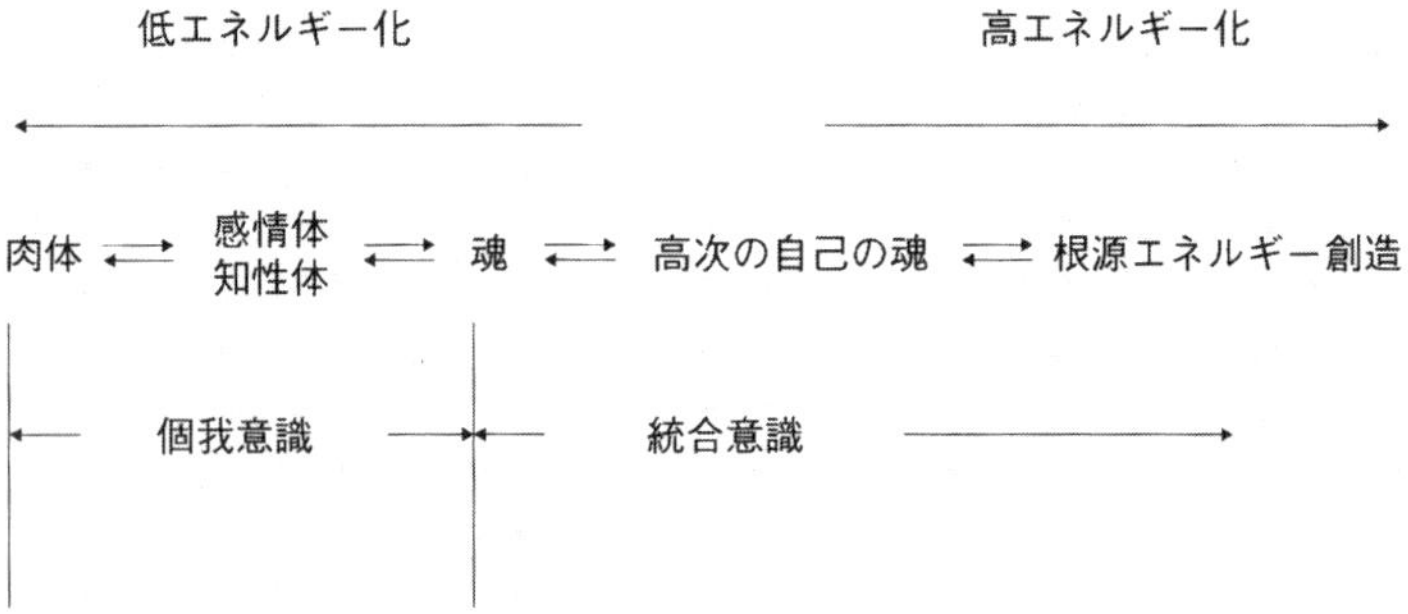

（図33）人間の構成

ができます。つまり、高次の魂の代わりに、その代表としてこの世に生活しているのが私たちなのです。ところが、物的世界にあまりに捉われ、自分の故郷を忘れてしまった私たちは、高次の魂との絆を忘れ、高次のエネルギーの流れが阻害されてしまいました。

日常生活のせせこましさに比べ、あまりにも広大な話で現実感、実感を持てないかもしれません。いわば、スペーストラベラーである魂が、今は人間の身体に宿ってこの世を経験中ということなのです。魂は根源のエネルギーからつくられた被造物でありながら、同時に創造する者でもあります。常に精神的進化を求めて、スペーストラベラーとして種々の経験を重ね、創造し、また創造したからにはその創造したものを自ら経験しなければなりません。

魂は今まで大部分の時間を、物質界——この世以外の世界で過ごしてきました。この地球で最高に物的進化を遂げた肉体に一時的に入ることにより、人間であること、この地球に生活するとはどういうことかを経験しているのです。

人間は、図33のように構成されています。通常の認識は肉体と心、性格を自分のすべてと考えています。しかし、魂そのものが自らを分割したり、他の魂と融合したり自分の分身をつくったりしますし、多様な多次元にいる自己がいるために、この世にいる人間は自己のほんの小さい部分でしかありません。

根源エネルギーの自己複製

魂は分離したり融合したり、分身をつくったりします。本当に驚くべき機能です。生命の本質的機能が自己複製です。根源エネルギーの自己複製としての高次の魂、その自己複製としての下位の魂、それのエネルギー準位を低下させて、この世にも住めるようになった魂が肉体に入っているのが私たちです。

魂とDNAの中には、根源エネルギーの属性とリズムのすべてがコード化されて組み込まれています。複数の魂の記憶をミックスさせて、新しいハイブリッド、ブレンドの魂をつくることもできるのです。魂は個人情報を含む量子的エネルギー場であり、そこでは情報を更新したり、他の魂の情報をダウンロードしたり、情報交換したりしています。現在のコンピューターと同様な機能を持つ、いわば生きて意識あるスーパーバイオコンピューターとも言えるでしょう。

魂は根源のエネルギーに直結して決して離れることはないので、そのエネルギーをいつも供給されています。そして、魂はより高位の魂に入っていくにつれて、驚異的な知性や叡知を保

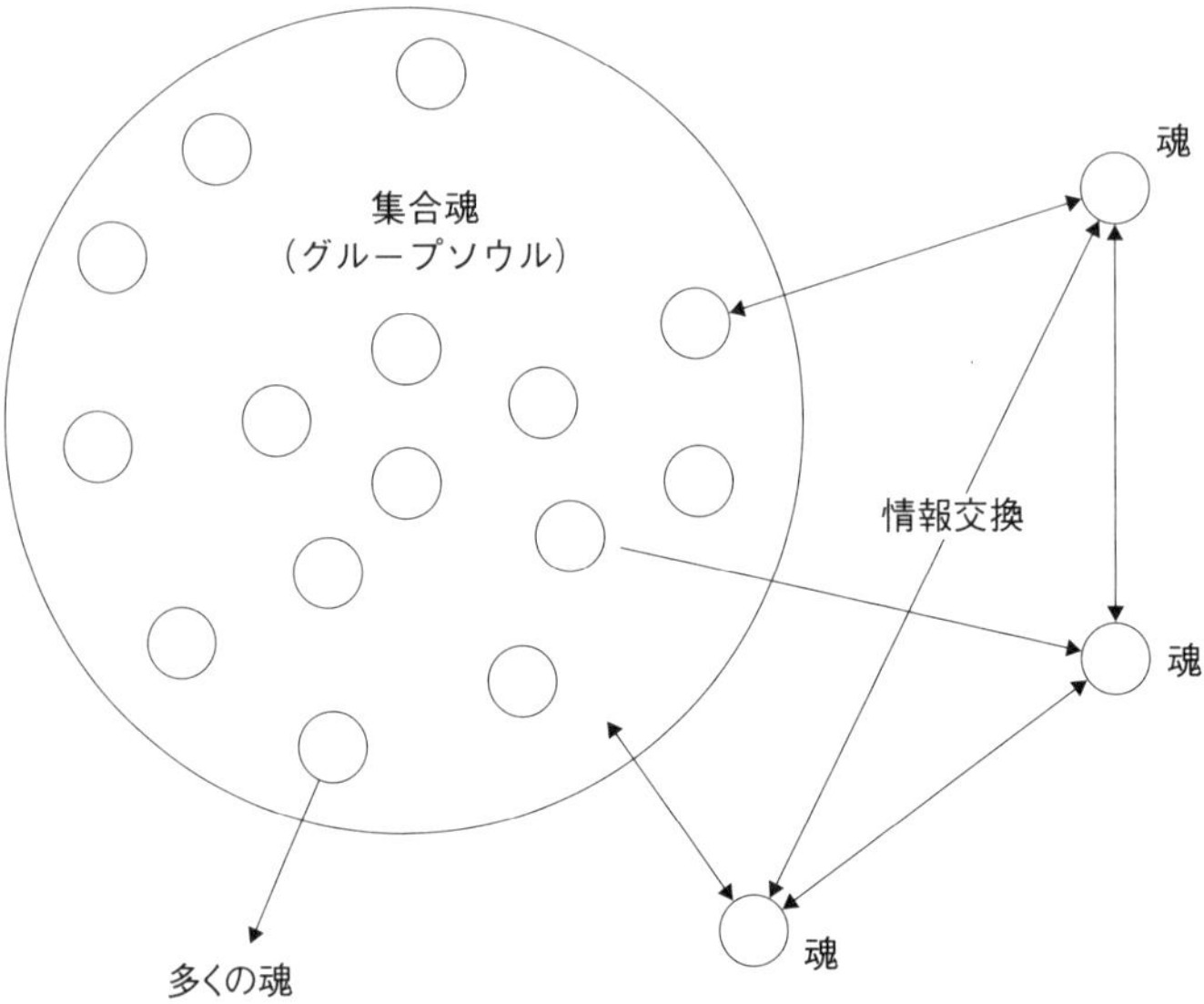

（図34）魂の情報交換

持しているフィールドに入っていきます。それは、高エネルギーの光あふれる世界であり、病気や貧困、障害、不安のない、喜び、安らぎ、神聖さ、静寂さに満ちた世界です。

仏教が言うように、魂はすでに悟りの振動フィールドを自己の内に備えています。仏教の教義にある、自分の外に神や仏を求めるのではなく、それは自らの内にある、と言うことは、この魂についての事実を述べているのです。今はエゴ意識に妨げられて、その振動数の世界にアクセスすることができないでいますが、ただ忘れてしまっているだけです。

根源のエネルギーからの分身が分身を生み、またそれを繰り返して、いろいろな時代、場所、環境、文化

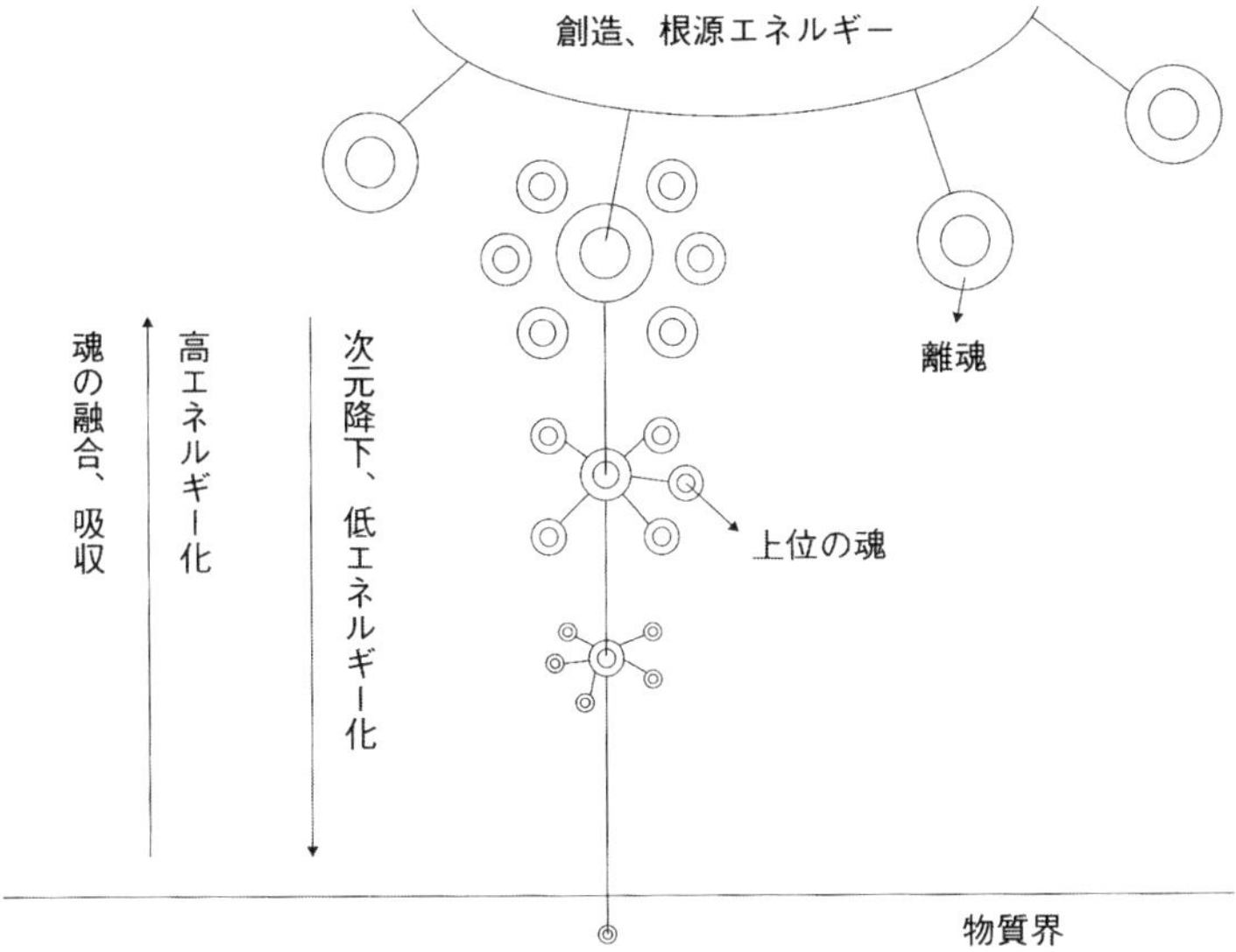

（図35）魂の分身・個別化

の中でそれぞれの影響下に色づけさせられた魂が出来たわけです。これが、魂の分身、個別化のことです。個々のあらゆる魂は、何人たりともその自由意思を侵害することはできません。

根源からこの世までエネルギーを下げたり上げたりするのは、高位の魂の振動数を少しずつ低下させ、次元降下させて、そのあいだにさまざまな世界を経験させたり、低い振動数になじませる必要があるからです。物的世界において、存在のあり方や物的特性を学ぶのです。

物的次元に存在するために、魂は、高位の自己の広大な領域、多くの部分を高次の世界に置いてくる必要がありました。私たちのように低振動数となった魂は、多くの知性、徳性、記憶、パワー、光を削《そ》ぎ落とした形で存在していますが、こういう形でないと、この物的次元の低い振動数に存在できなかったのです。

もし、低振動の魂の人生が、物的次元のネガティブエネルギーの影響を受けているとしても、高位の世界にいる大いなる自己の魂を汚染したり、働きを妨げたりすることはありません。パワーと振動エネルギーレベルが桁違いだからです。高位の魂に融合していくのが、私たちの旅路です。

私たちが、偉大な高波動界にある部分にアクセスできるようになるにつれて、いかに自分自身を、肉体と性格だけの有限な存在と見なしてきたかがわかるはずです。この事実を、誇大妄想として一笑に付す人もいるでしょうが、いずれその人にも必ずわかるときが来ます。

高エネルギー、高振動数の世界から肉体の中に住むために、魂は高密度化し、エネルギーを減じてきました。しかし今、私たちはその逆の旅程にあります。私たちは十分に苦労し、多くの経験を積んだのです。

高次の自己とのエネルギー的なつながり

魂が苦労してまでこの三次元に来る必要があるのは、いろいろな意味で経験の幅を広げられる、修練となる世界が他にないからです。生存競争、貧困、病気があり、困難な環境を克服して自分という存在を創造するという、試練にまみれる魂の修行道場がこの三次元です。

広大で荘厳な存在の大部分を高次元に置いて、三次元に分身の魂として生活するとなると一体どうなるのか。これは一つの大きな実験でもありました。そして、それは当初予想されたよりもはるかに困難なものでした。いくら分身としての魂がエネルギー的に高位の魂につながっているとしても、この世の二元性（善と悪、陰と陽、光と闇、病気と健康、貧困と富貴、幸と不幸など）ゆえに、心労、天災、経済的困窮、病気などの困難がたえまなく襲ってきたのです。私たちが、高次の自己とエネルギー的に連結しているとは、どういうことが起こっているのでしょうか。

三次元にいる魂に対して、高次元、四〜九次元にいるのは、高位の自己――魂です。七次元までは私たちのような肉体ではなく、人間の形状をした光の身体（プラズマ体）を持っています。それらは、私たちの大いなる部分であり、私たちとの融合を待っている、いわば将来の私たちです。それ以上の次元になると、もはや人間の形状ではなく、球状の、高速に振動する光の生命体、合成体です。これはいつでも人間的形状に変身することができます。

私たちは、この物的次元にいる魂だけでなく、四〜九次元にわたる高位の自己――魂が、それぞれの次元ごとに違った意識レベル、機能形態を有しているのです。

根源の光エネルギーで、九次元から物的次元に至るまで、そのエネルギー準位は減衰するものの、つながっており、一瞬たりとも離れることはありません。

大昔の地球で、三次元よりも上の振動数の世界で生活していた人々が、自分たちの才能や能力を自分本位に濫用しはじめ、数千年間にわたって意識レベルを下げ続けた結果、高密度、低

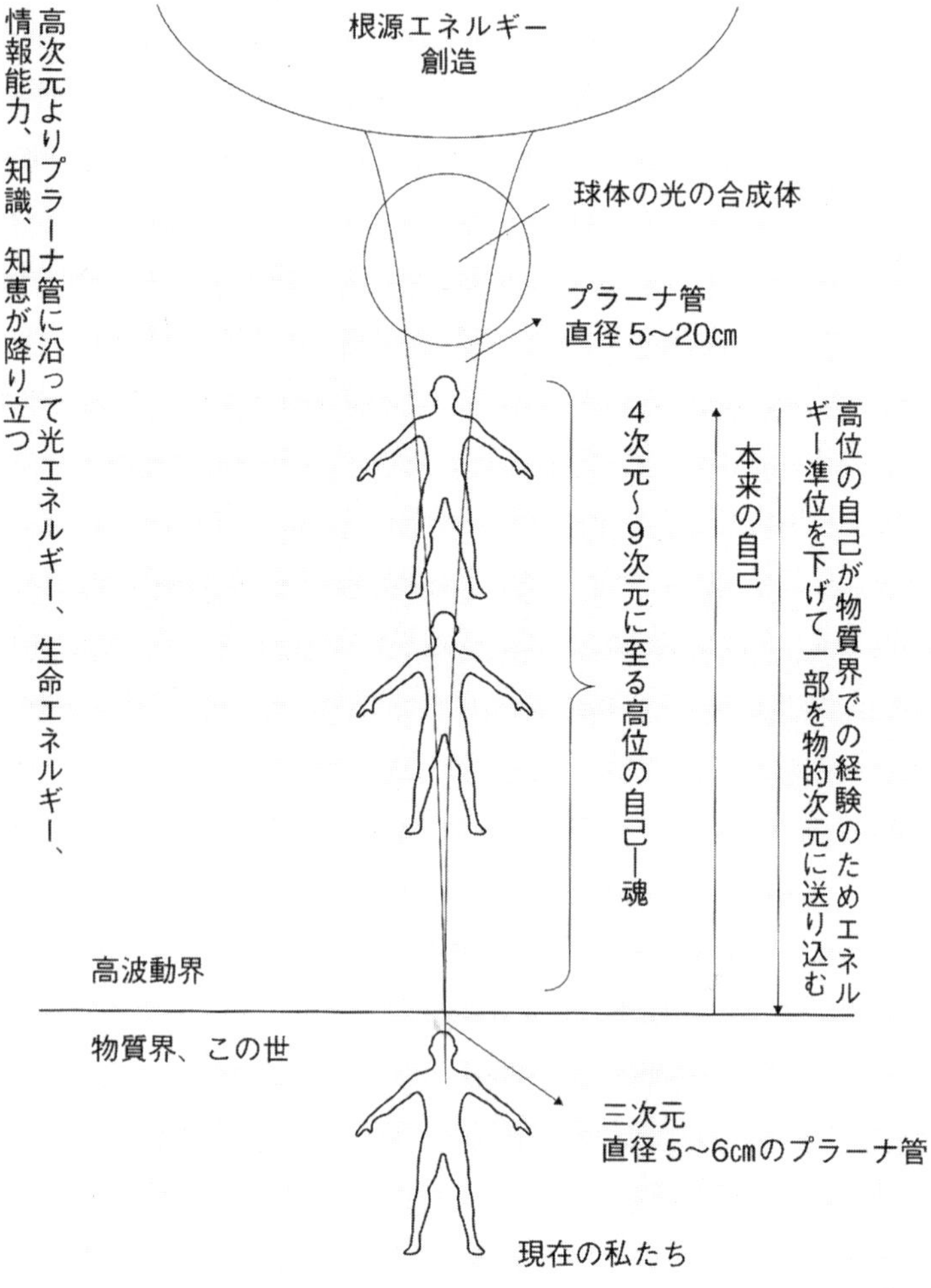
高次元よりプラーナ管に沿って光エネルギー、生命エネルギー、情報能力、知識、知恵が降り立つ
根源エネルギー
創造
球体の光の合成体
プラーナ管
直径5～20㎝
高位の自己が物質界での経験のためエネルギー準位を下げて一部を物的次元に送り込む
本来の自己
4次元～9次元に至る高位の自己ー魂
高波動界
物質界、この世
三次元
直径5～6㎝のプラーナ管
現在の私たち

（図36）高位の各次元の自己

エネルギーの現在のような世界にしてしまいました。

これが、人間が大きく道を踏み外した、いわゆる失楽園です。私たちは、そのカルマを背負って苦しい多くの経験を積み、大いなる自己への帰還の旅の途中にあります。その帰路は累乗的に加速が起こっていて、次元降下のときに比べると超特急の旅になっています。

合理的な魂のダイナミズム

魂の転生がどのような形でなされているのかについて説明しましょう。ただし、ここで説明することは、あくまでも三次元的な知覚、直線的な時間軸に沿った説明であって、高次元の、時空を超越した観点からではないことを覚えておいてください。

まず、魂は転生を繰り返し、貴重な経験が積み重なった総体であることを念頭に置きます。いろいろな人種、民族、時代、他の惑星や銀河でも生活した経験のある総合的な存在だということです。経験してきた人生ごとに、それぞれの独自性、ユニークさを持っています。それぞれが持つ経験や情報を交換したり、ミックスしたり、分割したり、融合したりしているわけです。

魂のダイナミズムというものは合理的に出来ていて、最大限に効率よく経験の幅を広げ、多くの知性や知恵を獲得するように働きます。

いくつかの例をあげていきましょう。

（1）地上に転生するとき、女性としての経験と男性としての経験を同時にするために、魂が分割複製されます。魂が二人の男女となって、同時に人生を送るのです。この二人はどんなに距離が離れていようと、魂のレベルでそれぞれの経験を伝え合い、吸収することができます。経験を共有するのです。同時に二人分の人生経験をしていることとなり、魂の進化のためにとても効率的です。当たり前のことですが、魂のレベルで男性、女性のどちらが優位にあるということはありません（図37）。

（2）魂には、ほとんど全員に魂の兄弟がいると言われています。魂の家族で、波動エネルギー、意識の質において極めて近い存在です。それぞれが異なった時代に生まれるとき、相互に守護したり、指導したり、サポートし合ったりします。

（3）ほとんどの魂が、（1）のケース以外のパターンで、二つか三つに分割されて生まれます。分割複製された魂は、それぞれ違った肉体の中に入り、同時に人生を開始します。一つの魂がこの世で複数の人間となって生きるのです。あなたと同じ存在が、この地上に同時に、複数の別の人間として生活しているわけです（図38）。

（4）基本的には、高位の魂が分身をつくり、その分身がまた分身をつくって、それぞれが同時代の別の人間として、または異なる時代、異なった次元で同時に経験を積んでいきます。その総体は莫大な経験、知性、情報の累積をなす集合魂となります。ですから、あなたがすべての経験をする必要はありません。異なった時代に生まれたあなたの分身が、異なった次元、異なった時間において、あなたの代わりに経験しているからです。

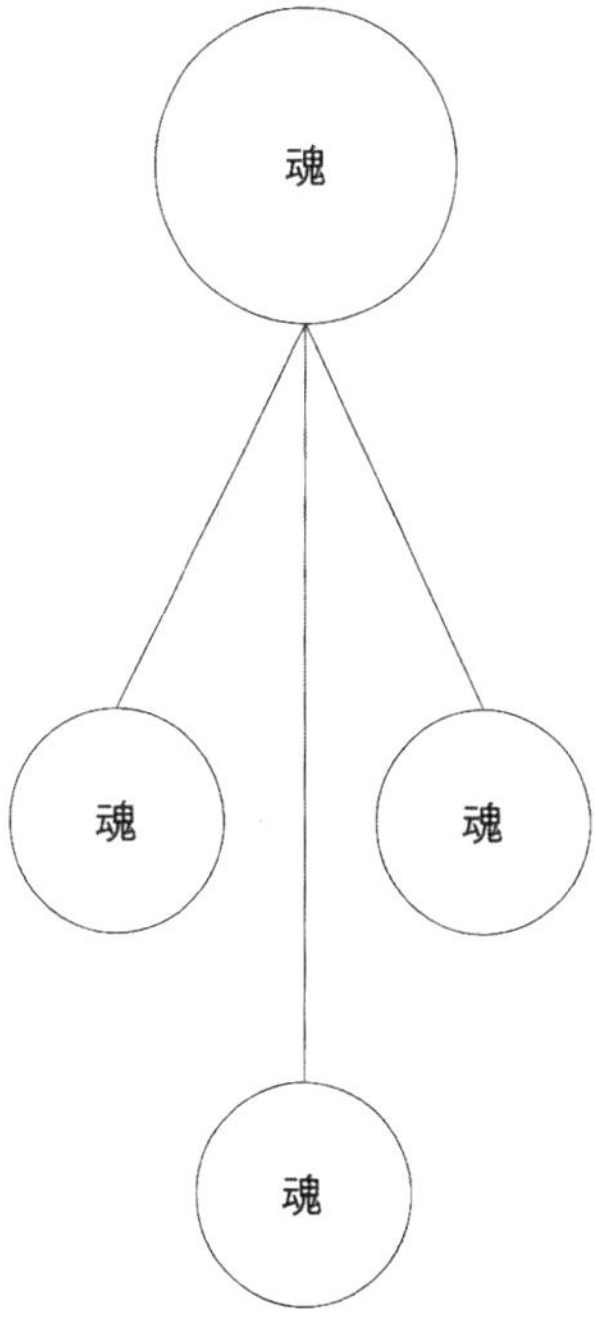

（図38）魂の同時三分身化

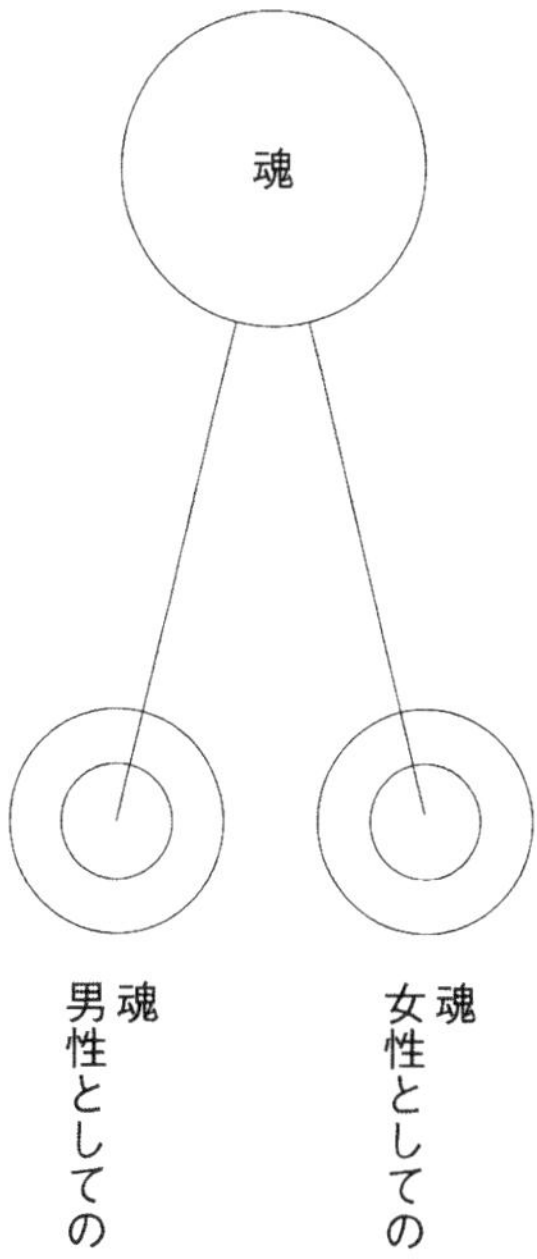

（図37）魂の両性への分身化

いろいろな属性が組み合わさった魂

　こうして分かたれた魂が融合しても、それぞれの独自性と記憶は完全に保持されます。また、個としての意識も全体としての統合意識も生まれます。魂は、統合的意識でいるときの方が、個別的意識でいる時間より格段に長いのです。本来、魂は統合意識の方に親和性があり、なじんだ意識状態です。魂が、わたし、という場合は、個人としての意識を示す場合と、集合魂としての統合意識を指す場合があるということになります。

　魂が転生してくる際に、過去世の魂がそっくりそのままで生まれてくるということはありません。転生は、未解決の問題や弱点、欠点、脆弱性を解決して、バランスを取り戻そうという目的のためにおこなわれるものです。そのため、そのときの魂にない性格や経験を持ったものを集合魂の中から選び、いろいろな魂の情報、記憶、意識をミックスして新しい魂がつくられます。

　また、問題を解決するための強さや、知恵を統合されることもありますし、逆に、魂の研磨のためにあえて脆弱性が統合されることもあります。こうして、いろいろな魂の属性が組み合わされて新しい魂となるわけです。新しくつくられた魂の分身もまた、独立したエネルギー体であり、独自の個性を有することになります。

　しかし、中核となるもともとの魂の波動エネルギーがさほど変化することはありませんから、

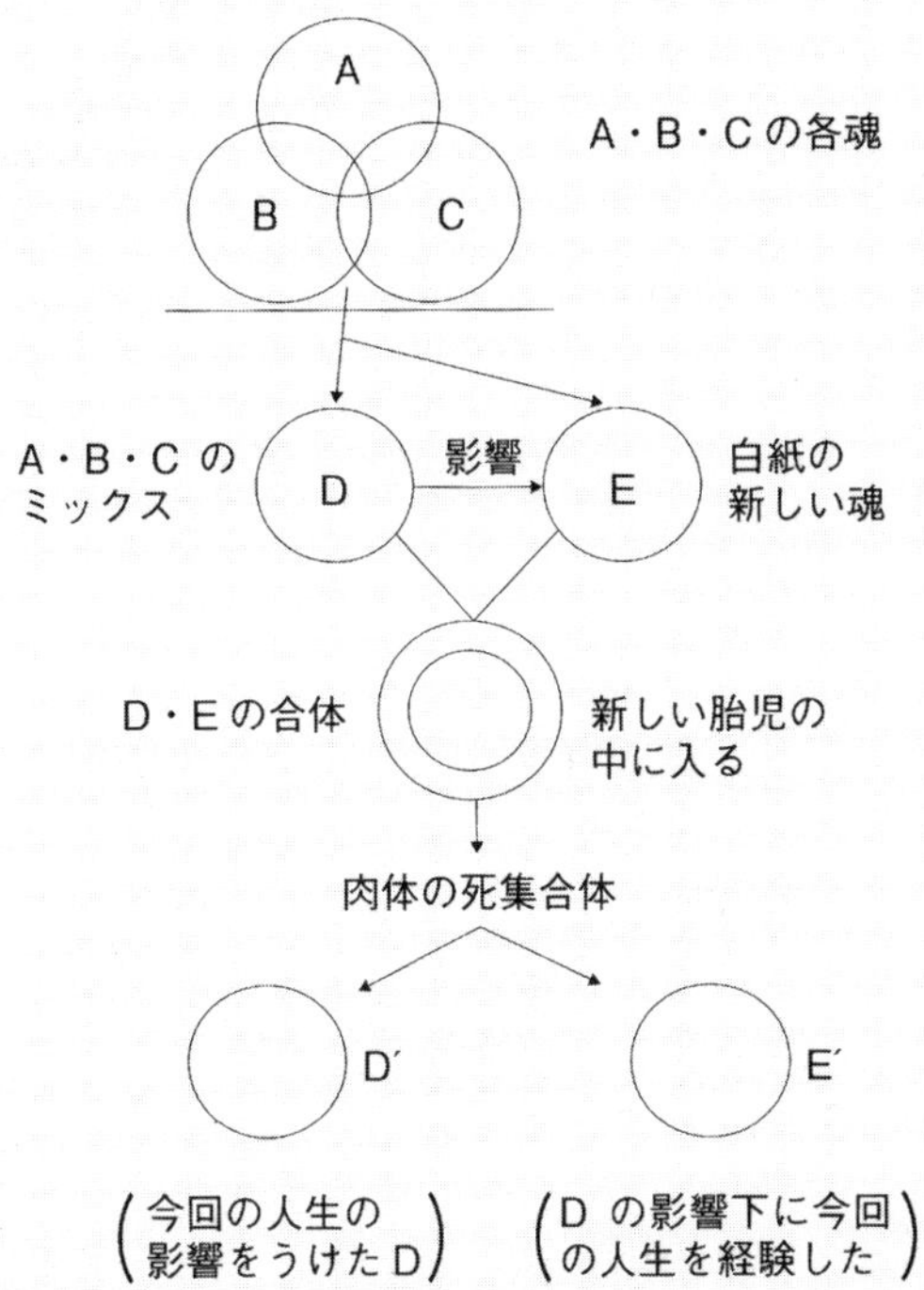

（図39）転生の魂の仕組み

質的に似通った人生となるケースが多くなります。たとえば、芸術家は生まれ変わっても再び芸術家としての人生を歩みがちですし、科学者も同様です。

魂と自我意識の関係

魂と自我意識――個我意識との関係から発生する問題について考えてみましょう。自我意識もパワフルな意識で、現実生活を送る上で、現実を検討する能力を生み出す点において欠くことはできません。

私たちは、人間という経験がどういうものなのかを知るために、この物的次元に生まれてきました。人間をマスターするためです。このために、魂の意識は次の転生でどういうことに取り組むか、どういう未解決の問題が残されているか、克服されるべきことはなにか、どのような経験が必要なのかを十分に承知したうえで、次の転生に踏み出します。それらの問題点や課題に、自我意識が気づくのを魂の意識は待っています。

この世に転生する際、今までの記憶には蓋をされます。そうでないと、この世の修業の妨げになるからです。この、記憶をなくしているということが要因となって、人間は聖なる出身すら忘れ、無知や誤解、思い込みのために多くのネガティブエネルギーを生み出してきました。それが人間を大きく混乱させています。

人間には魂があること、魂は本源の光明の世界から生まれ、万人が神聖な出自を持っていることなどが忘れられ、誰からも教えられず、イメージされたこともないために、自我意識（比較、優劣、区別、差別、思い込み、固定概念、偏見など）がパワフルになって、変化させられるのを恐れたのです。意識に挑戦するような新しい考え方や見方は強烈に拒絶され、否定されてしまいました。そして、肉体と記憶、性格が自分のすべてと考えるようになったのです。

しかし、肉体は一つの変装、仮装です。私たちは一時期人間になりすまし、人間の形態を取っているがために、自分を人間と考えているにすぎません。

また、魂はあらゆる人種に転生しますから、それぞれの外観や肉体的特徴は違っても、どの人種も民族も、潜在能力において、成長力において、優劣はありません。それがわからず、誤解や偏見や思い込みが蔓延《まんえん》して、今日もなお、地球を戦争と差別の地にしています。

魂の意識は、あなたに早くわかってもらうことを待ち望んでいます。

自我意識を魂の意識にまで上げるには、自らの光ある本源と本質を思い出し、深く感じ、受け入れるだけでよいのです。そうすれば、魂の意識に共鳴するようになり、光ある生命エネルギーがあなたに流れ込んでいきます。あなたは自然に自我意識を超える物の見方を身につけ、それに沿った感情、行動が増えてくるでしょう。これは、前にも話したことですが、ＤＮＡの活性化、全脳の活性化にもつながることです。精神的にも、喜び、安らぎ、静寂につつまれていきます。

他の存在のあり方

私たちは、この世で肉体の中に入っている魂というあり方ですが、他の存在のあり方というものがあるのでしょうか。

宇宙存在（意識体）のあり方には、大きく分けて物質体と非物質体があります。その組み合わせは次のようになっています。

（1）生命体以外の物質とそれに伴うプラズマ体（一番単純な組み合わせ）

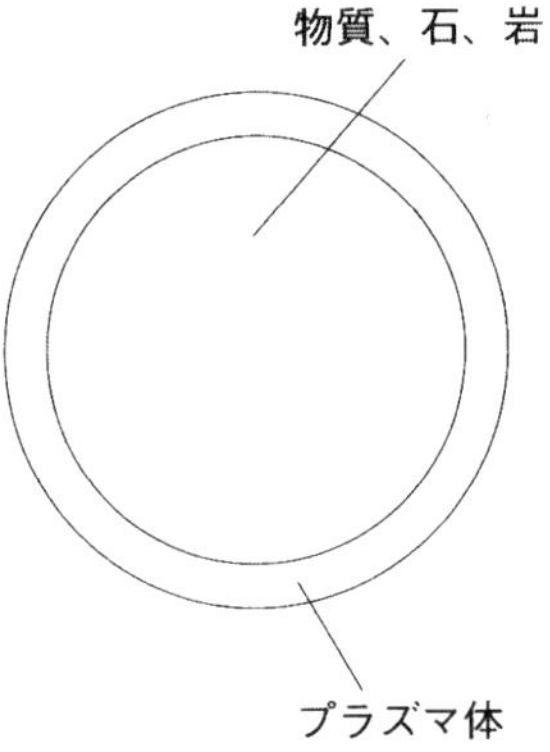

（2）感情体がほとんど発達せず、魂と知性体だけがあるケース

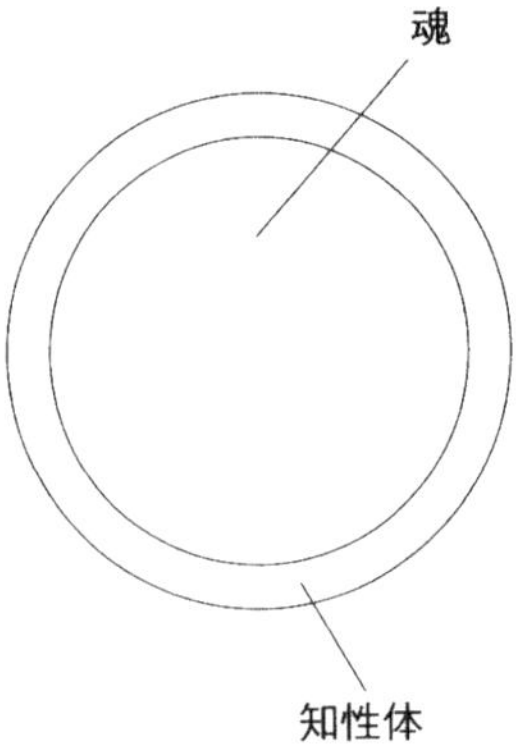

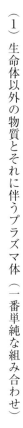

（3）高波動界で光の身体を持つ、または球状である意識生命体

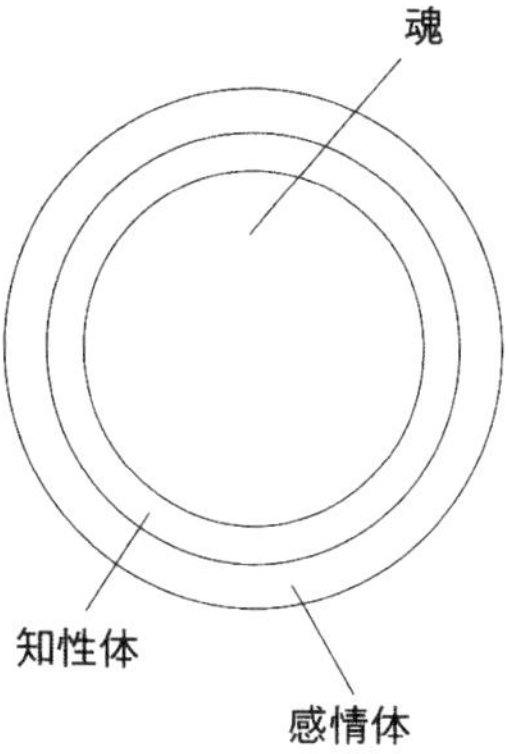

（4）肉体を持つ生命体（人類のあり方）

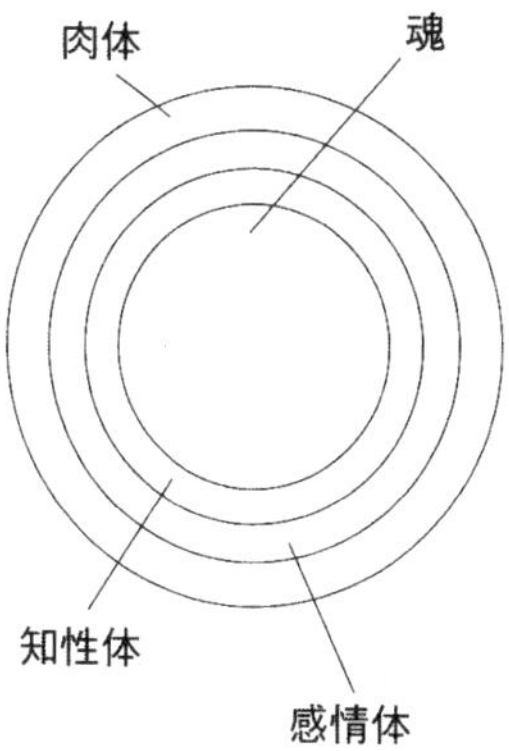

魂にとっては、高波動界（四次元以上）の波動が、この物的次元の波動よりもずっと慣れ親しんだものであることはすでに述べました。物的次元は特殊な次元ですから、魂は高波動界の方がはるかに自由を満喫できますし、魂自体の波動数も上昇し、活気に満ちています。

魂の機能

魂は、私たちの意識または人生の上に、どのように働きかけるのでしょうか。魂は、あなたが人生の中で取り組む必要のある課題、未解決の問題をあなたの前に持ち出します。魂は、自我意識が望むような、物質的に恵まれた、平穏で気楽な毎日を送ることには全く関心がありません。あなたがこの人生でできるだけ多くの経験をし、学び、精神的、知的に成長することだけを考え望んでいます。問題に直面すること、取り組むことから逃げ、避けてばかりいると、魂はあなたを激しく揺さぶります。

つまり、本来の道――必要な経験をすること、課題に取り組むことへと戻そうとするのです。そのための気づき、覚醒を促すために、病気になったり、あえて不遇の境遇に追い込んだりすることもあります。ぬるま湯のような生活から冷水を浴びせて、目を覚まさせるのです。

魂には、あなたに関する、あなたが必要とするすべての情報があります。そして、あなたの人生をどう有意義に、実り多きものにするかの戦略に基づいて、あなたに思念（アイデア・インスピレーション）を吹き込むのです。魂は肉体に入る前に、全体の人生をどう形づくるか、どういう選択をするかについて、それがいかに苦難に満ちたものであろうとすべて了承しています。

あなたがどの両親を選択し、どういう外見になるか、どういう境遇に育ち、どういう経過を経るのかということは、すでにあなた自身が選択し、了解し、理解しているのです。これは自分でおこなった選択です。罪や前生からの罰ではありません。魂は苦難を通して成長できるとよく理解しており、苦難を乗り越えた結果、全体のバランスが取れ、喜びや安らぎが訪れることを知っています。だからこそ、あえてつらいことを体験させようとします。

魂は、あなたが想念、感情エネルギーで創造したものを実際に体験することを求めます。また、根源のエネルギーによって支えられ生かされていることの恩恵と感謝から、その一部のエネルギーを他者への献身と奉仕として分け与え、バランスを取ることを求めます。多くを受け取った者は多くを与えなければならないのです。

魂というシステムを通して、経験や知識がプールされ、リレーのように伝達されていくことになります。

しかし、すべての経験内容がアップロードされるのではなく、フィルターを通して、有益な経験や知識が伝達、記憶、保存されます。私たちの魂から高次の魂へ、そしてより高次の魂、またその上位というふうにして、根源のエネルギー体、意識へとリレーされていきます。上位になればなるほど、フィルターを通す情報は選択的（より高振動の内容でないとフィルターを透過できない）になります。

この世に同時期に、三人の分身として人生を送る場合、相互に経験を共有できますし（他の人と苦労話をしたり、対処の仕方などを会話を通じて共有し、相互に理解しようとするのと同じ）、その経験を高位の自己（魂）に送って、違う次元にいる分身たちとも経験、知識を共有できます。さらに、高位の魂の発する生命エネルギー、知性、情報も、アクセスする能力に応じて、好きなだけ引き出し吸収できるようになっています。魂の進化のスピードを加速できるように配慮されたシステムと言えます。

総体としての魂、分身が本来の真実の自己であって、それは私たちが今意識し、考え、イメージできる私という概念をはるかに凌駕した統合自己、超自己と言えるものです。魂の情報の伝達は、現代の電子機器による情報のダウンロード、アップロード、記憶、保存と大変似かよったシステムです。

植物界においても、一本の植物が経験したことが、ホルモンを放つことによってまたたく間に他の植物に伝えられ、情報のリレーがされます。動物界においても、電磁波によって情報のやりとり、リレーがなされます。魂のレベルにおいても同じということです。

自我の声と魂の声

魂は、思考を伝え植えつけることによって自らの意識を伝えようとします。その働きかけで新しいアイデアや思念、インスピレーションを心の声として感得します。これは、魂が直接声を出して伝えるわけではありません。また、同様に自我意識も意識の中軸を占拠しようとして働きかけます。

では、自我の声と魂の声はどう聞き分けたらよいのでしょうか。

魂の声とは、あなたの成長を促す思念、想念です。成長するということは変化することです。在り方、考え方、習慣、感じ方の変化です。変わるというのは、なかなかに難しいことなのです。もし、ぬるま湯につかったような生活を送って変化を嫌がり、避ける生き方をしていると、あなたの振動エネルギーフィールドは不活発になり、生気の欠けたものとなるでしょう。創造性豊かで何事も挑戦していく人は、精力、活気、エネルギーにあふれています。

自我意識は気楽さを求め、現状に固執し、考え方、行動の刷新を嫌がります。多少の不平不満、不都合があったとしても現状に拘泥します。それは、現在、手に入れているものを失うのではないかという不安からくるものです。そして、だんだんとエネルギーが不活発になり、行き詰まってしまいます。

自我意識の声は、それを聞いて実行しても、むなしさや不満、自己嫌悪感が残ります。それに対して魂の声は、「なるほどそのとおりだ」「やはりそうか」「何かすっきりした」「腑《ふ》に落ちた」と感じられ、迷いや不安がなくなるでしょう。

自我の声にしたがって変わるのを避け、怠惰に、自分のことを中心に考えていると、次第に窮地に追い込まれ、変化せざるをえない状態に至るのです。

魂の声は、他の人に対しての慈悲と思いやりが必ず存在します。私だけというのではなく、私たちという立場と視点に基づいた妙手をもたらすものです。

根源のエネルギー体に近い高位の魂

では、これまで何度も話に出てきた高位の魂——自己とはどういう存在なのか、詳しく見ていきましょう。

ほとんどの人にとって魂という言葉は、詩歌、文学、宗教の中の抽象的な用語にすぎません。そこに高位の魂だのを持ってきても、ただの観念論や、言葉の遊戯のように思われる人もいるでしょう。高次の自己など想像もできませんし、それを教えてくれる人もいなかったわけですから。

根源のエネルギー体から何兆個もの魂——意識体がつくられ、またその魂も自己複製により何千もの自らの分身をつくっていることはすでに述べました。そのプロセスの中で、より根源のエネルギー体に近いのが高位の魂です。あなたが誕生するはるか以前より、高次元、高波動の世界に存在しています。将来あなたが、魂のエネルギー振動を高め、バランスの取れた状態になったとき、あなたと融合する存在です。

高位の自己——魂は、あなたに必要な情報、生命エネルギー、インスピレーション、アイデアを与えながら、融合のときを楽しみに待っています。あなたの精神的な成長のために日夜献身しているあなた自身であり、将来のあなたでもあります。高次元の世界の、神聖な、光輝くあなた自身です。

高位の自己も、三次元の自己も、すべての自己はそれぞれのレベル、それぞれの次元で同時に生きています。私たちは、根源のエネルギーによって完全な存在としてつくり出された完璧な存在です。よって、最終的には、自分のすべての部分を本来の完全な状態に戻す必要があります。

高位の自己は、小さな私という観点からではなく、統合意識としての私たちという観点から物事を推し量ります。私という概念が、私を含んだ多くの魂たち、というふうに捉えられるのです。彼らはすべて私であるからです。高位の自己――魂は、さらに高位の魂へ、またさらに高位の魂へとつながっていきます。最後には、多次元にわたる宇宙全体をカバーする、究極の意識に至ります。高位の自己――魂の分身たる私たちは、より高位の自己――魂の偉大さのほんの一部を表現したものです。

ここで非常に重要なことがあります。私たちには一人一人、人格、性格というものがありますが、あるレベル以上ではみんなが同一で、同じ意識を持っているということです。統合意識、自他一如の意識です。

より高位の自己――魂は、そのパワーの九分の一を分身の魂に与えます。それがリレーのようになり、エネルギー準位を九分の一ずつ下げた形で、私たちは存在しています（図40）。そして、私たちの体験、知性、知恵の中から、価値あるものだけが高位の魂――自己に伝えられていくのです。私たちは高位の自己の代わりに物的次元を生きています。私たちのよりよい経験が、高位の自己にとっても貴重な収穫です。

高位の自己は、日夜たえず私たちを保護しています。事故から守るときなどには直接介入することもあります。最高位の自己は、それ以下のすべての自己を含んでいます。

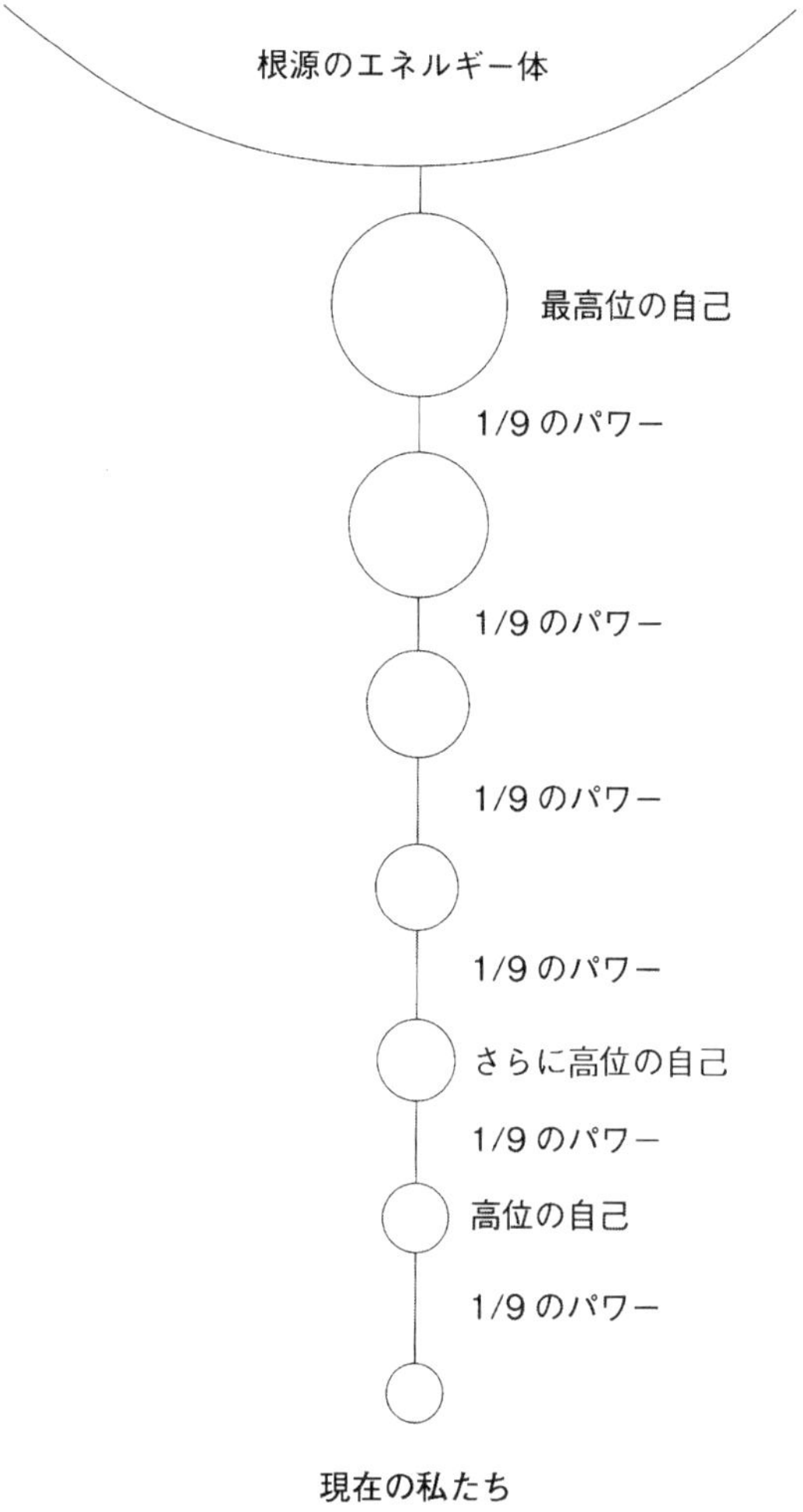

（図40）高位よりのパワーの分別

前述したように、高位の自己はあなたが存在するはるか以前から存在し、融合を待っている、あなたの本来の自己です。あなたをずっと導くあなた自身、本来のあなたです。存在のあり方が、次元ごとの物的法則の違いによって異なっているだけです。完全に独立して分離した自己というものは存在しません。それどころか、個性ある私たちのような個としてのあり方は、一時的な状態にすぎないのです。個我となることにより、エネルギー的には高位のものとつながっていても、私たちは自分自身の全体像を失っていると言えます。

出自も忘れ、聖なる光輝ける大いなる部分がすっぽり抜け落ちているのが、私たちの自己像です。高位の自己は、あなたの意識に働きかけて全体像を思い出すように促しています。

集合魂は種々の個性の集まり

魂が多くの経験を同時にするために、自分の分身をつくり、それぞれ独立した個として人生を送ったのち、そのすべてが合体したものを集合魂――グループソウルと言います。個別の独自性、ユニーク性、記憶は保たれ、自由意思を持っています。何人からも自由を侵害されることはありません。

集合魂と言うと、何かひとかたまりになっているもののようにイメージするかもしれませんが、一つの場所に集合して存在しているのではありません。それどころか、違う時間軸と次元で生活を営み、それぞれに別の存在のあり方、別の形態をしています。すべては同時進行です。

高波動界は、時間、空間に制限されない世界ですから、いかに隔たっているように見えても、いつも隣にいるのと変わりありません。転生の中で一番影響力の強いのは、やはり直前の転生を持つ魂です。直前の魂の一生はどうであったか、どの程度知恵を学び得たのかを評価し、この次の転生のライフプランを立てるのです。

　集合魂から、次の人生で取り組むべき未解決の問題、克服すべき課題が伝えられ、遂行する上でもっとも適した魂の知識、知恵、情報を集合魂の中から吸収していきます。集合魂はさまざまな個性の集まりです。

　驚くべきことに、転生の際の存在形態には人間以外の生命体も含まれます。集合魂は何千もの魂によって構成されていますが、そのすべてがわたしであるとも言えますし、同時に個々としての魂でもあるのです。

　あなたという存在が、ただ目に見える肉体や人格だけではないとわかっていただけたかと思います。

第十一章　エネルギーの観点から考える想念・思考

現実を形づくる想念

最近、考えが現実化するという趣旨の本をよく見かけます。

人の抱く考えや感情を総合して想念と言います。どういう想念を抱くかがその人を定義づけます（意識の内容が思考、感情ですから、意識と想念は同義と考えてください）。人は、自分の慣れ親しんだ、なじみの考え方や感情＝想念に対し、あまりにも身近であるために無頓着で、注意を払いません。軽視してぞんざいに扱っています。他の人から自分がどういう想念を抱いているか、隠せると思っているからでもあるでしょう。

想念は、心の中に湧き出ては消え、何の影響を与えず何も残さないと考えられることが多いですが、真相は全く逆です。今まで何度も話をしたように、世界はエネルギーにより構成され、そこに住む住民の集合的想念――意識により創造されます。想念によって現実がつくり出されるということにとどまらず、その創造された現実を、私たちは体験しなければなりません。体験してはじめて、私たちがどういう存在かを知ることになるからです。想念によって創造された世界は、私たち自身を映す鏡であり、私たちを象徴するものです。

とは言え、あなたが現実に引き寄せることができるのは、あなたと同じ周波数のものだけです。あなたにない周波数のものを体験することはできません。宇宙はあなたの内的世界をそっくりそのまま外側に映し出す、巨大なコピー機です。考えを外の環境へコピーし、考えが変われば、またそれをコピーします。精神内面――思考がネガフィルムで、それを現像したものが環境――物的世界です。

人は自らの変化を嫌い、自分は変わる必要がない、変えたくないと、内面を変えずに、自分の外の環境や他人を必死に変えようとします。しかし、ネガフィルムである自分の内的姿勢を変えない限り、外の物的世界は何も変わりません。

想念は生きていて意識を持っており、その使い方によってポジティブにもネガティブにも現実の内容を形づくります。

想念はまず、電磁気エネルギーに作用して幾何学的形態（想念形態）をつくります。その想念形態はプラズマで出来ていて、同質の想念形態に引かれるという粘着性の性質を持っています。その性質と磁力の働きによって、次第に低振動の素粒子を引き寄せていくのです。全体として振動数が低下すると、それらは私たちの可視範囲に入り、目に見えるようになります。このように想念は形態をつくり出していきます。

図41は、どんな物体も想念形態（プラズマ体）があって、形が保持されていることを意味し

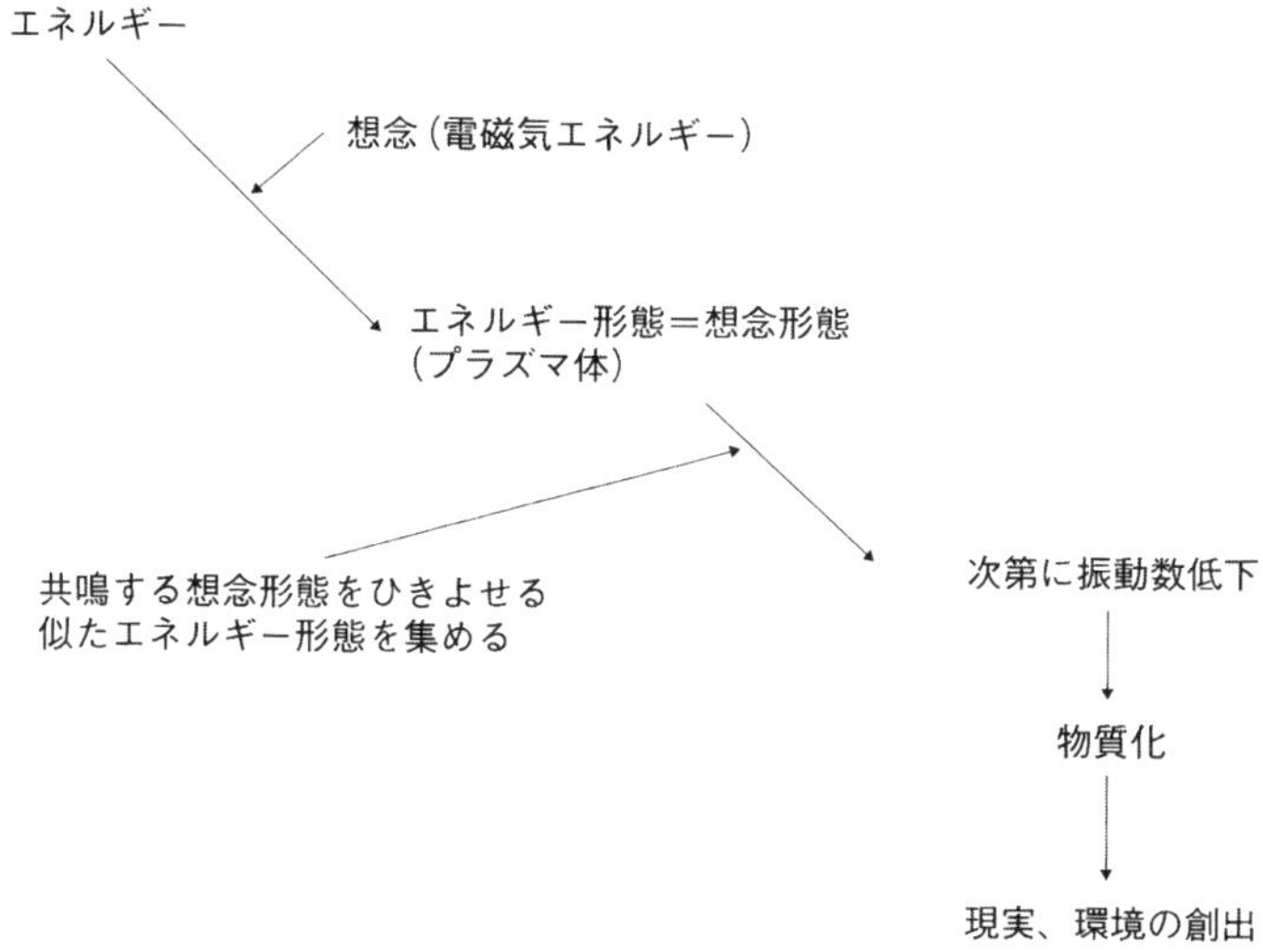

（図41）想念と現実化

ます。想念形態なしの物体というものは存在せず、もし想念形態がなくなれば、形をなさず消滅していくほかありません。想念形態は、形態を保持しているエネルギー場であり、このエネルギー場があってはじめてものの形がつくられるのです。

想念が形態を持つようになるのは、エネルギーが必ず形態形成のためのエネルギー場をつくるからです。そのエネルギー場の磁力により、高い振動数帯から次第に振動数を低下させ、この世に顕現します。つまり、この世に何かを現実化させよう、顕現させようとするならば、あなたは心の中で、具体的で焦点の定まった思考と強い感情を持ち、常時意識を集中して、それにエネルギーを与える必要があるということです。集中と持続が大きなエンジンです。

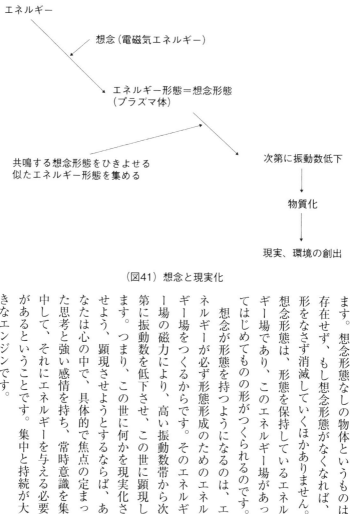

生命体が活動するためには、自己感覚なり、何らかの概念が必要ですし、形態があってはじめて三次元――この世に顕現できます。

生命体そのもの、またそれを支える構造も幾何学的形態の上に成り立っています。すべての生命体は共通する幾何学的構造パターンを持っており、その構造は想念形態を青写真として形づくられたものです。

高波動界と物質界での具現化の違い

高波動界は、三次元の振動数に比べて格段に想念の持つ振動数に近い世界であるために、顕現の仕方は、三次元――この世と違う特徴を示します。この世において、想念は漠としたものでしかありませんが、高波動界においては想念そのものが実体、実感を伴うものです。この世において物質が実感、実在感があるのに対して、高波動界では物質は影のようであることと、ちょうど反対です。この世においては、何かを表現しようとする場合には何らかの物的手段をとって具現化させることになりますが、高波動界では想念がそのまま具現化するのです。

人間には、想念によって実在物をつくり出す能力が備わっています。高波動界においては、想念がそのまま道具であり、この世の行動と同じになります。直感が感覚にとって代わります。魂が肉体から離れると、想念の行使がずっとたやすく感じるでしょう。

この世的な高密度、低振動の環境では、想念の行使に限界が生じてきます。この世の人々は、想念がすでに形態を持って存在していても、物的形態を取るまではその存在に気づきません。それに比べて、高波動界では想念はそのまま実感がある、実体そのものです。

心は魔法のような力を持っています。心の使い方、想念の使い方、つまりエネルギーの操り方を覚えることが非常に大事です。何の知識もないあの世への新参者には、今の環境が自分の心の反映だということがわかりません。

高波動界は心の世界、意識の世界です。仏教でも華厳経では、すべてが心のあらわれであると説いています。高波動界においては、心の中に細密な絵を描き、それが現実にあると意識し集中すると、即座にニョキニョキとあらわれてきますし、また、ある場所に行っている自分を心の中に描き、それに意識を集中すると、もうその場所に行っているのです。ある点から直線上に移動して他の点に着くというのではなく、回り舞台のごとく自分の周囲の環境が変わります。そのあいだの空間はありません。

つまり、高波動界は時間と空間を超えた、それらに制約されない世界なのです。この世では手や足を使い、道具を使い、時間をかけて労働してはじめて一つの造形が出来上がりますが、あの世では心の中に描く形態が即座に出現します。ある環境を思い描けばすぐに、その中にいる自分を見いだすでしょう。想念が消えると、その世界にエネルギーを与えなくなるため、その世界は消滅します。ある意味でこの世よりもはるかに流動的な世界と言えるでしょう。高波動界の環境は、すべて想念によってつくられたものです。高波動界において、魂の活動とはこの世のような肉体的活動ではなく、すべて想念的、精神的な活動です。

人間にとって想念ほど大事なものはありません。それがすべてを決定するといっても過言ではないでしょう。地獄のような世界も、神や仏が人を罰するためにつくったのではなく、悪想念に染まった人々が集団想念——意識となって現出させたものです。天国のような世界も、それにふさわしい想念の集合作用によってつくられたものです。そしてこの世も、人々の想念によってつくり出されたものです。

では、よりよい現実をつくり出すにはどういうことに気をつければよいのでしょうか。図41にあるように、想念がエネルギーに働きかけて、エネルギー形態場をつくり、それから種々のものが現出します。エネルギーそのものは中立ですが、エネルギーにポジティブかネガティブな想念が付着することでエネルギーの方向性が決まります。

このエネルギーと想念によりつくられる形態エネルギー場が、あらゆる生命や現象の根本です。それぞれの形態エネルギー場は、それ自体が生きていて、意識があり、たえまなく拍動振動しています。宇宙の全存在はこの形態エネルギー場＝想念形態により創造されています。

どういう想念を選択するか、自分の望む現実をどうつくるかという前に、私たちは本当に何がほしいのか、どうなりたいのか、どうありたいのかといったことを、具体的に考える必要があるでしょう。普段の私たちは、そういったことには意識が向かず、よくわからずに暮らしています。具体的で焦点が定まった持続性のある熱望に欠け、漠然とした幸福感や夢のイメージがあるだけの人が多いのではないでしょうか。本当は何が望みなのか、とことん感じてみましょう。心の底から願ったことだけが、意識の集中と継続、そして行動を経て顕現されます。

実現させることの上手な人は、断固とした決意を持って、自分にはそれができることが当然のこととして信じ、具体的行動を起こします。

願望が具体的で、しっかりフォーカスされていて、そこにエネルギーを集中させることで、願望を現実化させることができるのです。日常生活において大事なことは、自分がどういう願望――想念を抱くのか、自覚的に、注意深くあることです。想念はあなたがおもっているより、はるかにパワフルな力を持っています。

普通、人はある願望を抱くと同時に自分にはとても無理だとその実現を疑い、たたずみ、何の行動も起こしません。そうなると、実現への願望がエネルギー的に相殺されてしまいます。人は、自分を疑ったり、能力がない、つまらない存在だと思ったりして、自分にとって望ましい現実を夢見るとき、望ましくないものも同時に創造してしまうのです。

実現に対しての疑いや、自分に対しての否定的想念を抱き続けていると、願望は、実現してほしくないと思っているのと同じになってしまいます。願望を叶える前段階で迷い、疑い、具体的行動をしないでいるのは、諦めるのと同じです。

願望に向かって精神を集中して、望みを自分に引き寄せましょう。フォーカスされた持続する想念は、自動的に高波動界にその形態エネルギー場を形成します。あとはこの三次元に降下させるだけです。

何もかもを自在に実現させることができると言っているのではありません。しかし、自分という周波数にないもの、予定していた人生脚本の中にないものについては、心に強く望まないようになっていますから、実現させるべきことを怠惰にしたり、おざなりにしないように気をつけるとよいでしょう。そうできないとき、魂は、あなたを大きく揺さぶる体験へと導くでしょう。

意識のセントラルポイント

想念の形態エネルギー場について、もう少し詳しく説明していきましょう。

何らかの想念を抱くと、それは必ず形態を伴います。幾何学的な図形のようなものと考えてください。幾何学的図形の形態はプラズマからなり、そのために電磁気的エネルギー場が出来ます。それを形態エネルギー場と呼びます。

形態エネルギー場は、高振動域のプラズマ振動する形態から、物的次元の低振動のプラズマ振動するものまであります。これらはプラズマによって形成されているので、独特の特徴があります。とくに、プラズマは粘着性があるため、同様の想念形態を集めて、想念を抱いた人のもとに、より拡大したエネルギー体として帰ってきます。いわゆるブーメラン現象を生じるのです。もしあなたが否定的な想念を抱き続けていると、同質の想念形態をますます引きつけるようになります。類は友を呼ぶのです。

私たちは、ある特定の振動数を持つ電磁波の磁場にいます。その磁場より想念の形で宇宙に波動を発します。この放射されたエネルギーと同質のエネルギーと合体して、波動が増幅してあなたのところに戻ってくるのです。

ネガティブな想念エネルギーも、ポジティブな想念エネルギーも、似たようなエネルギーを集めて増幅され、あっというまにブーメランのように戻ってくるのです。

ネガティブな想念エネルギーを長期間放出していると、そのパワーが強くなり、ネガティブさが現実化します。ネガティブさを反映した世界にあなたは住むことになり、ネガティブなエネルギーを経験することになるでしょう。また、ネガティブな想念エネルギーに捉われた存在も、あなたのエネルギー場に引き寄せられます。そしてあなたは、あなたが思い、考え、感じているもの、そのものになっていくのです。

私たちはネガティブな想念を抱きますが、ポジティブな想念も抱きます。それを繰り返して、希望するものとそうでないものの両方を創造し、人生に混乱と苦悩をもたらしてきました。

私たちは想念によって自らのエネルギー振動を上下させていますから、ネガティブな想念をコントロールすることがとても大事になってきます。ネガティブな想念には自分自身に関するものと、対人関係の中で生じるものがありますが、それらは何度も繰り返し反復され、習慣となってしまっています。

自分に対してのネガティブな想念には、不信感、不全感、嫌悪、劣等感、自分を恥じること、取るに足らない、つまらない存在だと思うことなどがあります。現代人の葛藤の源泉となるものです。一部の人は、ネガティブな想念から逃れるために、自分の外に崇拝したり依存したりする対象を見つけて、それにコントロールされたり、支配されたり、搾取されたりしていますし、だまされて、気づかない人もいます。自分で考え判断し、決定する力があるのに、自らの力を放棄し、他に渡しているのです。

対人的なネガティブな想念には、被害感、嫌悪、嫉《そね》み、憎しみ、不信、罪悪感、敵意などがあります。私たちは、それらの感情、想念を直視せず、苦しんだり感じないように努め、抑圧したり、そう感じることを回避しています。ですがもう、そうした対応が誤りであるとわかっているはずです。

ネガティブな想念の原因は多様にあります。しかし、一番の原因は、もっとも根本的なことが忘れ去られているからです。繰り返しになりますが、それはすべて、私たちが神聖なる大きな自己を忘れ、光あふれる存在であることを思い出せない、信じられないために起こっているのです。

想念、意識の中心点を意識のセントラルポイントと呼びますが、大いなる光あふれる存在であることを常に捉えておくことが、そして、何かあればそのセントラルポイントに帰ることが大事です。それは、ネガティブな想念のコントロールに役立ちます。自分の、習慣的な、ともすれば自動的になっている想念パターンに気づくためにも、基礎になる中心を自覚しておきましょう。

そのうえで、あなたのためにならない想念を放棄します。想念がそんなに簡単に離れていくはずもないと思われるでしょう。たしかに、新しい見方、考え方が生まれ育たなければ、なかなか古い想念を手放すことはできませんが、セントラルポイントの想念を自分の中でいつも認識するようにし、育て、意識の中に染み込ませていきましょう。それが、ネガティブな想念にいつまでも引きずられないための、最速で、もっとも確実なやり方です。

　たとえセントラルポイントの重大さがわからなくても、いずれ必ず、進化成長の道程で、そのポイントに戻っていかなければなりません。人間はそのようにつくられています。セントラルポイントに立つことができれば、自他ともにいたわる思いやりや、敬意、愛情が湧いてくるでしょう。いつでも、思いやりを持った心を保持するようになります。そうすれば、意識指数（愛と光の指数）が高くなり、あなた固有のエネルギー場の振動数もまた、著しく上昇します。そうして、あなたの現実が変化するのです。

　少しずつセントラルポイントの方へ想念を向けていきましょう。最初は難しくても、何度も繰り返すうちにたやすくなっていくでしょう。私たちは、心のエネルギーの使い方に習熟する必要があります。セントラルポイントの方向へエネルギーを使うことが、高振動のエネルギー場に到達するスマートで確実な方法です。想念は、ただ身勝手にあちこちに放射させておいてよいものではありません。想念の内容に気づき、注意深く望ましい方向へいざなっていきましょう。

第十二章　次元という特定の振動数帯

電磁波スペクトラム

私たちは、時間と空間の連続体で構成された世界に住んでいます。その振動数帯の違いにより異なった世界が存在していますが、それぞれの世界を次元という言葉で表現しています。振動数帯が、それぞれの世界のエネルギー水準、物的特性、法則を決定します。

つまり次元とは、ある特定の振動数帯のことです。特定の振動数帯が特定の現実を生み出し、その連続性を保持しています。だれか個人の振動数が世界の振動数とともに高くなれば、別の世界にともに出現するでしょうし、逆に、個人が元の振動数のままで、世界の振動数だけが高くなれば、周囲の光景は一瞬にして、水が蒸発するように消えてなくなるでしょう。

現在私たちの暮らす次元は、三次元と四次元の振動帯に存在しています。

電磁波スペクトラムというものがありますが、これこそ振動数をあらわす帯であり、生命はこの帯のどこかの振動数帯に存在しています。ある生命体がどこにいようと、その生命体の固有の振動数を知っているなら、その振動数にダイヤルを合わせれば、その存在がどこかにいるのかがすぐにわかるのです。振動数による生命体の存在の帯——スペクトラムに加え、時間の帯も存在しているために、今、私たちがいる場所にはたくさんの世界が同時に存在しています。ただ、それを知覚できないだけです（時間も実は振動数の違いにより分割されています）。

スペクトラムにおける数ミリの振動の違い、また、時間軸における一秒の数万分の一の違いのところに、私たちが知覚できない平行次元が存在しています。次元は振動数の帯ですから、次元と次元とのあいだに明瞭な境界はなく相互に浸透しているのです。

地球の次元——三次元の特徴

前にも説明しましたが、三次元の世界を特徴

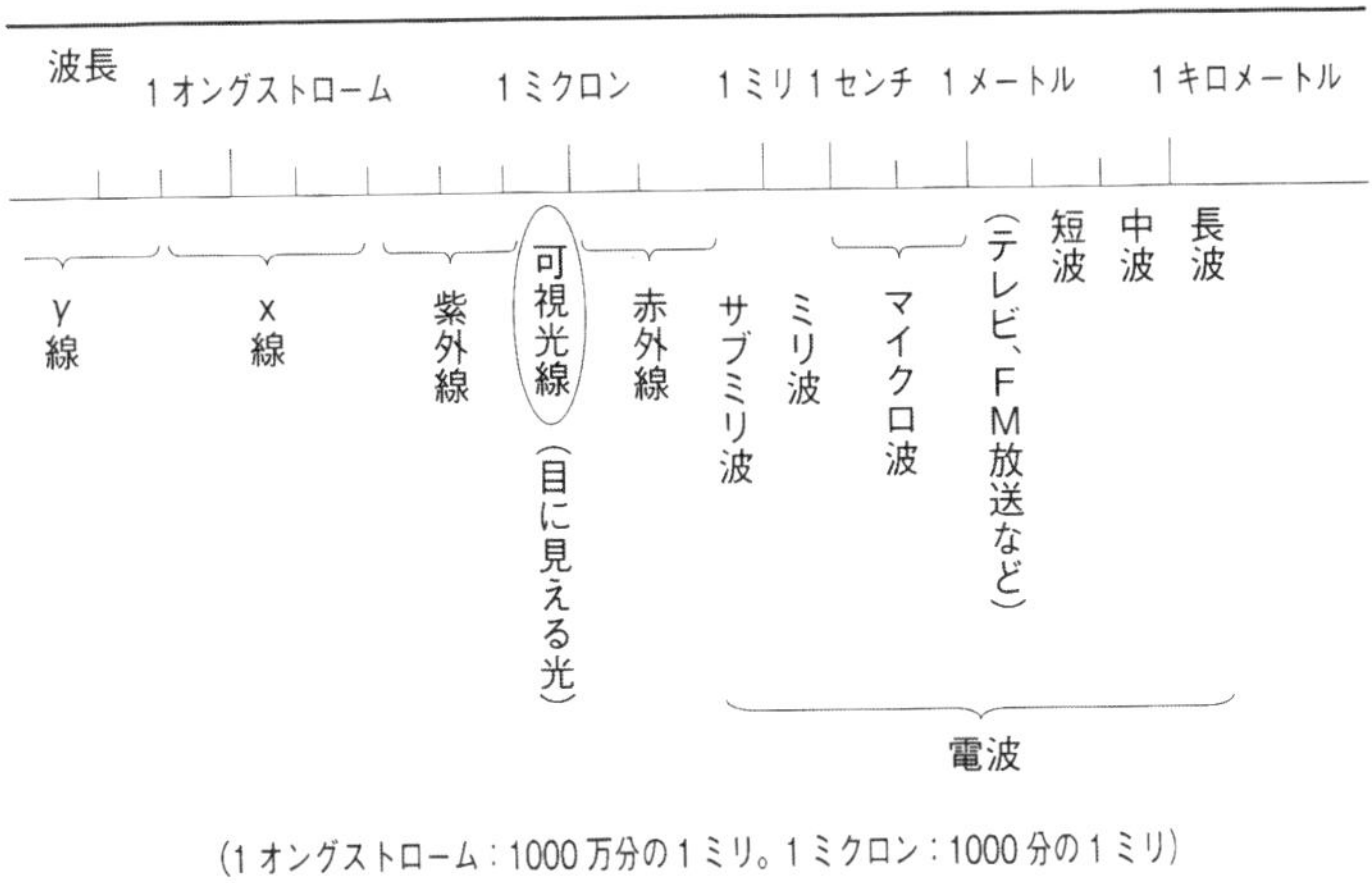

（1オングストローム：1000万分の1ミリ。1ミクロン：1000分の1ミリ）

（図42）電磁波スペクトラム

づけるものは、二元性――双極性と、分離という幻想です。すべてのものがバラバラに、対立的に存在しているように見えてしまう世界です。その錯覚のために、人々は対立的に物事を処し、考える習慣がついてしまっています。こうした考えに捉われているために、人々は人生に意味を見いだせず、この世に投げ出されたように感じてしまうのです。

三次元は、大いなる挑戦の世界です。各次元の中でも、生きていくのがもっともハードな世界となっています。そして、三次元では常に対極的なものが存在します。これを二元性――双極性と言います。光があれば常に闇が存在する、というように、闇が光を、光が闇を定義づける世界です。光だけだと光がどういうものかわからず、闇があってはじめて光がわかる、そういう世界です。愛と憎しみ、陰と陽、正と負、善と悪、幸福と悲劇が常に共存します。

人は誰でも、幸福、喜び、豊かさ、安楽のみを経験したいと望みます。しかし、この三次元の世は、そうはいかないようになっているのです。この世においては、魂の成長のためにあらゆる経験をすることが求められます。白人にも黒人にも男性にも女性にも、貧困な境遇にも富裕な境遇にも転生します。二極性の一方のみを経験することはなく、二極とも経験していくことになります。悲劇、不幸を経験してはじめて、幸福の意味を深く理解することができるからです。

多種多様な経験、学習ができるように配合されているのです。すべてのバランス、帳尻が合うようにうまく手配されています。人は実際に経験してみてはじめて物事の深い意味がわかるからです。

一回の転生の中でもバランスを求める力は働きますし、数回の転生のあいだにもその力は働いています。「人間万事塞翁《さいおう》が馬」や、「禍福は糾《あざな》える縄のごとし」という言葉は、この世の二元性をよく言いあらわしています。世の吉凶禍福は、転変常なく、何が幸で、何が不幸か予測しがたく、幸不幸は常に入れ替わっています。

二元性の世界になった理由

二元性はもともとあったものではありません。人が所有していた能力の濫用、誤用が意識の低下とともにおこなわれたために、次第に地球の振動数の低下を招き、それにつれて二元性があらわれてきたのです。

私たちが今地球上でおこなっていることは、この二元性の解消、昇華のためのものなのですが、解消はうまくいかず、思考、行動を通じて二元性を次々と創造してきてしまいました。分離、比較、対立、競争、偏見といった、終わりなきゲームの世界にずっと引きずり込まれてきたのです。私たちはもう十分に苦しみ、苦労してきました。

では、多次元的であるとか次元性とはどういうことなのかを考えていきましょう。

振動数の違いが種々の存在のあり方——世界を生み、多次元の世界をつくっていることはすでに述べました。私たちは、この物的次元の世界が唯一無二の世界であると錯覚しているために、この世に執着しています。この世にとらわれ、他の次元から隔てられた意識状態から脱するためには、人間そのものが多次元的存在であるということをよく理解しなくてはなりません。

私たちの身体はこの世にありますが、魂や感情体、知性体、光の身体（プラズマ体）は上の次元で活動しています。あなたはいつも多次元的に存在しているのです。この世の存在はすべて、物的側面とその電磁気的側面としてのプラズマ体があるのですから、万物は多次元的であると言えます。

魂の家族もまた、いろいろな次元に同時に存在しています。あなたは今この地球にいますが、あなたの魂の分身、高位の魂たちは、地球以外の惑星にも違う次元にも存在していますから、多様な次元に存在する全体としてのあなたは、とてつもなく多次元的なのです。

私たちは現在の地球の多次元の中のほんの一部である時間軸に、空間に、次元に存在しているのです。あなたの意識が、今、この世の時間軸にのみ集中しているあいだは自分の多次元性を理解できないでしょう。

あなたは人間であると同時に人間を超えた存在です。物的次元においては人間に扮して、人間になりすましているだけです。多次元的な光の存在があなたの正体です。真の姿を受けとめてください。あなたが当然のこととし、大前提としている信念、思い込みを洗い直し、真実を認識することで、あなたの人生は大きく好転していくでしょう。

多次元に関して誤解のないようにしてほしいのですが、三次元が低くて下等であるとか、四次元から上の次元が上等で高等である、ということではありません。各次元にはそれぞれの独自の価値がありますし、一つの次元が抹消されれば、すべての次元が消滅します。そういうふうにつくられているのです。

違う惑星や次元に同時に存在している分身がいるのであれば、なぜ私たちは新しい魂として地球を選んだのかとの疑問が当然生じるでしょう。人々にはそれぞれの出身星があります。もともとは地球外生命体の出自で、地球に転生の場を求めて人生を送っている人が非常に多いのです。地球は数多くの星から、それぞれの遺伝的起源を持つ者が集まって転生を営む、いわばアメリカのような宇宙規模の人種のるつぼとして選ばれた星と言われています。

この地球文明は、さまざまな存在のるつぼ、寄せ集めであり、その独自性、ユニークさを生かしつつ、全体として調和を図っていくという、大いなる挑戦としての場、実験場です。それぞれの個人がそれぞれの社会の中で変容し、集団意識を変容へと導き、調和ある社会をもたらすという大きな舞台が地球なのです。

人間は、出身星をベースとして魂がそれぞれに枝分かれし、分身化して、ある分身は地球に、他は違う惑星にと、違う次元、違う時間軸で生を営んでいます。私たちの表層意識、自我意識は気づいていませんが、統合意識、光の身体を使って、たえず他の魂とコミュニケーションしているのです。離れようもない電磁気的な強いつながりがあります。想像をはるかに超えた多次元性こそが私たちの真の姿です。

肉体のみを自分のすべてとする錯覚や思い込みが、いかに真実を歪曲した認識であるかわかると思います。

融合、統合へ向かうそれぞれの分身

魂の分身たちは、いろいろな次元、時間軸の中に同時に存在しています。外見、性格も違い、人間の形態以外の存在もあります。中でもあなたは一つ前の転生の影響をもっとも強く受けています。前生の人物とあなたは、一つの自己であるとも言えますが、別個の独立した個としての側面もあります。あなたは、前生からの意識の影響を強く受け、前生と似通った意図と目的を持った人生を歩むことが多くなります。あなたは前回転生した人の現代版、現代的表現だとも言えるでしょう。前回が音楽家であったとすれば、また音楽家としての人生を、建築に関する仕事をしたのであれば、今日もまたそれに関連する仕事に就くということになります。

このように、魂とその分身は、意識レベル、意図、目的、使命において共通点があります。いかにそれが違う次元にあろうと、人間以外の形態を持つ魂であろうとそうなのです。あなたは意識を持つ魂とその分身たちという、エネルギー集合体の一側面です。それぞれの側面が、宇宙のあらゆるシステムの中に組み込まれ、人間の種としてまかれていきました。そして、今まで播種《はしゅ》されてきたそれぞれの分身は融合、統合へと向かっています。

私たちも分身たちの人生を生きたり、融合したり、意識や人格を経験できるようになるということです。魂は多くの経験、挑戦をしようとして、分身化、融合というシステムをつくり、このことが多次元的存在のあり方を生み出したわけですが、本当に驚異のシステムです。他の分身と融合することはもちろん、複数の分身たちとも融合し、一度に複数の現実を生きることもできます。一度に多くの経験もできるし、経験をシェアすることもできるのです。こうして、私たちは一つの大きなエネルギー集合体をつくっていくことになります。

複数の現実をあなたの意識で理解して体験するためには、意識指数をかなり高める必要があります。意識指数とは愛と光の指数のことです。愛と光の波動を常に保持し、身体から発せられる光の輝度が高まっていなければなりません。

高い能力や叡知は、いつも意識指数とつながっています。意識指数が高いほど、根源のエネルギー波動に近づくのです。他の分身や高位の魂との融合というのは、遠くの場所にいる存在のところまで物的身体をもって移動したり、一つになることを意味するのではありません。光の身体にのせて意識を移動させ、あなたの内にある意識をより高い周波数の存在と融合させることを言うのです。仏教ではこれを、〝観自在〟と言っています。深い瞑想状態でやっと体験されることです。

これは、時間と空間の制限のない時空連続体を通っておこなわれます。あなたの所へ他の分身がやって来ることもありますし、別の次元、別の時間軸から、意識的存在があなたのエネルギー振動に共鳴して、あなたのエネルギー場、つまり意識を経験するためにやって来ることもあります。

ＳＦ映画のように思われるでしょう。ＳＦ映画の内容は、私たちが知らずに実際に世界で起きていることをインスピレーションで教えてもらって、それを映画の中に取り入れていること

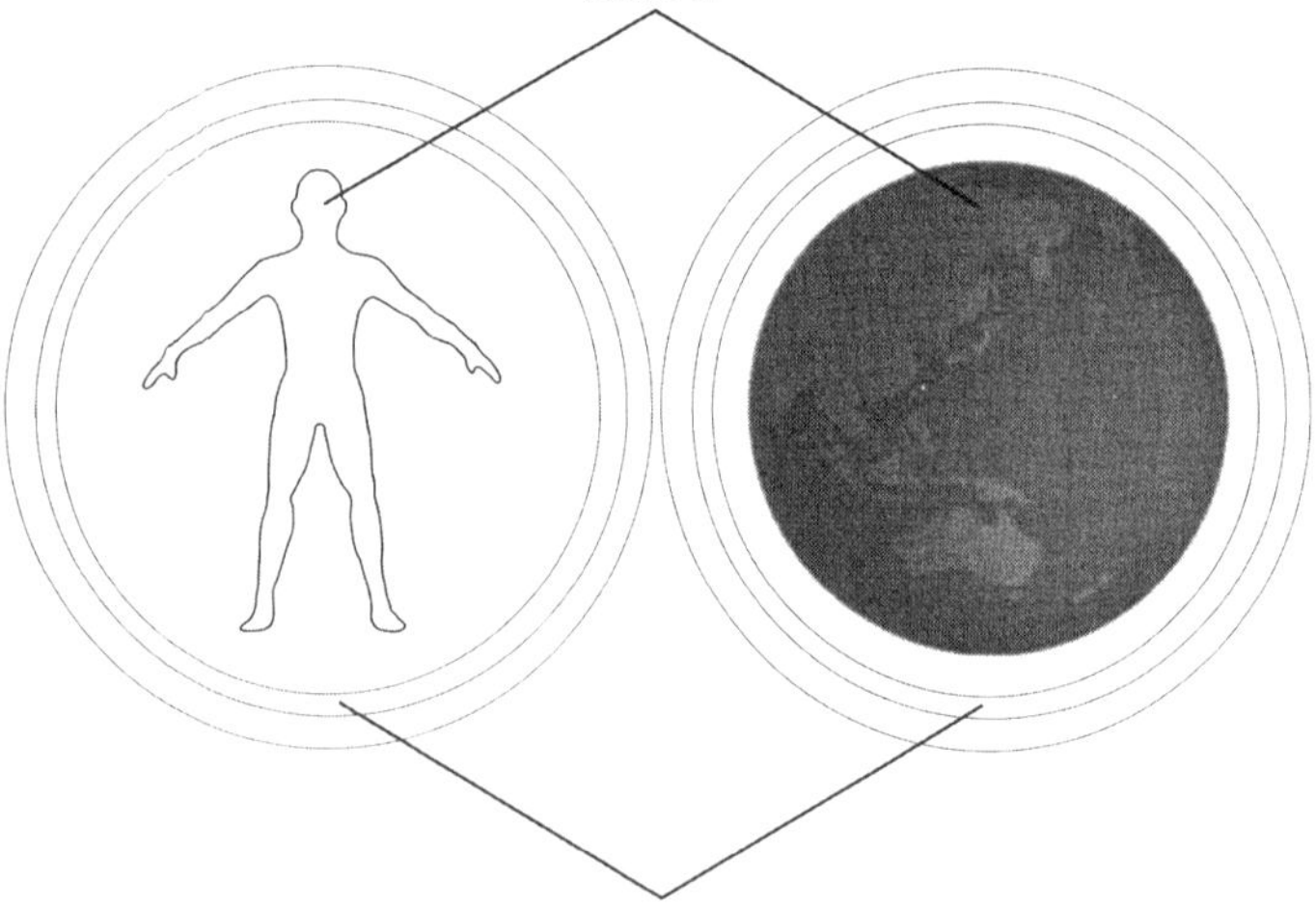

（図43）地球とプラズマ体

が多いのです。人間が想像できることの大部分は、すでに存在しているのだと考えてみてください。

何も人間のみが意識を持つ知的生命体なのではありません。地球自体も意識ある生きた存在ですし、人間が光の身体を通して他の次元に出入りすることができるように、地球はじめ、惑星、恒星もまた、自らの光の身体を通して他の次元や宇宙に移動する多次元的存在なのです。地球はただの岩石や大地、海、空気を持つだけのものではなく、自らの意思を持つ意識ある生命体です。

意識は鉱物から人間に至るまで、すべてに宿っています。鉱物も人間と同様に、物的側面に加え、その電磁気的複製体としての光の身体（プラズマ体）を持っています。惑星や恒星も同じことです。チャクラというエネルギー取り入れ装置、変換システムもあります。

地球も、私たちが見て感じ、触ることのできる物的側面が消滅しても、光の身体たる地球は生存します。人間の形態をしているものだけが意識ある存在ではないという認識は、私たちのものの見方を根本から変革させる契機になるでしょう。

地球の次元上昇

物的身体には必ず光の身体（プラズマ体）があると述べましたが、逆は必ずしもそうとは限りません、意識ある生命体に物質体が必ずあるわけではありません。高次の魂ほど、自らがまとう、もっとも振動数の低い身体であっても、物的なものまで下がって来ないからです。そういう存在は、非物質体としての、光の身体で意識的活動をします。

ですが、高次の存在であるため、必要なときのみ、物的次元にまで振動数を下げて、この世――物的次元にあらわれ、また非物質的体に戻っていくことができます。

次元が変わったということが顕著にわかるのは、私たちの肉体の死の直後の状態です。存在のあり方が変化するからです。肉体の死後、光の身体（プラズマ体）での生活がはじまるのですが、より振動数の高い新たな時空間、秩序の世界なので、違いはすぐに気づく人とそうでない人があります。

現在、地球が三次元から、より振動数の高い四次元、五次元に向かっていると言われています。それにつれて私たちが日常考え、言っていることが以前よりもますます早く現実化し、時間の経過が早くなっていると感じている人が多いことでしょう。それは、三次元からより高次元に向けての、地球規模の次元的変化がすでに起きている証しです。動植物も、次元上昇に伴う変容のプロセスは人間と同じです。物的身体は消滅し、光の身体で存在していきます。

次元が上昇するということは、光の密度が増大することです。この光の高密度化、光エネルギーの上昇は、細胞や、人間の形態そのものにも重大な影響を及ぼします。

今までよりもエネルギー準位が著しく高くなるために、身体の仕組みも組み立て直さなければならないでしょう。身体がはるかに多くのエネルギーを保持できるようにならなければいけないのです。

光のエネルギーは進化するエネルギーであるために、進化しようともしない存在に対して、手を差し伸べることはできません。私たちは、地球自体の次元上界のプロセスの中にいて、古い価値体系、固定概念、信念体係を見直し、検証し、この地球に転生を開始した頃よりもうっ積した、ゆがめられた信念、アンバランス、誤った学習を手放し、解放を促す光の中に浸っています。そして、偉大な存在である、大いなるあなたの自己――魂つまり未来のあなたに融合する旅路にいます。

次元の上昇が今はおだやかに進んでいるので、現実化、時間の加速化以外に特別変化はあらわれていません。

今後、次元上昇のプロセスを通じて私たちが獲得する最大の恩恵があります。それは、今まで記憶にベールをかけて新しい肉体に入り、転生のたびにまっさら状態から人生をはじめるという転生のプロセスを、経験する必要がなくなるということです。

次元上昇のプロセスは、あなた一人だけがその渦中にあるのではありません。これは宇宙的イベントであり、あなたの本来の自己、つまり、あなたの大いなるあらゆる意識体もまた上昇し、全く新しい天界、次元をつくり出すのです。人類の魂、地球、惑星、恒星の次元もそれぞれ上昇していきます。あなたの魂の座である肉体もすでにその影響を受けています。肉体の振動数も、あなたの意識も上昇して、自己に対する意識も、他者に対する意識も変容していきます。

次元上界の光は、その進化させるエネルギーによって意識指数を上昇させ、愛と光でない一切のものが変容しているのです。ＤＮＡも細胞も変容しています。地球の歳月にして十万年間、あなたの細胞の中で眠らされていた光の輝きが点火されつつあるのです。

今後は、お互いの存在を、振動するエネルギーフィールドとして認識するようになります。相手の感情も心の動きも瞬時にテレパシーでわかり、言葉ではなくテレパシーで交流するようになります。次元上昇したエネルギーは、あなたの想念を今までよりもすぐに現実化させるでしょう。そういうプロセスが、今から起こる次元の変化の内容です。

第十三章　時間という魔訶不思議な性質

現在、過去、未来は同時に存在する

次元の変化に伴って時間も変化するのか、という問いかけは、感覚的にわかりづらく、難しいものです。自分の固定観念や物的知覚がいかに強いかをつきつけられるテーマです。どうか挑戦しながら読み進めてください。

意識の変化＝周波数の変化が存在のあり方を変え、それにつれて空間も時間も次元も、エネルギー準位も変化します。それらはすべて、周波数――振動数の変化がもたらす物的特性、法則の変化とも言えるでしょう。物的次元において私たちが認識している時間とは、今まで積み重ねてきた過去、刻々と過去になりつつある現在、そしてまだ経験していない未来です。過去から未来へと流れる直線的なもの、刻一刻と数学的な正確さで進むもの、時間を進めたり、早めたりすることが不可能で、地球の自転公転によって規定されており、時刻やカレンダーで測ることができる、という時間感覚を私たちは持っています。

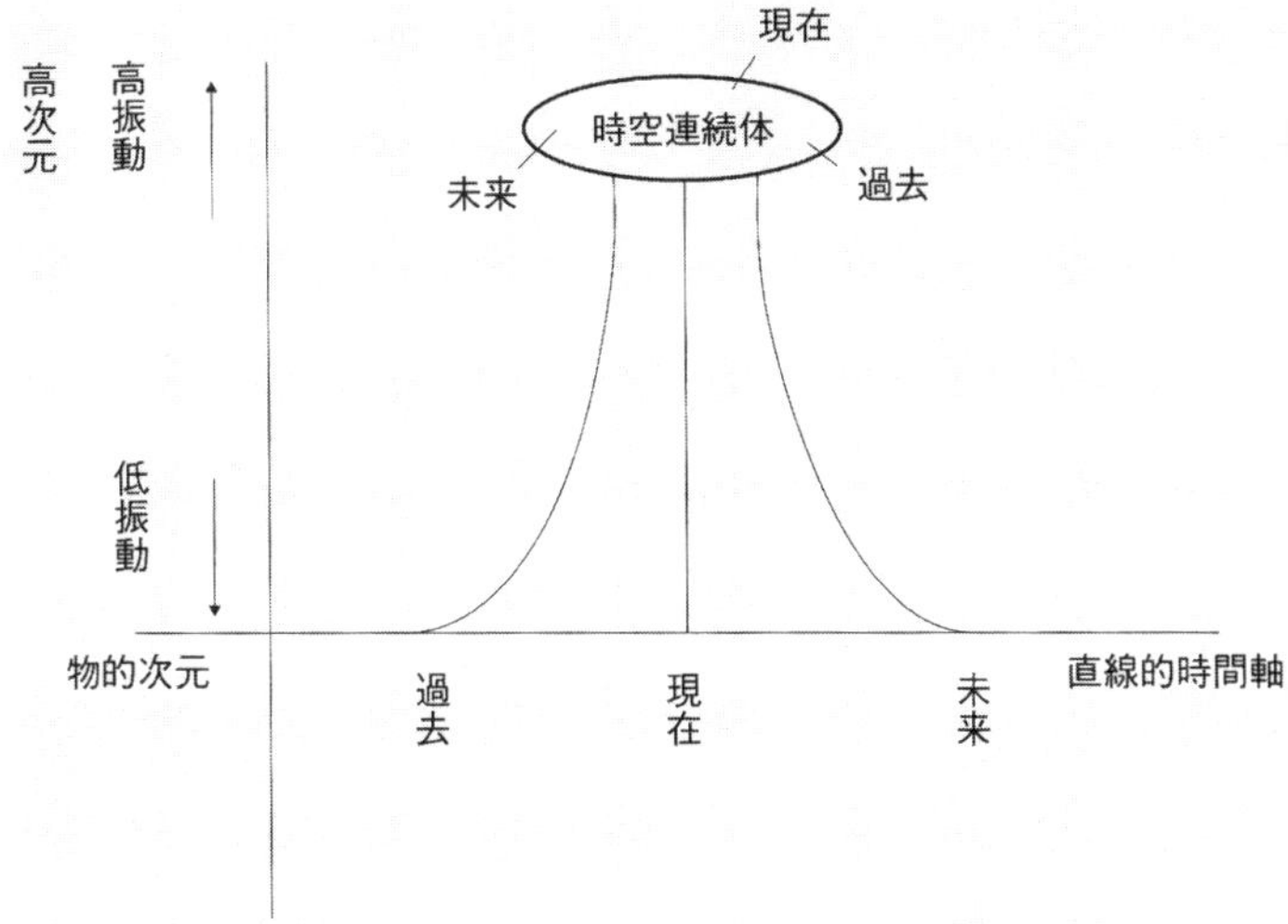

（図44）時空連続体と直線的時間軸

アインシュタインは、特殊相対性理論によって、宇宙のすべてが等しく時間を刻むとするニュートンの絶対時間を否定しました。運動する時計の進みは、静止しているものに比べゆっくりとなり、運動の速度が光の速さに近づくほど、時間の流れは遅くなり、光の速さに達すると時間は止まるということがわかったのです。時間の概念に革命を起こしました。はじめて、それぞれに別の時間軸があることを明言したのです。

四次元以上の世界は地球の自転公転とは全く関係なく、昼間も夜もなく昼夜、四季の区別がありません。私たちが毎日見ているような、太陽が昇ったり沈んだりするということもありません。高次の振動数の世界、次元においては、私たちが過去、未来として認識している時間は共存し、同時に存在しています。

現在、過去、未来が同時に存在する世界があるなんて、とても信じられないと思われるでしょう。

ですが、あなたの固有の振動数が変われば、意識、存在のあり方、次元、つまり時間も空間も変わります。それらはすべて振動数が規定しているからです。時間もまた、振動数を持つエネルギーです。時間は、振動数の違いによりいくつもの時間の流れが同時にあります。振動数によって時間は分離分割させられているのです。

時間もまた振動数の違いにすぎないため、過去も現在も未来も同時に存在できます。高波動界においては、過去、現在、未来を規定する振動数にいつでもアクセスできるため、同時に存在しているのと同じ意味合いを持つのです。物的次元においては、それぞれの時間を規定する振動数に同時にアクセスできるのは、ごく少数の超能力者のみです。

高波動界においては、現在の変化は過去にも未来にも影響を及ぼし、現在、未来、過去が相互に引き合うように、伝播《でんぱ》するようにして、相互に変化を及ぼしていきます。一つの振動数の変化が、その周囲の振動数に影響を与えるのです。

物的次元は振動数が低いために、過去も未来も現在に影響を与えているのが感じづらくなっています。時間とは、過去――現在――未来と直線上に自分の未来があるものではなく、らせん状に渦をまいているものとイメージしてください。あなたは未来から、自分の未来を変えるために過去にやって来て、望む未来を創造しているのかもしれません。過去を変えることにより、未来を変えられます。過去も現在も未来も可能性であって、流動的であり、決定的なもの

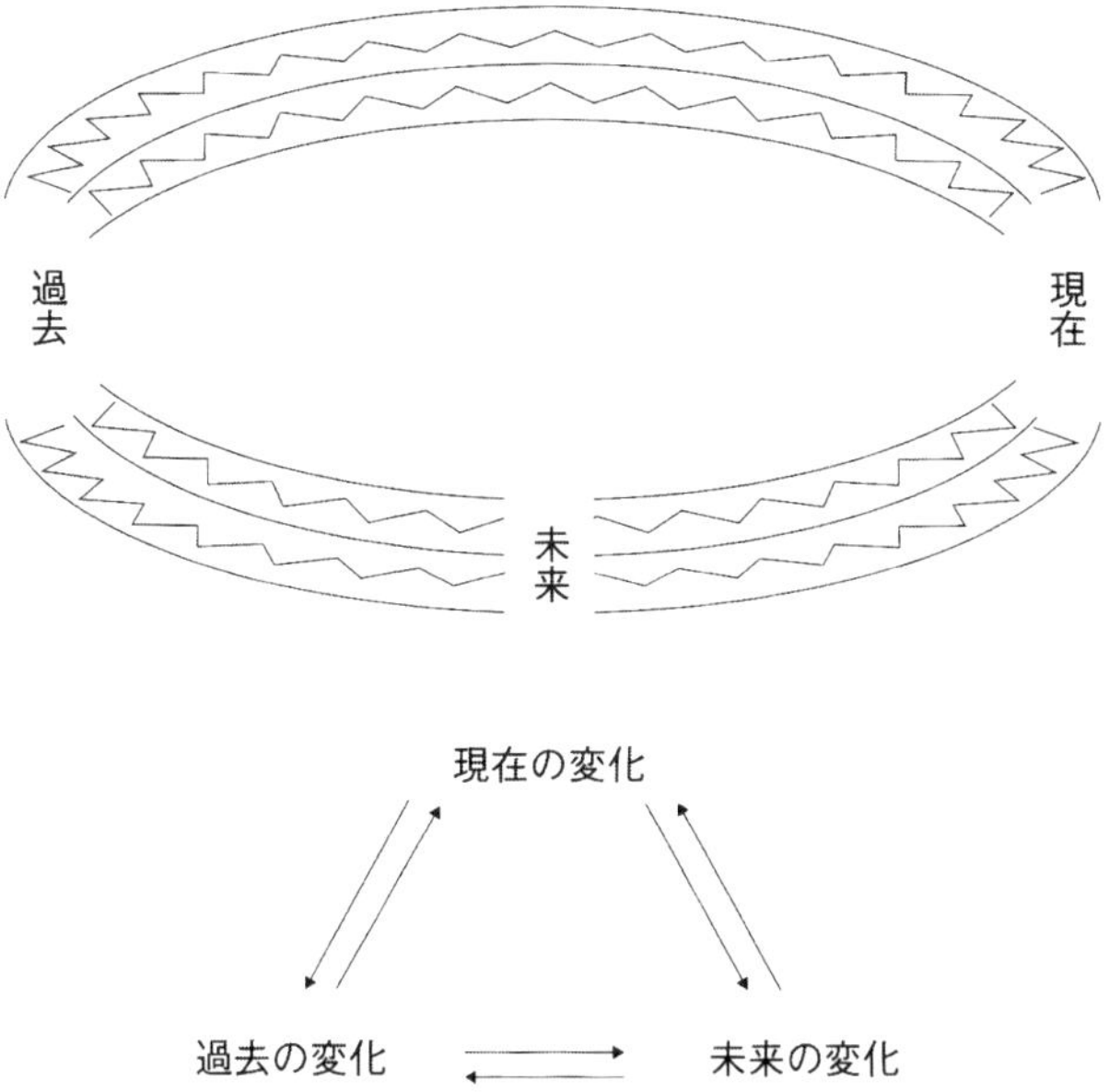

（図45）時間の振動波

ではありません。

過去、現在、未来という表現は、この物的次元からの見方であり、高次元のものではありません。高次元には無数の今が、周波数の違いによって存在しているだけなのです。

瞬時にこの物的次元で表現されている、過去、現在、未来にアクセスできるため、時間、空間という制約は、高次元においてはありません。

あなたの今いる場所もまた、いくつかの層からなっています。一つの場所に多次元が存在し、違う時間軸もまたそうなのです。さまざまの時代が少しの振動数――周波数の差によって存在しています。

特定の時間軸――振動数に共鳴できれば、あなたは五百年前の地球に行ったり、未来のあなたに会ったりすることができます。時間と空間は振動数の違いによってのみ隔てられています。ですから、タイムトラベルやスペーストラベルも実際におこなわれていることなのです。

次元で違う時間

タイムトラベルについてもう少し詳しく説明します。

ある惑星のある時代の特定の状況に一時的に行ってみたいとするならば、その特定の周波数を見つけ出さねばなりません。もし間違ってしまうと、人間のいない恐竜時代に迷い込んでしまうかもしれません。また、元の場所に戻る能力も必要です。

時間は本質的につながっているものではなく、振動数――周波数の違いによって隔てられ、瞬間瞬間がバラバラに存在していて、私たちはそのバラバラの点と点を結んで、連続しているものと錯覚しているだけです。今という瞬間が無限に堆積しているもの、これが時間なのであって、連続的ではありません。アナログでなくデジタル的だということです。

高波動界にはタイムトラベルが得意な者がいます。タイムからタイムへ跳ぶ、タイムジャンパーと呼ばれる人たちです。当然、高い意識レベルに加えて、技術の習熟が必要であることは想像に難くありません。なぜそういうことができるのかというと、私たち自身が固有の振動数システムであって、すべてが波動であり、波動的宇宙に生きる存在だからです。

未来も現在も過去も、同時に多層にわたって振動、共振するものです。過去も未来も同時に存在していて、柔軟で変化しやすいものなのです。意識が変われば存在のあり方が変わり、また、時間も空間も変わります。つまり、変化しているのは時間ではなく、意識の変化に伴う、あなたの存在のあり方なのです（あなたの存在のあり方は意識、想念が創造したもの）。未来は今を変えることにより、いくらでも変えることができますし、未来とは別の次元、別の周波数帯で現在と同様に顕現されています。それは蓋然性《がいぜんせい》としての未来です。それを霊能者などが予知するのです。

私たちは物的地球の持つ周波数の中に閉じ込められているために、時間を過去から未来へと一方的に直線的に流れるものとして感知しています。私たちは転生の際に、それまでの記憶に蓋をしています。それは転生の経験を通して知識と知恵を獲得するには、前生の記憶が妨げになるからですが、それに加え、直線的な時間軸があることで、因果律――原因と結果、縁起を際立たせるために設けられたとも言えるでしょう。現在は過去の結果、未来は現在の結果というふうに、直接的な時間軸を前提とした因果の法則が生まれ、そのことを教訓として学習するのです。

個人の固有の振動数が上昇して五次元以上になると時間も変化し、現在、過去、未来が同時に共存する、時空連続体という時空に入っていくことになります。これは、私たちの世界にある、秒速三十万キロメートルという光の速度をはるかに超えた光が存在する、無限の速度を持つ光の世界であるために、物的世界の時間と空間という制約を超えてしまいます。その時空は、時間を超越した世界、時間がない世界です。また、振動数を低下させていくにつれ、物的次元のように、現在、過去、未来が直線上にあるように感じられる世界になります。

ちなみに、この世の物質を光の速度にまで上げようとすると、無限のエネルギーが必要となるために、この世の光の速度は超えられません。相対性理論で言われていることでもありますが、もともとこの世の光の速度を超える光がはじめから存在する場合には、相対性理論になんら矛盾するものではなくなります。

時間空間のない魂の世界

意識と時間にはどういう関係があるのでしょうか。ある惑星が五次元以上に次元上昇していけば、もはや時間が存在しない世界に入ります（時空連続体）。次元上昇、意識の向上に伴って、時間は短くなっていきます。時間が存在しない、多次元性状態にある根源のエネルギーの意識状態に近づくからです。

意識向上、成長、創造性が生み出される際には、時間の流れは加速します。意識の向上、成長率が、時間の長さ、人の感じる時間の長さを決定します。つまり、その人の意識の状態によって感じる時間の長さがあるということです。

意識の向上、成長のたびに、感じる時間は短縮し、加速度的に時間は過ぎていきます。あなたが何かに没頭し夢中になっているとき、楽しい時間を過ごしているとき、時間はあっというまに過ぎると感じたことがあるはずです。逆に何もせず、何もできず、また何かを強いられているときなどは、恐ろしく時間が長く感じるでしょう。創造的で、意識の向上、成長のあるとき、時間は加速度的に早くなります。

惰性で毎日を送り、非創造的で成長もない人にとって、一日が長いのは、時間も空間も意識によりつくられたものだからです。意識が本質的（fundamental）で、時間宇宙は本質的なものではなく、物理学でいう創発的（emergence）な性質を持っています。意識よりつくり出されたものという意味です。

ここで、前述したタイムジャンパーについてあらためて説明します。テレビ番組で、いろいろな時代にコード番号を合わせてその時空に飛び込むというストーリーの番組がありましたが、仕組みはそれと全く同じです。それに習熟した存在をタイムジャンパーと呼んでいます。

ある時代のあるときに、振動数――周波数を合わせることによって、違う時代に飛び込みます。ですが、入ることが許されるのは一時的であって、その時間にいる登場人物や状況に関与することは許されていません。しかし、昔、あなたが江戸時代に武士であったとして、生きて活動している自分の過去世を目の当たりにすることができるわけです。

ある時代、ある時間というのは、映画のフィルムのように特定の周波数、波動で出来ていますから、その特定の振動数に合わせれば入ることができます。高波動界の存在も振動エネルギー体で出来ているから可能なのです。信じられないようなことをずっと話しているとお思いでしょうが、心にとめておいてください。

繰り返しますが、時間も空間も意識によりつくられたものです。時間の持つ無数にある周波数のどこに関わるかによって、未来のあるときになったり、過去になったりしているのです。あなたが今関わっている周波数が、あなたの独自の周波数と共鳴しているので、あなたは現在その環境にいます。周波数——振動数の選択、イコール時間との関わり方であって、どの周波数を選択するかによって、過去になったり未来と言ったりしているだけです。

そして、魂と時間との関係です。人間の魂は、時間、空間にとらわれない時空連続体の波動界にある存在です。この三次元——物的世界のように時間と空間に制限された世界とは、かけ離れた高波動の量子場の波動域にあります。コーザル界とも言われているその波動域の世界に時間はありません。魂はそういう世界の存在で、時間、空間を超えたところで活動するものです。

過去、現在、未来が同時に一体となって存在する時空連続体の波動域においては、思い出があるとか、思い出すこともありません。すべては意識すれば視界に入るようにデザインされているからです。逆に忘れるということもありません。というより、忘れることができないのです。あることに意識の焦点を当てると、その答えや映像がすでに眼前に広がるといった具合なのです。思い出すといった精神活動は、直線的な時間経過という時間感覚を持つ、この物的次元に特異なものです。

第十四章　パラレルワールド（並行世界）

選択されなかった可能性としての現実

私たちは、思考、感情、イメージや行動によって未来を自動的につくりはじめます。もっともパワフルで可能性の強いものから、可能性の薄いものに至るまで未来を考え、イメージし、感情を込めてシミュレーションします。

人生は毎瞬、毎日が無数の選択の連続です。その選択の結果、今のあなたという自己、現状がつくられました。思考の振れ幅の中であれこれと考えられたもののうち、たった一つのものが選択されてこの物的次元に現実として顕現します。しかし、選択されなかったものでも、ある一定以上に考えられ、蓄積され、フォーカスされたエネルギーは、消えたわけではありません。

選択されなかった多くの周波数、エネルギーは、潜在的可能性（probability, possibility 以降Ⓟとして表記）としてエネルギー場を形成し、生きて意思を持つ意識体として存続するので

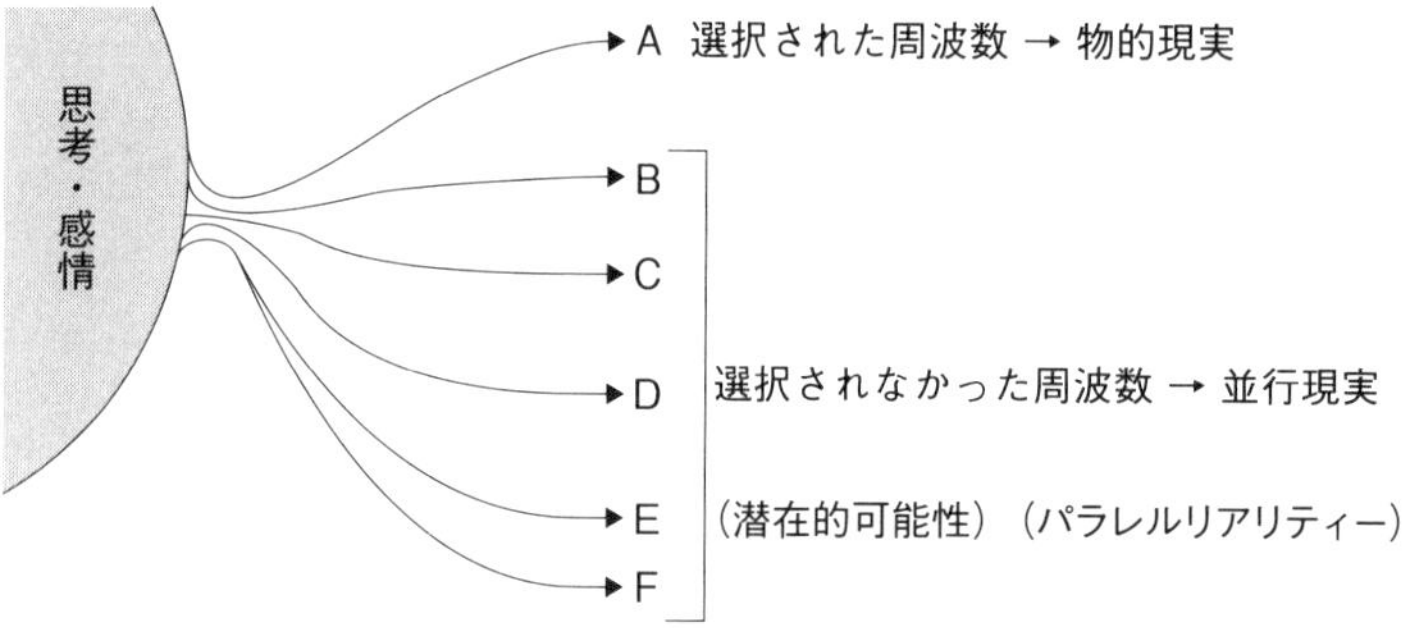

（図46）潜在的可能性

す。つまり、未来は一つだけでなく、想像しうる限り、一定以上考えられた未来が、同時に存在するのです。想念は自動的に形態形成をする性質を有しますから、このように私たちの日常感覚をはるかに超えた事象が起きるわけです。

潜在的可能性Ⓟとしての意識体が、パラレルセルフ、パラレルワールドと呼ばれるものです。考えうる範囲のすべての結果は、一瞬のうちにすでに魂レベルでプログラミングされ、シミュレーションされていて（この機能は地上にあるスーパーコンピューターと同じです。富岳の場合、一秒間に四十四・二京の計算速度、一京は一兆の一万倍）、自分の持つ周波数と共鳴する選択肢が選ばれ、それを経験することになります。

では、なぜこのようなことが起こるのでしょうか。次のような理由があります。

（1）宇宙が量子的な性質を持ち、同時発生、同時共存、同時進行という基本的な働きがあり、一気にすべての可能性が展開するため。

（2）魂も自らを数多くの周波数に分け、量子の次元に同時に自らを出現させる能力を有していて、それが基本的な性質であること。また、あらゆる角度から実現の可能性とその結果を探求することが魂の本質であるため。

量子コンピューターがいろいろな未来の予測をするように、魂の持つ量子的な性質ゆえに、こうしたことが起こります。これは、人間という意識体ばかりでなく、同じ意識生命体である惑星体系や、集団意識体である文明や、国家のあり方にも起こりますから、並行宇宙が存在することになるのです。

ですから、すべてのことは、最初は潜在的可能性――Ⓟとして存在し、そのうちの一つが選択されたことによって特定の周波数を帯び、物的次元の現実がつくり出されるのです。それが今のあなたであり、周囲の環境です。

選択されなかった現実もまた、それぞれの周波数を持ち、パラレルセルフ、パラレルリアリティーとして違う現実を生きることになります。現実は一つだけではありません。ちなみに、パラレルセルフの身体はこの物的次元の身体よりも密度が軽くなっています。

再確認しておかなければならないのは、魂はその本質の機能により、多種多様の潜在的可能性としての自己――Ⓟをすでに持っているということです。今から新しくつくるというよりも、すでに存在しているⓅを選択し、そこに移るのです。新しく移ったⓅも、移る前のⓅも同時に存在しています。それぞれに周波数が違うために、移る前のⓅと移った後のⓅとは全くの別人であり、独自の独立した存在です。

見方を変えると、瞬時に自己の周波数が変わり、それが時空間の変化となり、新しい周波数となった自己と共鳴する周波数を持つ新しいⓅに移り、それがこの物的次元の現実に顕現するということです。これが、望むⓅを選択する方法です。理想のⓅに移りたければ、考えを変えることだけでは不十分です。新しい考え方に基づく行動、意識の集中と継続が必要となります。

それぞれのⓅも常に変化しています。考え方を変えただけで、そのエネルギー変化は波のように波及効果をもたらし、それぞれのⓅの変化をもたらすのです。あなたの今ある現実そのものを変えることはできません。よって、あなたの周波数を変えて、その周波数にあったⓅにあなたがシフトすることにより、あなたの現実が変わるのです。したがって元の世界も、並行世界、パラレルワールドとして依然、同時に存在しています。

転生という枠の中の劇場

図47を見てみましょう。魂の次元、五次元以上のものをこの物的次元に降ろそうとすると、本来一つであるものが多くに分離します。このことと、三次元の直線的時間軸（過去——現在——未来という時間の経過、過ぎゆく一瞬一瞬がつらなっているのだと知覚せざるをえない時間感覚）のゆえに、この世に生きる私たちは、この世の時間と空間という一定の枠の中にはまり込んでしまいます。そして、一つの枠の中から自分自身を新しく経験し、新しい視点を持ち、

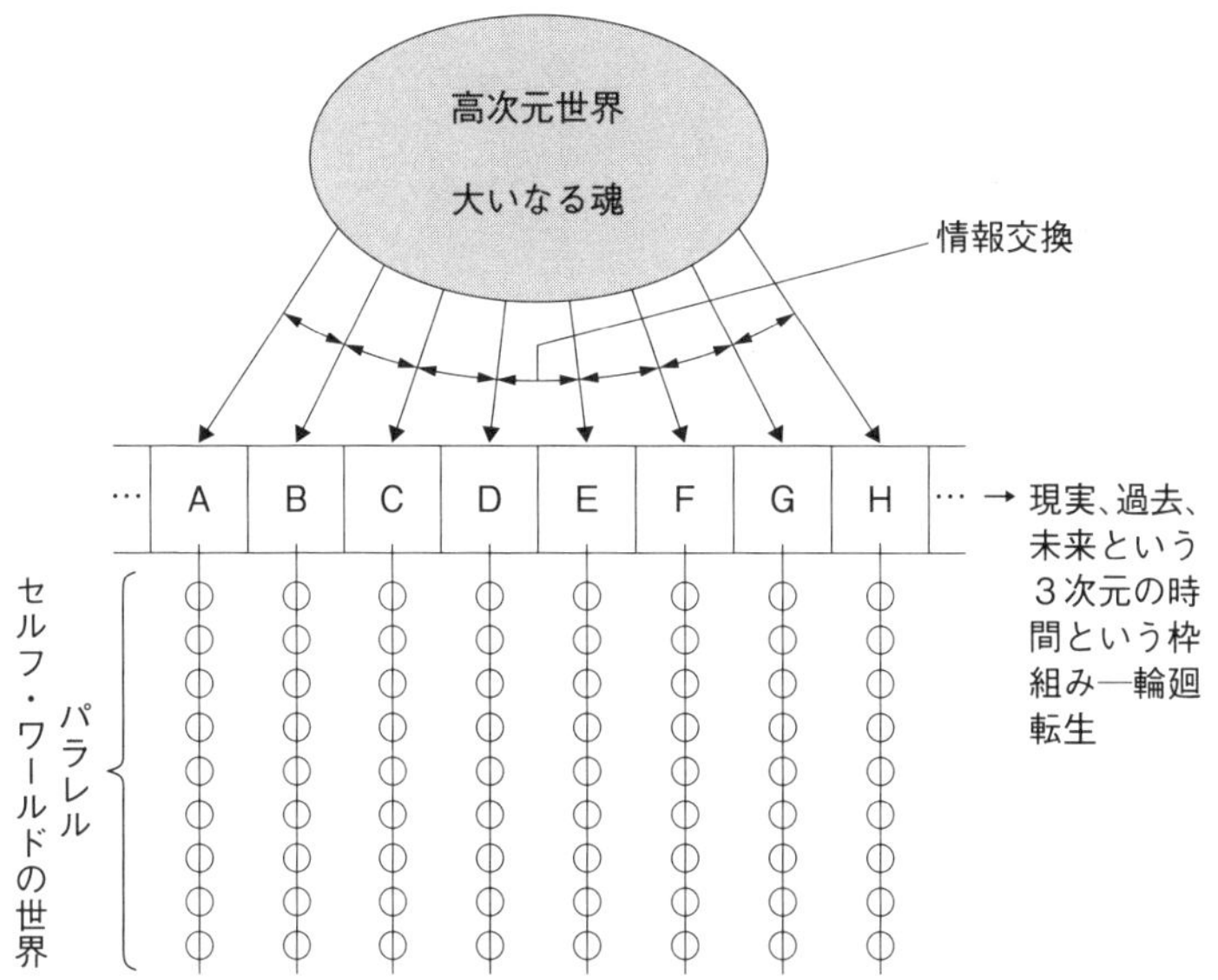

（図47）パラレルセルフ・ワールド

枠の中から外を見る知覚が生まれます。枠の中は一つの人生劇場で、あなたの他にも同時に他の劇場があります。しかし、他の枠の中にも出演者が多数いることにあなたは気づいていません。

一つの枠の中で、それぞれの出演者は自分の世界をつくっているのです。あなたの見ている世界は、あなたの考え方、感情を外側の世界に映し出しているものとなっています。つまり、あなたの世界は、あなたがそう見て感じ考えて、脳の中でつくり出している映像を見ている仮想現実、仮構現実とも表現されるものです。あなたにとってその枠の中の人生舞台は生々しい現実ですが、大いなる魂サイドからはあなたは舞台の上で一生懸命に演技をしている役者にすぎず、仮構の現実に生きる者として映っています。魂側は映画を見ている人であり、枠の中の人は映画の出演者というわけです。出演者には、自分が映画の中にいるという認識はありません。出演者は、自分の本質は魂であるのに、自分は肉体と自我のみであるという幻想を抱き、本質を忘れています。

このことには利点もあります。それは、新しい観点から経験を積めるというものです。しかし、長い年月を重ねるうちに、そのネガティブな側面が深刻なものとなってきました。ですが安心してください。自分は全体のほんの一部で、多次元的な存在だと理解するよう、何人も運命づけられていますので。

図47のA～M、ある魂の輪廻転生、それぞれの人生が一つの劇場、自作自演の舞台で、現在や過去や未来として感じられる直線的時間軸にいます。A～Hはそれぞれ独立した独自の周波数を持ち、すべて別人で、たとえばあなたがEの自己とすると、Gの自己になることも、Cになることもありません。別個の人が同時に存在して生きているのです。

図47からもわかるように、人間の身体が六十兆個もの細胞からなるのと同様に、たくさんの自己が集まって一つの大いなる魂を形成しているのです。図47は曼荼羅《まんだら》のようです。あなたは、あなたの大いなる魂のほんの一部なのです。あなたは直線的時間軸の中のほんの一コマであり、枠の中から外を見ている存在で、隣の枠のこともわからずにいます。

多次元的現実を理解していないと、あなた自身が何人もの存在として、同時に生きているということが信じられないでしょう。あなたは、同時に多くの場所、多くの次元、いくつもの時代に同時に存在しているのです。

同時存在同時進行する多次元に存在する魂

今までに述べてきたことから、高位の魂や複数の魂によって構成される大いなる魂は、無限と言ってよい次元に存在していることをイメージできると思います。魂のレベルの知覚においては、同時に何カ所もの場所や時代に存在することができますし、また、輪廻転生の数々の局面、時代において活動している多様な人物がすべて見えています。目まぐるしく変わる動画を見ているようなもので、ある時代のある人物が体験していること、感じていることを同時に体験し、感じることができます。魂は、一方は舞台役者として、一方はその観察者として、同じ体験をしていることになります。

また、魂レベルの知覚においては、輪廻転生における一コマの中に生きる多様な自己の在り方と同時に、その潜在的可能性としての自己Ⓟも認識できています。それぞれの枠組みの中の輪廻転生の存在、また、その潜在可能性としての自己はホログラフィーの関係――つまり、どんなに小さく分割されたものでも、自らの中にすべての全体の情報を含んでいます。どの魂も全体を含んでいます。あらゆる同時存在たちの知識や記憶を保持しているのです。

魂のレベルにおいて、同時存在、同時進行している存在たち、またその出来事のすべてを知覚し、体験しているというのは、魂に備わっている基本的な能力です。では、魂のレベルでの知覚に対し、輪廻転生している真っただ中の存在はどうなるのでしょうか。

輪廻転生の構造も全体像からすると、潜在的可能性――Ⓟの一つの局面と言えます。それぞれの枠組みの中にいる存在は、今という瞬間の在り方によって、過去の存在にも未来の存在にも互いに影響し合い、変化させ、同じテーマを抱き、それを実現させるべく活躍しています。図47を見てもわかることと思いますが、現代以外の諸時代も同時に存在しています。魂のレベルにおいては、それを一望の元に見渡すことができるというシステムになっているのです。A～Mの全枠組み、時間軸に、大いなる魂の意識が広がっていると表現できるでしょう。

ルールが全く違う物的次元

あなたは今、あなたであるところの環境に周波数が同調しているため、そこにいるだけと言えます。この世の知覚では時間は連続しており、一つの枠組みにいる存在が死に至って、次の転生がはじまると考えます。しかし、実際にはすべては同時に存在し、完了するとか終わるということなくすべて同時に進行して、現在のあなたが――未来のあなたも――今もなお、新しくつくられつつあるということです。今まで考えられていたような輪廻転生というものは、もともとないのです。

ゲームのルールが全く違うということです。パラレルワールド、パラレルセルフについて要約すると次のようになります。

（1）すべては波動、周波数の違いだけであって、あなた自身が固有の周波数を持っているゆえに、特定の現状に存在しているのです。周波数が変われば、それを反映している現実に自動的に変わります。
（2）その新しい現実はすでに存在していたものです。
（3）新しい現実に移った後も、元の周波数の自己はそのままその現実に存在しており、新しい現実に移った自己とは別人です。

私たちは毎瞬、パラレルワールド、パラレルセルフに移っていますが、ほとんどの人が、毎日代わり映えのしない日常生活をおくり、それに気づいていないだけです。明らかに自分にとって望みのパラレルワールドに移ったとき、これは瞬時に変わるので普段は気がつきませんが、自分が広がったような、意識が拡大してより視野が広がったような、のびやかな気分になることでわかるはずです。

第十五章　動物・植物の魂と人間の能力

動物にも植物にもある魂

　ここまで、人間の魂や世界について述べてきましたが、実は動物にも魂があります。人間と全く同じなのです。何度も転生し、人間のように高位の自己もあり、進化の旅を続けています。忘れてならないのは、人間という種同様に、根源のエネルギー体によって創造された、神聖な表現の形態であるということです。植物も然りです。

　人間が、大いなる自己——魂につながっているように、動物もそうです。広大な光の存在の一部として顕現している存在です。この物的次元において人間とコミュニケーションが取れないからといって、知性がないわけではありません。知性や感性を人間と違う形で表現しているだけ、表現の仕方が違うだけです。それどころか、優れた知性、いわゆる霊的能力もあり、違う次元のものを見たり、違う次元とコミュニケーションを取ったりしています。よほど人間より多次元的に生活しているのです。よく観察すれば、動物にも個性があるのがわかります。

この世において、人間と動物は特殊なケースを除いてコミュニケーションできません。しかし、高波動界でなら人間と動物はコミュニケーションできます。動物はこの世——三次元にいるときから、お互いにテレパシーでコミュニケーションしており、意識的につながっていて、特定のイメージを伝達することでコミュニケーションを成立させているのです。

高波動界は言葉を介しての交流はありません。テレパシーによって相手の思っていること、考えていることが、音声で聞こえてくるというのでもありません。波が打ち寄せるようにひたひたとわかる、自然に響いてきて寸分違わずわかるイメージの交流です。そうすれば動物ともコミュニケーションが取れます。植物もそうです。

これは、すべてが意識を持った生命体だからです。人間は、すぐに自分が動物より優れているとか、ある人より自分が優れているとか劣っているとか考えますが、高波動界においては優れている劣っているという考えはありません。それぞれが独自でユニークな存在として、平等に根源エネルギーより創造された創造物として、また創造する存在として扱われるのです。人間、動物、植物は、表現の仕方、顕現の様式の違いがあるだけと見なされます。

動物もまた転生し、過去の転生の内容から、次はどの動物の身体に入るかを選択します。しかし、その転生は同じ種——犬種、猫種といった——の中でおこなわれます。そして、動物が転生を重ねて、知的、精神的に進化、成長した結果、人間として生まれるチャンスが生まれます。

動物サイドは、成長を重ねたうえで、人間としての経験をしてみたいと望まなければ、そのまま動物としての生を続けることになりますが、反対に、人間が動物としての転生経験をしてみたいと望めば、そのようになります。動物の中に、まれに非常に知的で精神性が高い存在がいますが、これは、人間の魂から来ているものがいるからです。

高次元の動物たちは、この世の動物たちと違って、他のものを攻撃するということはありません。すべての動物は草食で、どう猛性は失《う》せ、人間を恐れることなく、温和な性質となっています。一つの種として魂の中に融合され、いわゆるグループソウルとしての存在となるのです。

動物は人を守る存在として、友として、生き方の模範として、また、人間教育のよすがとしてデザインされた存在です。動物の外観、身体は、いろいろな地球外文明から来た遺伝子の融合を通してつくられました。さまざまな場所から種を求め、人間とともに生きて、生命を支え、守り、また友人として助け合うように、遺伝的にデザインされたのです。この人間と動物の関係は、高波動界においても変わりありません。

もちろん、植物にも魂があります。種としての魂があり、種全体としての意識を共有する、グループソウルとして活動していることが多いようです。意識があり、理性、知恵もあり、魂として植物の外殻、外形を取って、成長の旅を続けています。

動物や植物は常に地球の意識とともに生きています。大地から直接情報を得ているのです。動物や植物は、あなたがどういう存在で、どういう意図、心理状態にあるかをすぐに読み取ります。

すべての生命体には意識があり、テレパシーによってコミュニケーションをすることができます。それが全生命体、意識体の基本的性質だからです。三次元の私たちが、それに応えるだけの十分なテレパシー能力を発揮できないからわからないだけです。

ドラゴンとは何者か

宇宙に存在する知的生命体は、いろいろな姿、色、外観をしています。人間種はその中のほんの一部です。この多次元宇宙においては人間のみが知的生命体なのではなく、私たちのような言動活動をしていなくても、人間のような風貌でなくても、叡知に富み、知的で進化した生命体がいることを認識しなくてはなりません。

たとえば、禅宗の御堂などに行くと、龍が勇壮な姿で天駆ける姿が描かれています。龍、ドラゴンは、全世界を通して絵画、伝説、宗教、神話、文学、物語の中に登場しますが、現在においては架空の存在とされています。

こうした、青龍、白龍、金龍などとして畏怖される、神のごとく天駆ける存在、また宗教的崇拝の対象として畏敬される龍は、地球外生命体であり、約十万年以上前まで人間と友人であり協力し合っていた存在です。人間を教え、慈しみ、文明を築く手伝いをしました。友人として、また兄弟のように接したのです。

人が龍の背に乗って飛ぶ場面が、映画や絵画にも出てきますが、それは実際におこなわれていたことなのです。彼らは、水中にも空中にも地上にも存在する、古代の爬《は》虫類で、遺伝的に人間の祖先にあたります。ドラゴンは部分的に人間である存在であって、遺伝的に共有する面が多いのです。人間が宇宙の多くの種のハイブリッドであることはすでに述べたとおりです。

ドラゴンは、絵画や伝説にあるとおり、空中で浮遊飛行や空間の瞬間移動をします。飛び回るときには、物的次元の振動数を五次元の振動数に上げて、光の身体となって移動します。その時代、人間もまた、彼らと同様の能力を持っていました。人々は、それらの能力を生まれつき享受していました。安楽な、優雅な、喜びあふれる生活を送っていたのです。今では超能力、神の業、奇跡、魔力などと呼ばれている能力を、何の疑いもなく、当たり前の能力として享受できていた時代があったわけです。

しかし、今では龍を見ることはありませんし、私たちにも、光の体となって移動する能力はありません。龍たちはどこに行ったのでしょうか。

龍たちは自分の外観を自由に変えられる能力を持つシェイプシフター（shape shifter）であり、その力は、人間がうらやむほどのものでした。龍がはじめて地球に来たのは一億三千年前、その頃はまだ地球上に人間型の知的生命体はいませんでした。

彼らの元来の姿は今でいう白龍の姿でしたが、地球に降り立ったころはヒューマノイドに近い姿をしていたようです。身長二百六十センチくらいで、白髪、目はグレー、皮層は白く、背中に大きな翼がありました。

その後にあらわれた人間が、しだいに意識レベルを下げ、本来所有していた能力を濫用しはじめると、エゴ意識が優越となって、本源とのつながりを離れてしまい、ドラゴンをねたむようになってしまったのです。それどころか、彼らを所有、コントロールしようとし、支配下に置こうと策動し、狩りの対象にしはじめたので、ドラゴンたちは人間と同じ次元から離れました。

こうして、地球の次元もまた人々の意識レベルの低下につれて降下し、高密度低振動の、現在のような次元となったのです。ドラゴンたちは、別の次元、五次元へと避難し、物的次元で狩りの対象となるのを避けるため、姿を再び変化させました。中には、大蛇の形となって、三次元で生活しはじめたものもいました。大蛇に化けたのです。

ドラゴンたちはかつてのように、人間と愛にあふれる関係に戻ることを切望し、人間の精神的覚醒を辛抱強く待っています。彼らは、私たちが存在している三次元のすぐ隣の周波数帯にいるのです。

私たちは今、低振動高密度の波動域から急速に振動数を上げているプロセスの中にありますから、必ずドラゴンたちと再び親しむときがやって来るでしょう。

人間の友であり師であり協力者

イルカやクジラといった海に住む哺乳類たちは、大変知的で人間に近いように思えます。彼らは、この地球上にイルカ、クジラとして肉体を持つ大いなる魂で、むしろ人間の教師であって、人間を守護し、教え導く存在でした。人間のもう一つの型、表現型、顕現の仕方、と考えるともっとわかりやすいかもしれません。彼らは多次元にわたって存在しており、私たちが見えるのは水の中の姿だけですが、地上にも空中にも光の身体として存在しています。極めて高度に進化した存在で、いつも喜びにあふれているのが感得できると思います。

ドラゴン、イルカ、クジラという存在を通して、私たちは知性とか精神的進化ということについて、大きな認識の転換をしなければならないことに気づくのです。彼らは私たちの友であり師であり協力者です。

意識の低下とともに起きた変化

今の人間は、意識レベルの降下とともに能力を失った状態ですが、昔とどれだけ違うのでしょうか。

意識の低下がどれだけの変化を生じさせるのか、私たちの記憶からすっかり消し去られたことをひもといてみましょう。

天賦の才能を地球上の人間が濫用しはじめると、無条件の愛と受容という意識レベルから次第に離れていきました。差別、競争、優劣、嫉妬といった低振動の意識レベルのあり方へと変化していった結果、人間は才能を行使することができなくなりました。そして、本来の人間のあり方へと戻る、長くて苦しい旅を歩みはじめたのです。そのプロセスの中で多くの知恵や知性を獲得しながら現在に至っています。そして、今後は一気に高振動の意識状態――本来の人間の状態に戻る、超特急の帰路についています。

太古の人々は、誰もが五次元と三次元のあいだを行ったり来たりすることができました。当時、五次元で振動する意識レベルにあった地球（現在は三次元と四次元の混合振動域です）と、そこに住む人々も同じ意識レベルにあり、自らの意識で濃い密度の物的身体に振動数を下げることもでき、また光の身体に戻ることもできたのです。

意識の低下とともに起きた変化には、次のようなことがあります。

（1）脳の利用率九〇％～一〇〇％↓八％～一〇％に減少
（2）物質をエネルギー転換する能力↓消失（次元移動、瞬間移動、身体の光エネルギー化、物質化ができなくなった）
（3）自らの容姿を自由に変えられる（シェイプシフター）能力↓消失
（4）寿命も自分で変えられる。たいてい六百～七百年ほどの寿命で、転生は多くて三、四回↓寿命は五十～八十年ほど、転生は何千回
（5）栄養源はクラウンチャクラから身体に取り入れるプラーナ↓地球にあるものを栄養源として摂取（消化器官、排泄器官が発達した）
（6）透視能力↓現在に限定された可視範囲
（7）テレパシー能力↓言語能力

（8）十二本の活性化したDNA↓二本のみ活性化したDNA
（10）健康、無病、喜び↓病気、定命、苦痛、葛藤

昔はプラーナ（空気、水、食物やどんなものより、私たちが生きるために必要なエネルギー源、生命エネルギー）を、頭頂部のクラウンチャクラから、身体の中心を通るプラーナ管を通し、頭部の正中にある松果体（光感受性蛋白質を持つ内分泌腺で、その細胞にある光感受性蛋白質は目の視物質と類似しており、感受性が強く、光によって作動し、発生学的にも目と類似しているため、第三の目とも呼ばれる。霊的なことを探究したルネ・デカルトは、松果体のことを魂の玉座と位置づけた）を経由して、体内に取り入れていましたが、鼻で呼吸するようになって、プラーナが松果体を通らなくなりました。このことは、現実をどう認識するかについての考え方が完全に変わるほどの影響があったと言われています。

どういう現実認識になったのでしょうか。以下、列記します。

（1）物的次元の世界しか存在しない。
（2）私たちは肉体に限局された肉体におとしめられた、意味もなく漂う存在である。
（3）現実を二極化して考えるようになる――善と悪、天と獄、光と闇など。
（4）自分が、病気や貧困に苦しむ、取るに足らない存在だと考える。
（5）偶然の生物学的存在。自分は、意味もなくこの世に放り込まれた存在だと考える。

現実認識は、現代人の心性を反映するものに変わったと言えます。

何百万年か前には、老いというものは存在しませんでした。老いというものがどういうものか、老いて死ぬということも理解できなかったのです。ある次元での生活が一段落して、やるべきことをやりつくし、次のステップへと旅立つとき、たしかに身体的な死はありましたが、それは一時的な振動数の変化にすぎませんでした。魂としての不死を知っていたので、恐怖も、不安もなかったのです。自分は根源のエネルギー体よって創造された光の子、神聖な存在だと認識しており、光輝ける身体をまとった、不老不死の創造の担い手であり、健康で喜びに満ちた生活を送れるのは当然のことで、天賦の権利だと見なしていました。

現代人の心性――創造のエネルギーから分離した限局的な意識状態よりも、はるかに長い時間を、私たちはもっと高い意識の中で過ごしてきました。よって、苦難に満ちた時間は全体からすれば一瞬の出来事です。

根源とつながる記憶の重大性

三次元で生きるということは、高次の大いなる自己の大部分を削減し、断片化された形――低エネルギー化された、小さな存在――とすることを意味していました。ゆえに、本源の大いなる自己のことはすっかり忘れ去られることになりました。私たちと地球が、五次元から三次元／四次元の波動混成域に沈んだとき、根源とのつながりの記憶が失われたのです。

三次元の肉体の中にエネルギーと能力を削減された形で入った後の幾度にもわたる転生は、知ってのとおり、挫折、苦難、裏切り、貧困、競争などの試練にあふれたものとなりました。長いあいだ低下した意識状態にいる人々が相互に生み出すネガティブエネルギーの渦の中から、なかなか抜けきれないどころか、相互にネガティブを強化し、そのエネルギーと共存し続けてしまっています。ネガティブなうっ積したエネルギーが、三次元に人々を縛りつけ、自分の本質に対する忘却と幻想を生むことになってしまっているのです。

昔と今の状態を対比して痛感するのは、知るということの重要性です。私たちが忘れてしまっていることを思い出しましょう。何度も言及しますが、思い出すのは、次のようなことです。

（1）私たちの正体は、根源エネルギー体の神聖な光の合成体として創造された意識体——魂であること。
（2）何人も聖なる出自を持ち、光輝ける身体と能力を持つ宇宙的存在であること。
（3）三次元レベルという、エネルギーを劇的に低下させた状態でいても、今、あなたがどういう状況にどういう在り方にあろうとも、大いなる自己——魂につながる神聖な光の存在であることに変わりないということ。
（4）高次元、高エネルギー界から降下してきた存在である私たちは、高次の意識や能力を高次元に預けたまま、エネルギーを意図的に減じている存在であること。

（5）知る、気づくことを通じて、三次元の周波数の限界から、五次元の意識と無条件の愛と受容に進化させ、その周波数を保持することができるようになると、私たちの身体が現在の高濃度と低周波数を削ぎ落とし、高波動域の光の身体に移行すること。

（6）限りなく枝分かれした大いなる魂の分身たちが、すべて一緒に融合しようと模索していること。

（7）天賦の当然の権利としての能力を、再びいつか手中にするであろうこと。

第十六章　宗教と科学

自分を信頼することとは

あなたは、どうしても自分に自信が持てない、自分ほどあてにならない者はいないと常日ごろ感じてはいないでしょうか。自分を信じ、信頼するべきだとよく言われていますが、自分への信頼に実感を持てない人が大多数なのではないかと思います。三次元の人間にとって、もっとも困難なことは自分を信じ、信頼することです。

この、自己への信頼、本来の自己を見いだして信じることが、人間の最終目標だとさえ言えるかもしれません。社会的成功や地位などは、これに全く関係ありません。

自分を信じるという不動の姿勢を堅持するために必要なのは、根源のエネルギー体による、光輝く大いなる自己——魂が本当の姿なのだと思い出すこと、そして、そのパワーを信じることだと言い切ってよいと考えています。ここで言う大いなる自己——魂というのは、繰り返して述べているように、観念的、形而上学的、宗教的なものではなく、物理現象として、そういう光の粒子体として私たちは存在している、つまり光エネルギーの合成体を意味します。そういうふうに人間はつくられているということです。気まぐれな解釈によってどうにでも変わる、哲学だとか、神学だとか、宗教のような、観念的なものではありません。科学的事実なのです。

本来、宗教と科学は一致するものです。同じ事象について言葉を変えて表現するために、違うものと錯覚しているだけです。真正の宗教があるとすれば、それは科学の忠実なメッセンジャーであり、翻訳となるでしょう。私たちは科学的法則を越えては存在できません。私たちは科学によりつくられた科学の子であり、科学の秩序、法則に従って生きる存在です。根源エネルギー体こそが科学の根源です。

すべては、科学的、数学的法則の展開、顕現だとも言えるでしょう。宗教は、科学的法則や、科学の世界の持つ精神性や、意味や意義を平易に伝えることが、その本来の役割です。

本体としての高次元の光輝く自己

多くの人が、「自分のように欠点だらけで、何の取りえも能力もなく、毎日生活のためにあくせくしているだけの自分が、信頼に値するのか」と考えていることでしょう。もし自分のことを信じている、と言ってみたところで、それは、無理矢理自分をだますようにして信じ込もうとしているだけで、本当に深く信じていることとは違うでしょうし、口先だけのことと感じているのではないでしょうか。

人はそうやって肝心なことは信じず、どうでもよい否定的なことだけは断定的に信じて、自分の内に制約と限界をつくって、その壁の内に暮らしているのです。

意識を高く上げてみましょう。根源エネルギー体の分身である私たちは、根源からの出先機関としてこの三次元――物的次元にまで勇敢に降り立ち、この世でさまざまな経験をしています。経験こそ財産であり高波動界へのおみやげです。そして、高波動界にはすでに、高次元の光輝くパワーであふれるあなた自身が存在しています。この事実を信じること、それが自分を信じ、信頼することにほかなりません。あなたの魂が求めるものは、高波動界においてすでにあなたのものとなっていて、あなたは光の世界に帰っていく魂なのです。

この事実を信じ、深く感ずることで、あなたの中に深いやすらぎと自信があふれ、自分に対しての愛情も深くなります。ほとんどの人は自分のことも他人のことも信頼していませんが、自分への信頼と愛情が深まれば、同じ根源エネルギーより創造された他の人や動植物にも自然に愛情が湧くようになります。これがあなたのセントラルポジションです。意識のセンターにこの考えを置いてください。

それとともに、高次元とも強い磁気的なつながりが生まれ、高次のパワーがあなたを通して現実化し、顕現するようになります。それは、高次元と共鳴する意識の振動波をあなたが信じ、信頼することで獲得したからです。そんなことがあるわけがない、おとぎ話だと否定すれば、その思念の波動がブロックとなって、生命エネルギーのパワーがあなたに流れ込みにくくなるのです。

内なる神聖なパワー

イエス・キリストは、自分と同じように万人がその内に神聖なパワーを持っていると考えていました。生まれつき保有しているけれど、大切に養い、栄養を与える必要があるもので、そうしないと、神聖なパワーは雑草に覆われ、それがあることも忘れ去られてしまう。その神聖なパワーの荒廃が、自分に対しての否定的な思考の源泉になるというのです。

イエス・キリストは、雑草が生えないよう、心の庭の手入れをしなさい、神聖なパワーはあなたの外や他にあるのではなく、あなたの内にすでにある、内なる神聖なパワーを信じなさい、そして発揮しなさいと説かれました。私を拝みなさい、私に救済を求めなさいと説いたのではありません。

もし、策略にたけた首領がいたとして、人々を管理、支配するためにマインドコントロールしようとするなら、まず恐怖心を植えつけ、そして、人々がコントロールされていることを意識にのぼらせないやり方を編み出そうとするでしょう。そのためには、人を無知のままにしておき、本来、考えるべきことから意識をそらして、人々は救済されるべき無力な羊の群れだという考えを植えつけるでしょう。自分を無知のまま他人に委ね、自分で判断、思考させないようにして、死ぬことや、考えを変えることへの恐怖を覚え込ませるのです。これに近いものをあなたは知っているのではないでしょうか。これに一番近いものは宗教です。人間は宗教を使って操作するのが一番簡単なやり方であると、よくわかっている勢力があります。

彼らは、人々が自分自身を頼み、自分の言葉で考え、判断、行動することを一番嫌がります。人々の無知や恐怖、不安、欲求不満が彼らにとっての食料源、大好物なのです。これは、宗教のみならずメディアや電子媒体も同じ役割を果たしていると言えます。

自分に自信がなく、ふらつき、迷うために、自分外にそれを補強してくれる組織や崇拝対象を求め、自分の力を奪われてしまうのです。コントロールし、支配しようとする策謀につかまらないようにしなければなりません。

第十七章　あの世の性とエネルギー的観点からの愛

高次元の性の扱い

性は、一方では生命の創造の源泉になるものです。しかし他方では、そのエネルギーを濫用、誤用すると、堕落、破滅し、根源エネルギー波動から大きく逸脱するという、諸刃《もろは》の剣でもあります。

心理学者のカール・ユングは、人間は誰でもアニマ（anime）――男性の心の中に生きている女性像と、アニムス（animus）――女性の心の中に生きている男性像があると言っています。男性としての性の中にも女性的エネルギーがあり、その逆も然りということです。たしかに、エネルギー的観点から見ると皆男性であり、女性でもあります（男性としても、女性としても転生してきた、魂同士のエネルギーミックスの結果です）から、両性具有と言ってもよいかと思います。

たとえば、女性としてのエネルギーが優位にある魂が男性を表現する肉体に入ってこの世に誕生した場合、逆に、男性としてのエネルギー優位の魂が女性を表現する肉体に入った場合、魂レベルの性的意識と性としての肉体がマッチしません。その際に、性同一性障害や同性愛が生まれてきます。それらは異常なものではありません。魂のエネルギー的観点から理解する必要があります。

まず、高波動界における光の身体——プラズマ体は、地上の人間のように性的行為をするためのつくりになっていません。ですから、地上世界のような生殖行為、性的行為はないのです。地上時代の性の観念をなるべく早く除去するため、高波動界に入った当初は、男女の交際は許されていません。精神的成長のためにはなすべきことが多く、高波動界はそれどころではないとも言えます。

最初は同性同士の生活からはじめ、やがて異性を交えた共同生活となります。高波動界の身体は濃密な物的組織ではないため、高波動界における性的統合とは、男女のエネルギーが完全に溶け合い、一体化し、エネルギー的融合、分かち合いが生まれるというものです。男女の一体化に伴う喜び、エクスタシーは光の大波として体験されますし、当然ながら、新たなカップルも誕生します。

魂同士の、また高位の自己——魂との一体化、融合には深い歓喜を伴います。この歓喜は、高波動界においては普通の感情状態です。

性エネルギーの乱用がもたらすもの

高波動界においても子どもは生まれています。光の身体——プラズマ体の統合から生まれます。この場合、男女の統合だけで妊娠することはありません。子どもは魂として招待されたときのみ妊娠します。親が子どもを産むという経験を望み、魂が子ども時代、家族、親子関係という経験を望み、その魂を両親が招き入れたときのみ、子どもが誕生するのです。

この世で性的関係を結ぶときに忘れてはならないのは、性的関係を持ったときに良かれ悪しかれ、相手の固有のエネルギーを取り入れてしまうことです。そのことで、相手が背負っているすべての問題も抱え込むこととなります。相手と問題を分かち合うことになるのです。

これは、エネルギー的に身体レベルでの磁場の融合が生じるためです。夫婦の場合、それぞれの人生にかかえる問題を分かち合い、二人でそれを解決するような関係を築くことが、エネルギー的観点からも大切であることを示しています。

性エネルギーの乱用を繰り返すと、いくら魂が本源のエネルギーや高次の自己魂に結びついているといえども、魂の本源のエネルギーからそれてしまいます。性エネルギーの逸脱、堕落の程度に応じて、中心的波動から離れてしまうのです。これを続けると、魂の生前の合意を大きく踏み外した人生を送ることにつながっていきます。他人への敵意や、自己嫌悪、不信という性格上のひずみが、性的レベルにおいても、いびつさ、逸脱として顕在化してくるということです。

性エネルギーの逸脱、倒錯ほど、犯罪の温床になったり、人間性の凋落《ちょうらく》を引き起こしたり、人間性の尊厳を損なって、諸悪の根源となり、本源のエネルギー波動から遠ざけてしまうものはありません。

愛という宇宙の本源的な波動

愛について、昔からいろいろな解釈や理解がされてきたと思います。ここでは、新しい視点から、または見逃されている観点から、愛について言及します。

今まで何度も根源エネルギーという表現をしてきました。この根源エネルギーの質を表現すれば、愛という言葉になります。

愛と聞けば、情緒的な側面ばかりイメージしてしまいがちですが、愛の本質は根源エネルギーという強力な物理的エネルギーです。愛のエネルギーは、根源からあらゆる次元を貫き、宇宙全体を支えて結びつける、宇宙の中でもっとも高振動のパワフルなものです。愛はあらゆる宇宙の創造物の源であり、本源的な波動です。これは宇宙を貫く意識でもあるのです。

宇宙は愛という力の統一場であり、愛とは根源の力です。あなたも、愛とその科学的表現である光で出来た存在です。だから、私たちはそれにふさわしく振る舞う必要があります。愛に根ざさないものは、いずれ消えていくもの、幻想なのです。

愛のエネルギーがなければ、この宇宙も、創造物も、もちろん人間も存在しません。愛は宇宙を根底から支え、一つにまとめる創造の本源的オクターブです。愛のエネルギー波動に共鳴する、愛と受容の感情、思考エネルギーを発するとき、あなたには根源のエネルギーが大量に注ぎ込まれるのです。

愛のエネルギーは、普遍的に存在する生命エネルギーです。どんな宗教、道徳、倫理においても愛の重要性を説く理由がこれです。

あなたがその根源のエネルギー、愛のエネルギーと共鳴する、愛と受容のエネルギー場にあるとき、あなたはもっともパワフルな、エネルギー的に揺るぎないポイントに立っています。これを、意識のセントラルポイントと表現してきました。そのポイントは喜びに満ち、神聖な香りのする、静寂の世界で、不動のものです。根源のエネルギーこそが、愛を運ぶ、愛そのものの意識体です。

人は愛と受容の心境になったりする半面、すぐ嫉妬したり、優劣を競う気持ちを抱いたり、攻撃的になったりと、揺れ動きます。だからこそ、愛というエネルギーの使い方を学ぶ機会として、一連の転生が、愛をめぐるレッスンとして設定されます。そのレッスンは、無条件の愛と受容という振動エネルギー場に、あなたが帰っていくためのものです。

私たちの目標は、愛と受容の振動数を常に保持し、そのエネルギーを通じて創造していくことにほかなりません。愛と受容の振動数を常に保持し続けると、根源の愛のエネルギーがクラウンチャクラを通じて私たちに滝のように降り注ぎ、全細胞を潤していきます。

愛と受容の振動数帯にいることは、根源の愛のエネルギーと共鳴するため、エネルギーの吸収能力が非常に高レベルになります。

最高振動のバランス点

愛の周波数を生むことを学ぶのが、人生における究極のレッスンです。愛の周波数をはずれ、ネガティブな考えや思いに駆られるとき、自覚的に意識のセントラルポイントに、中心点に戻ることができると自らに言い聞かせましょう。あなたはもう目的地を知っているので安心です。反復によって、大きな迷いは消えます。愛の周波数があなたの中で育ち、根をはり、それがあなたの自然となるよう修練しま

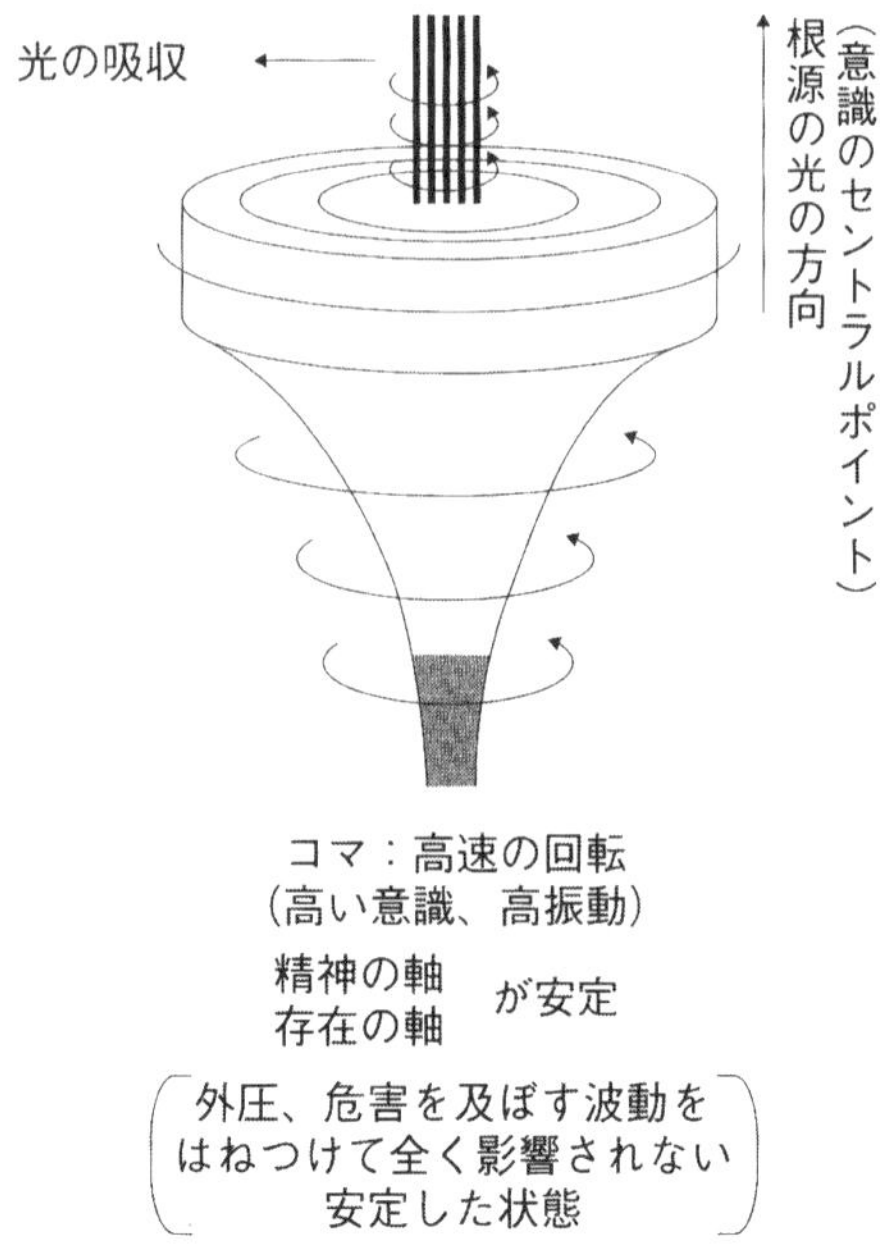

（図48）光の吸収力上昇に伴う安定した存在

しょう。人生の試練とは、それを試し、また、愛の轍をはずれた軌道を修正する働きをします。他人に対して優しい気持ちでいるとき、心は落ち着いています。ところが、嫌なストレスを感じる状況になると、イライラしたり、攻撃的になったり、心はすぐに動揺してグラグラしてきます。

光と愛のセントラルポイントに意識を向けましょう。あなたは根源のエネルギーに向いたポイントにいます。そのポイントは意識の振動数が非常に高くなっていますから、あなたの存在の軸も安定しています。あなたの心が無条件の愛と受容の波動にあるときが、あなたの精神と存在のセントラルポイントです。安定し、おだやかで喜びにあふれた、本源の大きな自己のポイントに立っています。そこは、あなたの感情体の中心点、バランスポイントでもあります。人間が創造しうる感情の中で、最高振動のバランス点なのです。

愛というフォース

本源のエネルギーの性質である、愛というもっとも強力なエネルギーは、宇宙の原子、分子、創造物といった、あらゆる次元をまとめて維持する機構であり、この宇宙に偏在している振動エネルギー場のことです。いわば、宇宙の中心棒です。

愛というのは、文学的、観念的にも表現されますが、ここで言う愛の実相は、最高振動のエネルギーであり、フォースであると理解してください。そのフォースは、愛の振動以外すべてをはね返し、近づくこともできないほどの強力な力です。だからこそ、自分自身を愛し、自分のすべてを受け入れることが大事なのです。自分に対しての愛の思いを周囲に広げ、自分に対しての愛と奉仕、自分以外のものに対しての愛と奉仕のバランスを取りましょう。

私たちの中には、最高次元の意識ポイント、光と愛のエネルギーポイントに達するためのすべてが備わっています。私たちはそのセントラルポイントから創造されたものだからです。魂の中に必要なすべてを内在させています。人間の魂とはそのようにつくられたのです。

人間の身体と魂とは、その発生の起源が全く違います。外観から、またはその人の人格のみから、その人の魂の在り方を推し量ることはできません。人は、自分の発達レベルに応じた判断を他人にします。その人のレベルを超えたことは評価できないのです。他の人の魂の在り方を知ろうとすると、それができるのはあなたの魂のレベルでのみです。自意識のレベルでは知りえないことです。ですから、容易に他の人を評価したり、判断したり、決めつけたりはできません。

私たちは、日頃、エゴ意識にまみれたポイントから認識をしているだけなのだと、常に留意していなければなりません。万人は、その外観からは計り知れない貴重な宝を内蔵しています。すべての魂は、根源の愛のエネルギーを起源としている光の存在です。この認識を外して、愛と受容の内的姿勢を保つことは不可能でしょう。

あなたが自分自身を理解している深さに応じて、相手のことも理解しています。それと同様に、あなたが自身を愛している程度に応じて、周囲の人からの愛を受け取ることができます。

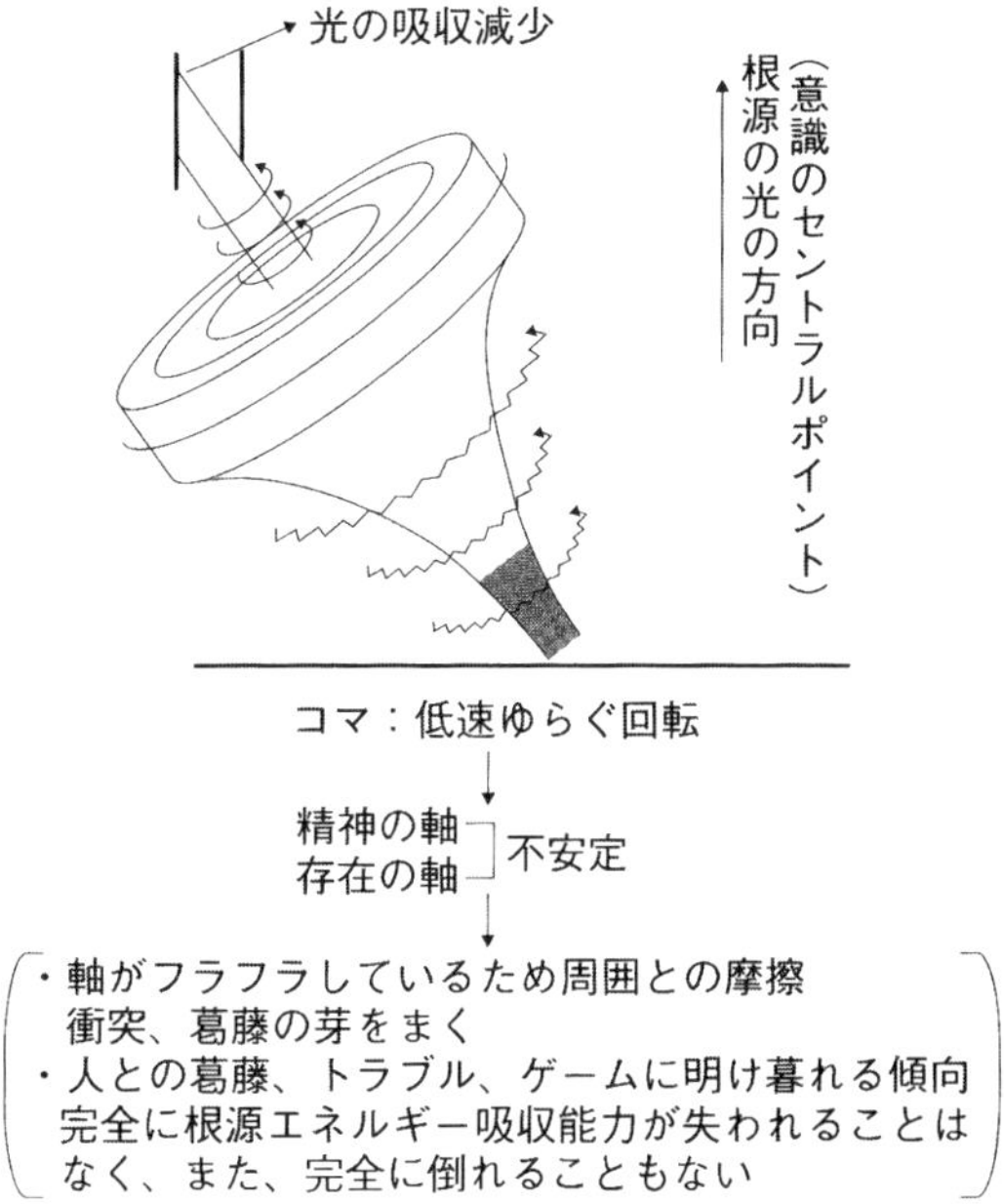
光の吸収減少
根源の光の方向
（意識のセントラルポイント）
コマ：低速ゆらぐ回転
精神の軸
存在の軸
不安定
・軸がフラフラしているため周囲との摩擦
衝突、葛藤の芽をまく
・人との葛藤、トラブル、ゲームに明け暮れる傾向
完全に根源エネルギー吸収能力が失われることは
なく、また、完全に倒れることもない

（図49）光の吸収力減少に伴う不安定な存在

ここで言う愛というのは、ただやみくもに人にやさしくし、人の言う、願うとおりにしてあげるようなものではありません。洞察力のある愛です。厳しさのない慈悲は相手を駄目にし、賢明さのない愛は実りを生みません。慈しんで、尊重して、育てあげるのが愛です。

愛を正しく理解し、あなたがあらゆる人に愛と思いやりを差し伸べるとき、あなたは高速に振動するセントラルポイントにあり、もっとも安定するでしょう。

第十八章　魂の成長と根源エネルギー

魂の成長の糧

人生では、多彩な課題が不意打ちを食らわすように次から次へとやって来ます。これは、現在のあなたの意識、物の考え方、心の在り方を変えるため、成長させるためのレッスンです。魂のレベルで手配され計画されたものです。安逸な惰眠をむさぼる現状維持のあり方を、基盤から揺り動かすためにやって来ます。レッスンを克服した後には、大きな喜び、達成感、自信が湧いてきて、自分が何か大きくなった感じがするでしょう。魂が成長した証しです。

三次元は二極性の世界ですから、バランスを取りながら、いろいろな問題（逆境、挫折、病気、経済的困窮、心理的葛藤）に出合うように設計されています。よって、問題が立ち上がってくるのは当然の成り行きであって、その問題の克服が、魂の成長をもたらします。繰り返しになりますが、この三次元の多様性を秘めた世界ほど、魂の成長に適した世界はありません。

魂の意識は、楽を求めるより何かに挑戦することを求めます。なぜ何度も一から人生をやり直すかというと、魂が種々な体験を通して成長し、自らを創造することを求める、本源的な衝動、力動を持っているためです。苦難、挫折、研さん、修練を通じ、克服するという代価を払って、ようやく価値ある精神的な成長が得られるのです。

私たちは残念ながら、安楽な生活をするために生まれてきたのではありません。外から見ると、順調で楽しく、うまくやって苦労もないように見える人々もいるでしょう。しかし、誰にもそれなりの心労、葛藤が必ずあります。表面的に生活が順調であることは、魂のレベルが進歩していることを意味しません。

毎日誠実に、実直に、真面目に、間違ったことをせず生活していれば、何も苦難に見舞われないはずだと思うかもしれません。しかし、そうはいきません。人間は、魂のレベルで成長を求めるからです。人間は安易で、のんきで、安定した生活を求めますが、それはエゴ意識の求めるものであって、魂の意識の求めるものではないのです。

私たちは苦境に陥るとあわてふためき、どうして自分にこのようなことが起こるのか、自分が何か悪いことをしたかと思ってしまいますが、刻苦、奮闘、危機の中でこそ、魂の力は本領を発揮します。

魂の意識は、あなたがどうありたいとか、どうしたいということでなく、今のあなたに、どういう状況設定が成長にとって適切かという設計のもとに働きかけます。エゴ意識と全く異なった働きかけです。

エゴ意識も強力なパワーを持っています。現実を検討する能力に優れ、現実を渡っていくためには必要なものです。しかし、それは泡沫《ほうまつ》のように移ろい、いずれ消えていくもので、魂の意識とこの現実をつなぐ一時的なものにすぎません。魂の意識こそ、あなたの本当の意識――永続するあなたそのものです。苦難を克服するたびに魂は成長します。

忘れてはならないのが、あなたの手に負えない試練を、あなたは引き寄せないということです。必ずそこにドアは開かれ、光明が見えてきます。

あなたの人生を振り返ってみてください。苦労したこと、どん底まで追い込まれたこともあるでしょうが、それらを克服したとき、苦悩は幸福に変わり、その苦難の日々に対する感謝すらあるかもしれません。魂のレベルでは、逆境を克服して成長することが、本当に深い、永続的な悦びであることを知っているのです。

魂はこの世の刹那的なことや人間関係に興味はありません。視点はいつも永続的、普遍的価値のあるもの、今のあなたにとって何が一番優先されるべきかという判断に立っています。

あなたを悩まし、夜も眠れず、片時も心を離れることのなかった苦しみや、こだわり執着していたことの大半は、後から考えてみると、どうでもよいと思うほど小さなことだったのではないでしょうか。こだわり、執着、思い込みが、その悩みや苦しみを、実像よりも大きく価値ある重要なものに見せていただけだったのです。

成長とは変化すること

魂が成長したこと、それは自然に実感としてわかります。フツフツと喜びが内から湧き立ち、達成感や自信がつき、自分が広がったような大きくなった感じがします。それは、あなたの中に新しい意識――新しいエネルギー場が統合されたことによるものです。古いものや役に立たなくなったエネルギー場はすたれ、新しいエネルギー場を獲得保持することによって、あなたはより活気づけられます。

バランスを回復し、自らを浄化することが、生前、自分の人生脚本を描く際につくられた設計図です。その実践のためにあなたの人生があります。新しい意識エネルギーを獲得すると、旧来の低いレベルのパターンを繰り返さなくなります。こだわっていたものも実寸で見えるようになり、興味、関心の対象も変わっていくでしょう。変化する、成長するということは、特定の感じ方、見方、行動、習慣をやめることです。

試練の克服というプロセスを経て、あなたの中に新しい物事の見方、感じ方、意識の芽が育つことではじめて、古いパターンを放棄することができます。あなたに訪れる試練は、自らをテストするため、変わって成長するために、あなたが招き入れたものなのです。

試練は誰にとってもつらいことです。ですから、変革せよと迫られる前に、自ら変えていきましょう。むやみに過去を振り返ったり、後悔したり、反省したりしても、あなたは何も変わることはできません。新しいものを築き上げてはじめてあなたは変革します。

現在のあなたの生活の中で、ここは変えるべきだと気づくことからはじめましょう。これは思ったより難しいことです。本当にあなたが変える必要のある点は、気づきにくく、盲点となって思い過ごしている領域にあるからです。その領域は、あなたには当たり前の、おなじみの、あまりにも身近なところにあり、大前提としている信条体系にあります。

信条体系とは、あなたがこの現実に対して信じ込んでいるものの総体です。人は、生まれた家庭、民族、文化、教育、歴史の空気を吸って成長します。無意識のうちに、いろいろな感情や考え方が塊となって取り込まれているのです。自分の気持ちや考え方、特にイライラしたり、不安になったり、怒ったり、避けたくなるのはどういうものなのか、また、そういった状況はどういうものなのか、よく自分をモニターしてみてください。

根源エネルギーの多彩な表現

ここからは、根源のエネルギーについて説明していきます。キリスト教とユダヤ教においては神、イスラム教はアラー、仏教が大仏、空、日本神道は天之御中主大御神、密教では大日如来、ウパニシャッド哲学においてはブラフマン、そして太霊と、根源エネルギーは多様なネーミングで、古往今来《こおうこんらい》表現されてきました。これらは、ほぼ同じものをイメージしています。

苦悩、苦痛、制限をつくり出したのは人間であって、根本エネルギーにはそのようなものはありません。その性質は喜びであり、安らぎ、神聖さ、静寂さと表現するほかない波動エネルギーに満ちています。根源エネルギーからすれば、邪悪なことなどは、一つのゲームのようなもので、基本的波動を遮断したものにすぎません。いずれ消えていくものだからです。根源エネルギーも魂も、歓喜というのが自然な本来の状態です。

神という言葉にはさまざまなイメージがまとわりついていて、しかも、人間はなんでも人間になぞらえて、擬人化、人格化してしまいますから、創造という言葉が根源エネルギーの表現として一番合っているように思います。

私たちは、その創造をひな型としてつくられた、死のうとしても死ねない不滅の存在です。キリスト教では神をイメージして人間がつくられたとありますが、それはおおむね本当のことと言えるでしょう。この三次元で泥まみれになって試練と悲劇に彩られた人々を、毎日のように見聞きしているから、神をイメージしてつくられた存在などと言われても、笑止のことと思うかもしれません。しかし、私たちは光の仮身として、自由に、喜びに満ち、才にあふれ、欲しいものは何でも顕現させることができていた期間の方がはるかに長いのです。この世にいる時間は、ほんの一時のことにすぎません。

人間は自分が考えたとおりの存在になっていきます。自分を、才能もない、価値もない人間と見なして、光の世界など信じられない、ふさわしくないと考えるならば、あなたはその考えにふさわしい存在になっていく以外にありません。これが思念のパワーの恐いところです。何を考え、何を思うかについて、もっと自覚的でなければなりません。

ですが、心配はいりません。疑念や不信を抱く人も、いずれは必ずわかるようになりますし、理解を見せず否定だけしていた人が、ただぼんやりとわかった気になっている人よりも、一気呵成《かせい》に、的確に理解することもあります。

根源エネルギーの複製体

魂は根源エネルギーの複製です。魂にも大いなる自己のように高振動体のものから、肉体に宿るようエネルギー準位を降下させたものまでありますが、すべて根源エネルギーの複製であることに変わりありません。根源エネルギー体から、上位は複製により下位を（高振動から低振動へ）常につくり出します。

すべての意識ある生命体は自己を複製します。意識生命体はすべて、その起源のエネルギーの複製を内に持っているのです。根源エネルギーの意識が、あなたの魂やＤＮＡにコード化されて入っています。根源エネルギーの意識は、根源からの愛という、世界を根底から支えるエネルギーであり、知性であり、何かを独自のやり方で創造したいという衝動や願望です。その意識の中には、あなたが望むものを実現させる能力、情報英知のすべてを含んでいます。

根源エネルギーから無数に枝分かれした分身たる魂が、それぞれの独自性、ユニーク性を生かして、それぞれの経験を積み、知性、知恵を獲得していきます。あなたの魂たちがどんどん経験を積みますから、その総体としての経験の量は累乗的に増えます。それが、大いなる魂やその上位の根源エネルギー体にとっての、収穫や実りとなるわけです。
それぞれの魂は、根源エネルギー体に代わって直接経験を積む先鋭部隊です。経験の総体は想像もつかないほどの莫大なものとなります。根源エネルギー体は、意識を持つ巨大な生命体であり、同時に、計り知れないほどの知性、叡知、愛をたたえた光の海のようなものです。

人間をはるかに超えた存在

根源エネルギー体も意識ある生き物です。人知をはるかに超えた叡知と頭脳を有していると考えられます。この地球にいる人間だけが生ける意識生命体だというのは偏狭な考え方です。根源エネルギー体は、自らの意識を波動という形で全宇宙に放射する、人間をはるかに超えた存在です。

根源エネルギー体は情報の貯蔵庫であり、宇宙的知性と頭脳を有していると思われます。人間とはおよそ桁違いのエネルギーであり、万物を創造、設計、計画する生命体です。

残念ながら、この根源のパワーは一人一人の人間のことなど全く関知しませんし、関心を持つような存在ではありません。私たちはどうしても人間というものを離れて物事を考えることが苦手なので、人間的な尺度をいろいろなものに求めてしまいますが、根源エネルギー、創造は、人格を持つ人間的なものではありません。あなたが頼ったり、祈ったり、崇拝するような対象ではありません。あなたのためだけに恩恵をもたらすとか、直接干渉したり、与えたりするようなことはありえないのです。

第十九章　地球の新しい見方

宇宙の最高級の宝石――地球

高波動界から見ると、人間は、渦巻いて光を発生する卵型をした光と音のエネルギー場に見えます。この見え方は、見る側の意識の振動数によって変わります。振動数によって、肉体的側面が強く見えたり、光の身体が強く見えたりします。

地球もまた他の惑星や恒星（太陽）、私たちと同じように、物的身体と光の身体を持っています。水、海、大気、土、岩石、マントル、諸元素などによって構成される物的身体と、複製としての光の身体――プラズム体を持っているのです。私たちは可視光線という狭い視野のみから世界を見ていますが、それは世界のほんの一部であり、エネルギー的に見ると全く違う姿があらわれます。万が一、物的次元の地球が消滅しても、プラズマ体としての地球は高次元に存在し続けることになるでしょう。

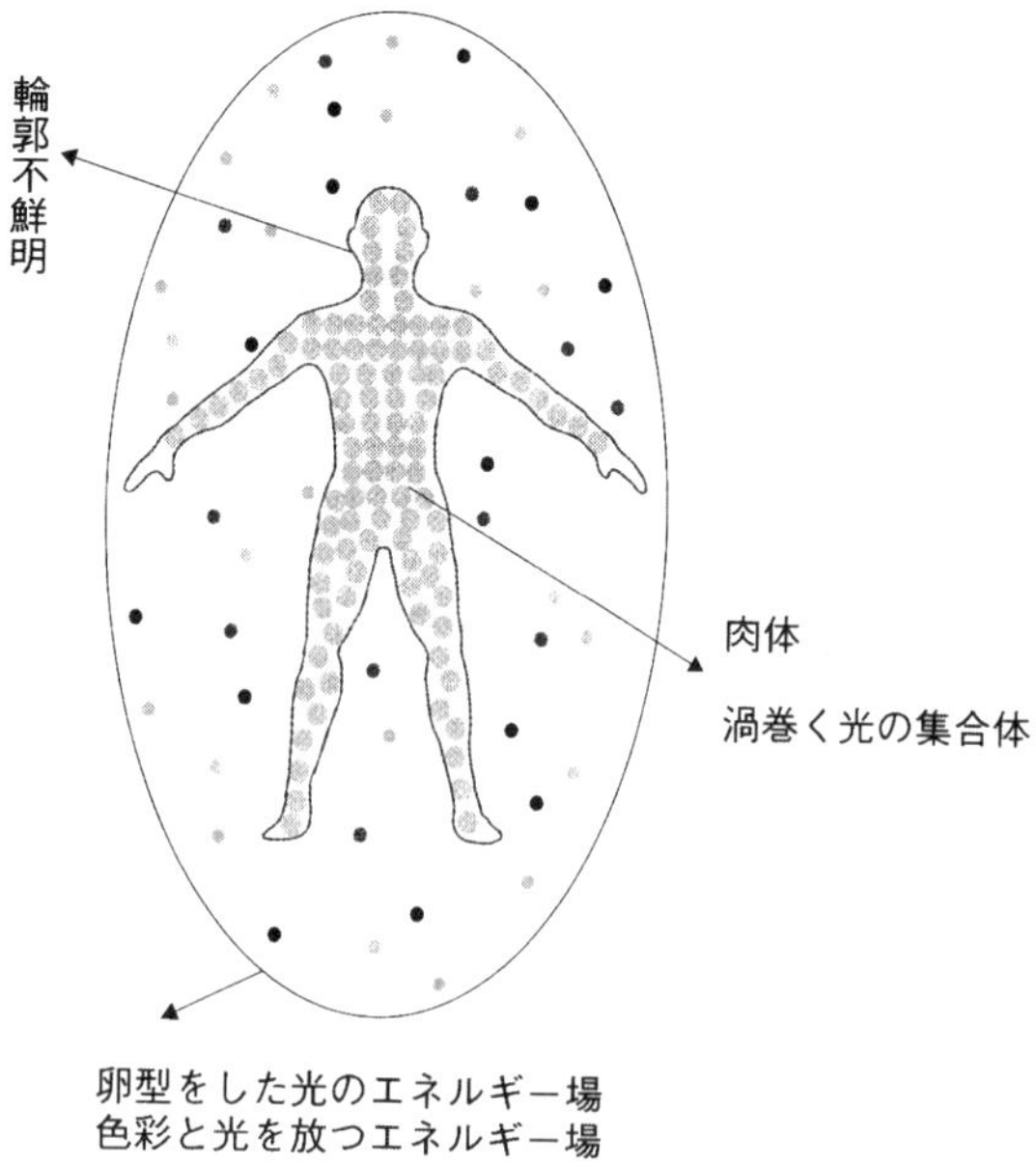

（図50）卵型の光エネルギー場

地球や他の太陽系の惑星、太陽にも意識があります。すべてのものが素粒子からつくられ、その素粒子自体が意識の源泉だからです。地球は生きていて、畏敬の念を起こさせるほどの高度の知性を持っています。宇宙の中でも、地球はその傑出した美しさから、最高級の宝石であり、宇宙のすべての存在から敬《うやま》われ愛されている天上の存在なのです。

　地球の物的身体は今、危殆《きたい》に瀕《ひん》しており、地球のオーラは緑色から茶色に変わりつつあります。空や海、川を汚染し、ごみだめのようにしているからです。このままでは、地球は人類をふるい落とすでしょう。地球はその物的身体を人類の進化を支援するために提供してきたのですが、これ以上その乱用を受け入れることができない限界を迎えています。地球に転生を希望している魂はまだまだ数限りなく存在しています。私たちは地球に生まれ、生活している幸運に感謝し、誇りに思うべきです。私たちは選ばれて、この美しい地球に生活させてもらっているのです。

地球上でハイブリッド化した人類

私たちのいる太陽系は、生命進化と誕生のための試験場としての機能を持っています。また、銀河系の中での情報交換センターともなっています。銀河系の代表を地球に送り込み、数多くの出身星からの遺伝的ハイブリッドとして、もっとも高度に進化した人類種をつくるべく操作がなされたこともあります。現在地球に住んでいる私たちは、地球外宇宙から来た人類種の直系の子孫に当たります。アメリカが人類のるつぼと言われるのと同じように、地球人類は宇宙レベルの混血なのです。

紀元前一万二千年頃に、レムリア文明、アトランティス文明が相次いで滅亡していますが、文明の滅亡には、文明間の紛争やエネルギーをめぐる自滅（核爆発）、地震、地殻変動による大地の陥落など、いろいろな原因があります。今日の私たちの文明もまた、核問題、環境破壊、地震など、文明自体の存亡に関わる深刻な問題を抱えています。

かつて、現代文明よりもはるかに進化した文明が地球にはありました。ほとんどの人々が、今日の私たちに比べて霊的、精神的、知的に、科学的技術的にも優れた時代があったのです。

今日ほど、地球全域にわたる環境破壊によって地球の身体を痛めつけている時代はありません。地球自体は現在、高次元への移行を図っており、全体的に時間の経過が早まっています。地球も天体として次元上昇し、変容していくでしょう。それによって、現在の地球の原子、分子、生物、地質、社会のあらゆるレベルが流動的状態になっているのです。人類種は、物的身体をもって、また光の身体をもって、この地球の表面にも内部にも空中にも住んでいます。地球の状態が私たちに強い影響を与えることは当然です。

両文明の滅亡後、最初に地球にやって来たのはヘブライ人です。彼らの地球上での民族の歴史は旧約聖書に記されています。その後も続々と、地球外から地球にやって来たものたちがいました。私たちもまた、出身から言うと地球外人類種で、他の地球外文明との混合種でもあります。

最初、地球上に文明が興《おこ》ったのが約五億年前と言われています。地球外で高度に進化した人類種が多数存在しており、その地球外生命体が地球を発見し、やって来たのです。肉体的な誕生を通してこの世界に生まれたり、直接、物的身体のまま地球に来たりしました。そして、宇宙の各地より来た人類種のＤＮＡによって、ハイブリッド人類種もつくられたのです。

地球の中心核は大きなクリスタル

地球の大気圏は、地球上の生命を養うのに必須の働きをしています。この大気圏そのものの中に、いわば地球のプラズマ体——知性体があり、知的エネルギーを生み出すとともに、地球に起きた情報を記録しています。地球の中心核は、内なる中心太陽として知られている、鉄のよろいで覆われた大きなクリスタルです。この大きなクリスタルは五次元の波動域にあるため、人の目には見えません。

　クリスタルは特殊な性質を持っています。二つの大きな役割を持ち、その一つは物的世界を超えたエネルギーの伝達、情報を発信することで、もう一つは情報を蓄え保持することです。中心太陽たるクリスタルだけではなく、この地球には五次元、四次元レベルで振動するクリスタルがいたる所に存在しています。三次元のクリスタルは、科学的にも地球のいたる所にあるとわかっています。三次元、四次元、五次元のクリスタルは、中心太陽たる五次元のクリスタルとエネルギー交換、情報交換しています。

　クリスタルと聞いて私たちがイメージするのは、ダイヤモンドのように無色透明で、幾何学的な形態をした鉱物ですが、実際はそれ以上のものなのです。あなたがイメージしているのは、この物的次元――三次元に存在するクリスタルです。五次元領域に振動しているクリスタルは三次元のものとは違い、生きていて、記憶を持った、純粋な意識を持つ存在です。世界中で起こった出来事をそのまま記憶保存しています。

　つまり、クリスタルは非常に進化した存在なのです。私たちは常に、クリスタルと共鳴した振動数の流れの中にいます。全生命は、クリスタルが発する光エネルギーの大きな流れの中に浸《つ》かっているのです。地球の中心太陽たるクリスタルの振動率と、私たちの振動率はシンクロしています。また、クリスタルは私たちの周囲に光エネルギーによる光の保護シールドを形づくっており、その光の周波数より弱いものはそのシールドを貫通できません。

クリスタルの光エネルギーは、地球自体と私たちの身体を、細胞に至るまで振動させ、すべての生命を一つの基本振動にまとめ上げる力を持っているのです。クリスタル、地球、全生命は、一つにまとめ上げられた振動＝意識とも言えます。そして、クリスタルはあなたの不調和なエネルギーを、調和したものへと変容させる手伝いをします。

地球の中心太陽たるクリスタルは現在振動数を上げています。そのことは、地球自体と、人間の次元上昇へ必要な波動を生み出すこととなります。上昇した波動と人間意識が共鳴した状態になると、三次元を超えて、より高次元の意識レベルを獲得しはじめます。私たちは三次元に縛られた能力を超え、新たな知覚能力とともに、多次元性世界に意識的に、意図的に出入りできるようになるのです。高次元に住む多くの生命体が、私たちとの出会いを楽しみに待っています。

地球にやって来た地球外生命体

根源のエネルギー体から放射された個々の意識体――魂である私たち、地球人も、立派な宇宙人です。私たちは想像できないほど長いあいだにわたって存在し、根源エネルギー体の叡知、能力、パワーをコードとして埋め込まれ、今は人間として地球に生活している宇宙人です。今、地球にいる人々のほとんどは、地球外にその始源を持つ存在です。

あまたの人々が、宇宙の中で最高の輝きを放つ地球に生まれるのを望んでいます。私たちは地球に生きて暮らしていることを深く感謝し、また誇りとしましょう。

宇宙人は、私たちのように物的次元――三次元にも存在し、四次元、五次元、さらに高次元と、あらゆる次元と時間軸の中に存在します。人類種は、宇宙の中では普遍的存在です。

少し視点を変えましょう。もし、私たちが白装束をまとい、垂直離着陸する飛行機に乗って一千年前の地球に空中からあらわれたとします。ビーム光線で空を照らし、テレビ映像を使って民衆の姿を映し出し、空間に映像を浮かび上がらせ、大音響とともに破壊する兵器を使ったとします。その時代に住む人々は私たちを畏怖し、神の出現としてひれ伏すことでしょう。

それと同様のことが、人間の歴史でも起きていました。地球外の存在が、その知力と科学力を見せつけることによって、彼らは神と見なされ、崇拝され、神になりすましたのです。しかし、彼らは私たちと同じ地球外存在としての人類種です。神ではありません。

低い意識レベルの文明にいた人々を教導するためには、たしかに、神としてふるまう必要もあったかもしれません。時代の要請に答えただけとも言えますが、現在はもうその必要はありません。

宇宙人として、地球外存在としての意識を持ったまま、地球人の肉体の中にすっぽり入り込んでいるケースもあります。また、地球外存在が地球人の外観に変貌、変身（シェイプシフター）して、地球人として生活している場合もあります。宇宙の意識生命体はいろいろな形、色、外観を持っています。人間のような外観を持つ意識体、ヒューマノイドタイプと、擬似性はあっても外観が違う、ノンヒューマノイドタイプがいます。数の上ではわずかですが、地球人としての生活を経験するために変身して入り込んでいる存在もあります。

第二十章　宇宙と光

宇宙における光の役割

宇宙がどのように出来ているのかについて、あくまでも推論として簡単に図示します（図51）。宇宙の中心部にいくほど、白く明るく光輝く超高振動、高エネルギーの根源エネルギーになり、外側に向かうにしたがって次第に振動数が低下し、気体プラズマ体↓液状プラズマ体↓物的次元、物的身体の世界に至ります。宇宙も、人間種や他の生命体の構成要素と全く同じです。

宇宙の物的次元にある電磁波（光）の量の一％程度は、星から放射されるものです。残りの九九％は宇宙創成期に発生した電磁波（光）であり、宇宙背景放射と言われています。宇宙背景放射の光子（光の量子）は空間の一立方あたり四億個、それに対して物質をつくる原子の数は、宇宙全体で平均化すると、一立方あたり十個と言われています。他と比して、いかに光が充満した空間となっているかがわかります。

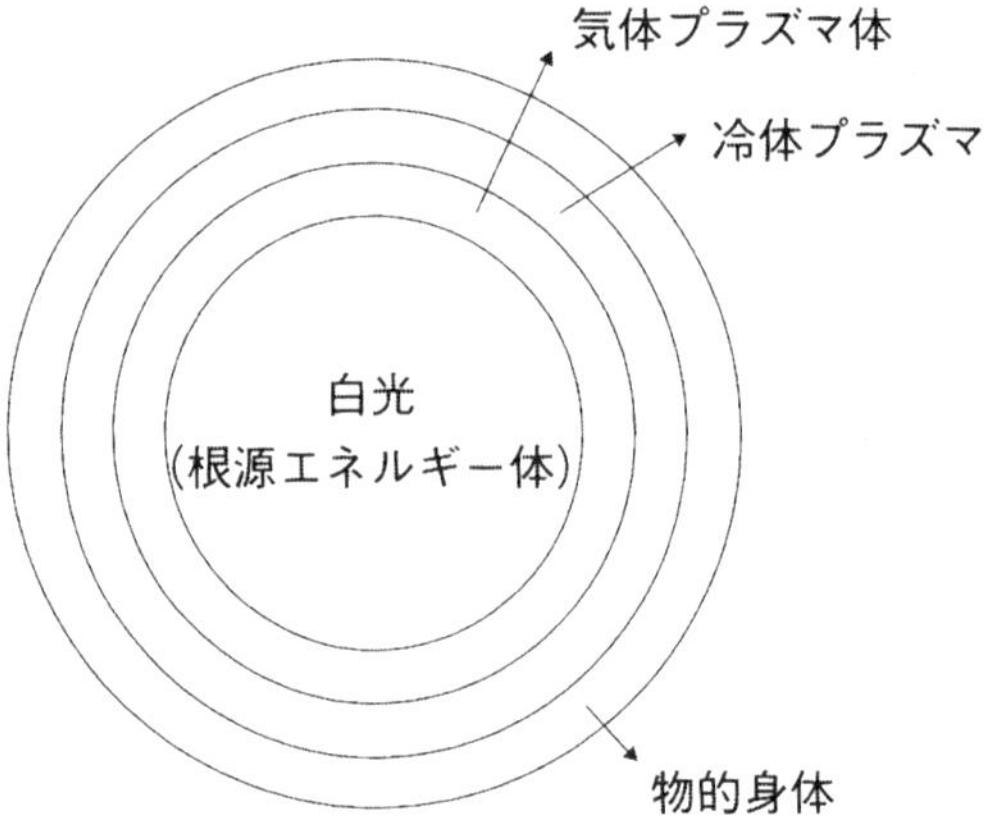

（図51）宇宙の構成要素

夜の宇宙空間は、地球表面から漆黒《しっこく》の闇が各天体間に広がっているように見えます。これは、物的次元にある天体と空間を限定的な範囲しか見ることができない、可視光線内の映像を見ているだけです。物的次元と、より高次元から見た宇宙の姿は全く違います。

宇宙の大中心は、輝ける白色の真空の世界、仏法でいう空の世界です。空の世界は一切のものがデザインされ、一切のものがつくり出される根源の世界です。この世界からすべてのものが生まれるのです。それは波動の根源の姿、根源の意識、心の世界であり、不動の絶対意識、白光に輝く世界です。高次元になればなるほど、宇宙の中心に近づくほど、光の輝度は鮮烈となり、光エネルギーの圧倒的なパワーが支配しています。

限りなく光エネルギーが詰まった空間

白光に輝く世界は人間にもあります。人間は意識の奥のセントラルポイントに白く輝く根源の意識、空を持っています。この意識の中心をなす白色の姿が、人間の真実の姿、魂の中心点です。意識の中心は、歓喜、安らぎ、静寂さ、神聖さという感情をたたえています。あなたがそういう感情を抱くとき、意識の中心点であるセントラルポイントに立っているのです。

空というと、何かからっぽな、真空領域のようなものを連想するかもしれません。空とは根源エネルギーであり、根源の意識です。すべての存在を思念として蔵し、すべてを創造する、超パワフルな、意識の中心点です。意識の根源、宇宙の大中心に向かうほど、宇宙は明るくなっていきます。何もないカラッポな空間など宇宙にはどこにもありません。限りなく光エネルギーが詰まった空間が宇宙です。

根源の意識には顔も形もなく、ただ音と振動と、全宇宙に向けて放射される超高振動の波動エネルギーがあります。私たちが根源エネルギー体の分身であること、多次元的な光の仮身である魂としての存在であることを明確に自覚することを、宇宙のあらゆる存在が待っているのです。

宇宙の大中心、根源に意識があり、生きているのですから、その根源のエネルギーから創造された宇宙の存在は、生きて脈動し意識を持つ生命体です。万物が同じ意識状態にあるというのではなく、それぞれの意識を持っています。このことはなかなか信じられないことでしょうが、進化した宇宙内存在にとっては共通認識、いわば常識です。

私たちのいる宇宙は波動系宇宙です。百万分の一秒ごとに宇宙全体が拍動します。宇宙の根源からの拍動がそのまま全宇宙に伝えられるからです。宇宙の中に隔たりや分離はなく、その均質性と不可分性のゆえに、宇宙全体はたえまなく拍動します。宇宙の中心にある意識は、こうして、波動を宇宙全体に伝えているのです。

波動は、エネルギー、情報、知性を持ち、物的宇宙、非物質的宇宙が、すべての意識ある存在の連動によってつくられています。万物は常に拍動、振動、回転しており、振動数の高低の違いによって、あらゆるものが存在し、休むことなく創造され続けているのです。

宇宙すべての根底にある基本法則

根源の意識には普遍的な法則があります。その一つ目は、複製するということです。複製は宇宙のすべての根底にある基本法則です。宇宙のどの局面を見ても、上位と下位のレベルを繰り返し複製しています。根源の意識は自分自身についてより知りたいがために、自分の複製をつくり出しました。根源のエネルギー体→大いなる自己――魂→高位の魂→魂（私たち）と複製を繰り返し、エネルギーを落としてきたのです。動植物も同様です。根源の意識は万物を創造し、そして、創造されたものの生の経験が、根源の意識にフィードバックされることになっています。

二つ目は、創造、進化への衝動のコードが、万物に、根源の意識から埋め込まれるということです。創造することにより経験の幅を広げ、自らの進化、成長へと役立てるようになっています。

三つ目は、万物は多次元的存在だということです。これは、セントラルポイントから次第に振動数を降下させてきたプロセスの中で、さまざまな振動数領域＝次元がつくられたためです。私たちの日常感覚では、三次元――物的次元のみが存在しているように錯覚していますが、万物は必ず、非物質的次元のプラズマ体としての身体なり形態、存在を伴っています。地球も太陽も、太陽系惑星群もプラズマ体としての身体を持っているのです。つまり、私たちが観察を通して知覚し、認識している物的次元の太陽系とは違う別次元に、物的次元の複製としての太陽系が存在していることとなります。

私たちはアストラルコードにより、物的身体と非物質的身体（プラズマ体、光の身体）を結んでいます（図1参照）。そのアストラルコードを通して物的次元と高次元へと移動します。ということは、地球にもまた宇宙についても同様なことが言えるのではないでしょうか。

私たちが観察できる物的次元の、太陽系はじめ物的宇宙全体もまた、光の身体を複製として所有していて、人間が物的身体から幽体離脱して、四次元、五次元を旅行するのと同様に、宇宙全体も体外トラベルを経験していると推量されます。

それぞれの宇宙は大宇宙の中の小宇宙でしかありません。私たちのいる宇宙も多次元宇宙の

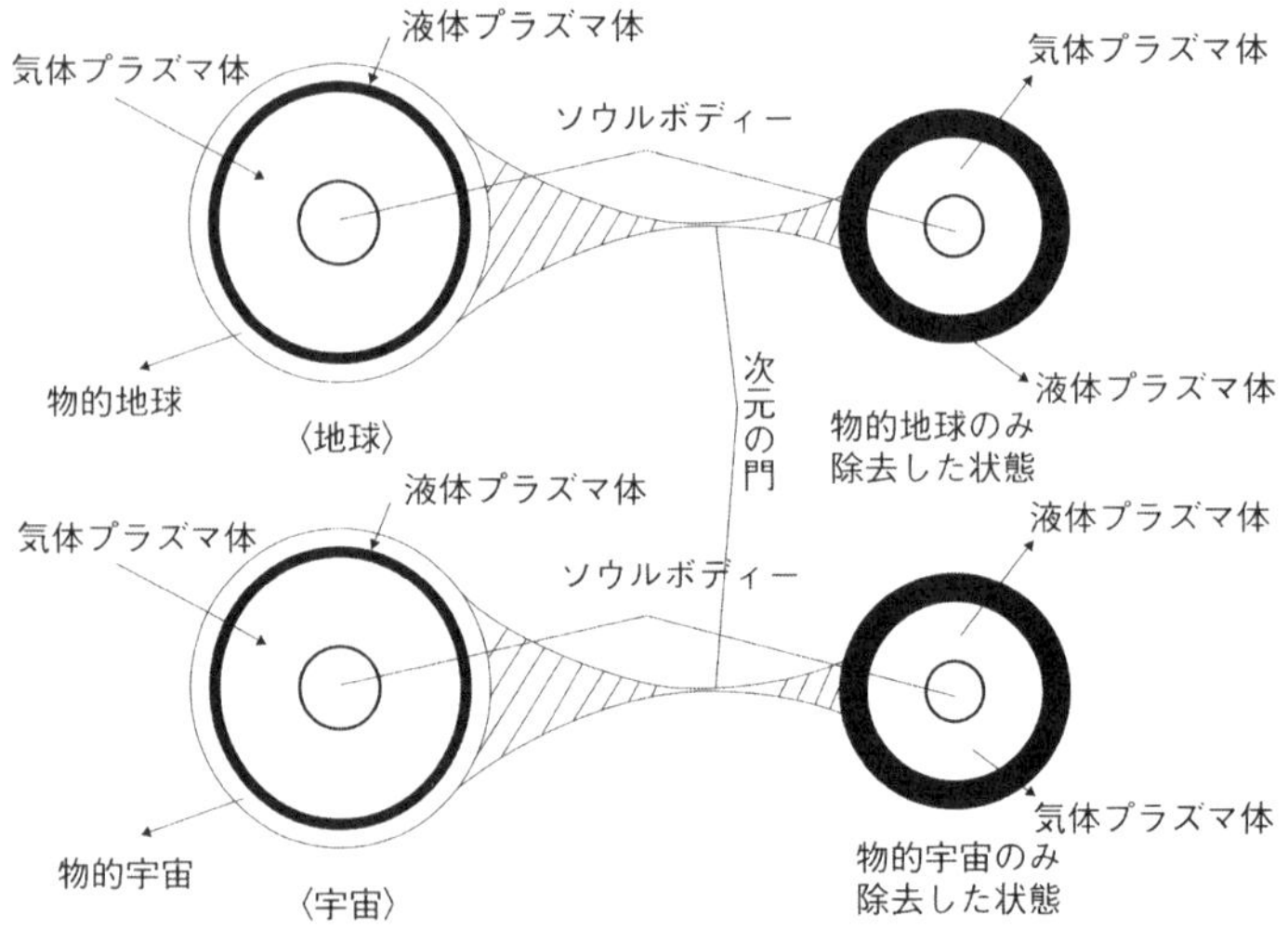

（図52）地球、宇宙の次元転移

一部です。数多くのさまざまな宇宙があり、それぞれの個性があるでしょう。私たちの宇宙は光の球体であり、さらに壮大な宇宙の一部として存在しています。この宇宙は根源の意識を、波動を通じて万物に宿らせました。

そして、そのプロセスで多次元がつくり出され、また、組織立った機能を持ち、物事を計画、遂行、創造、経験していきます。結果を自らにフィードバックすることができるようになっているのです。すべては根源の意識の中で組み立てられたアイデアであり、多次元な経験を通して、自らを理解し進化成長するという根源意識の衝動、力動に発していると考えられます。

四つ目は、この宇宙が波動系宇宙だということです。宇宙の根源意識たる大中心より、拍動するエネルギー波、波動が誕生します。この波動は根源意識のさざ波です。このさざ波の経験は、根源意識の経験として収斂《しゅうれん》していきます。この波動は、電気と電磁気エネルギー（光）の振動から成り立っており、私たちも電磁気エネルギー（光）の磁場です。私たちの身体は、一見かたまった固定的な形態のように見えますが、実際は振動エネルギー、波動によってつくられた生命体であり、波動系宇宙の中で連動しているものから常に影響を受け、また与え、一瞬たりとも離れたこともなく、また離れることもできません。

宇宙エネルギーが根源の意識を反映

私たちの見ている太陽は、いずれ膨張し、爆発すると言われています。物的次元の消滅のことです。物的次元だけを見ると、星はただ生成され、活動し、いずれ消滅して、その残滓《ざんし》がまた固まって星をつくっていくだけのことに思われるでしょう。しかし、崩壊する星は星の物的側面であって、星のプラズマ体は存続し、星として新たな経験をするために変容して、より高次元の世界に入ります。太陽の物的次元の寿命は、あと約五十億年ほどと言われています。

太陽の物的次元が崩壊しても、プラズマ体としての光の身体は、黒いトンネルのボルテックス渦状の通路を通って、より高振動の光の世界に入ります。これも、人間の死とプラズマ体の存続の関係と同じです。

このように、全宇宙はエネルギーと生命に満ちあふれています。宇宙に充満するエネルギーは、根源の意識を反映したものです。そして、根源の意識である不可視の光は、至高の知性、パワー、能力を、それぞれのエネルギー準位で反映したものです。エネルギー準位のもっとも低い物質は、いわば光が閉じ込められたものであり、振動速度を落とした光です。根源意識は不可視の光エネルギーの形で最高の伝導能力を持っています。この不可視の光が宇宙のすべてを埋めつくしているのです。私たちの意識も感情も思考も、このエネルギーからなっていて、このエネルギーを利用したものです。

宇宙のいたる所が光によって満たされています。暗黒があるように見えるのは、私たちが可視光線という限られた視力しか持たないからですが、実際は、夜空であっても、真白な光に満たされているのです。

宇宙は巨大なコンピューターのような知的生命体であり、意識を持って脈動しています。宇宙は自ら思考し、情報処理し、記憶し、生命を創造し、生きているのです。

おわりに

本書には、ほとんどの読者にとって全く考えたことも聞いたこともない、新しい情報があふれていたことでしょう。

高次元の世界がいかに驚異的な世界であるか、また、その高次元世界が私たちの故郷であること、人間は皆おしなべて、肉体と五～九次元の光の身体が合わさった存在であること、私たちの本質は光の存在、魂であることを理解していただくために、長々と書き連ねてきました。

高次元世界は私たちのホームランドであり、悠久の年月から見れば、地上の人生はほんの一瞬のことです。この物的次元――三次元に、自らのエネルギー水準を降下させて、一つの枠組みの中に存在しているのが私たちであることは本書にて言及したとおりです。

自らが聖なる光の領域からの出自であると理解し、納得できれば、人はそのような存在にふさわしい振る舞いをするようになり、それにふさわしい在り方を獲得していきます。自分が気づかないあいだにあなたは変わっていくことでしょう。無用な執着や葛藤は霧散し、新しい自分の見方、新しい在り方、新しい考え方が心身をリフレッシュし、パワフルな自分自身を取り戻していきます。反対に、自分が劣った、卑小な、何の価値もない、つまらない人間だと考えれば、そのような人間になっていくだけです。

自己の固有振動数が高くなると、あなたが今、存在する三次元の小さな枠組みを越えて、今まで見えなかった世界、高い視点から周囲の広大な世界を同時に見渡せるようになり、視野が格段に広がります。今まで知ることも、感じることもできなかったものが視野に入って、意識が拡大します。それはまるで暗闇に光が入り、サーッと一気に見えるようになるような体験です。逆に、振動数が低いと、知覚も理解も認識も非常に制限されたものでしかなくなります。

本書の情報を何度も自分の中で思い起こし、意識の中に染み込ませ、取り入れてほしいと思います。

エゴは今のあなたの在り方、考え方、行動パターンを変えることを嫌い、抵抗します。現状維持が一番楽で安心だと思い込ませ、それを変えようとすると、苦しみ、不安、恐れをかきたて、断念させようと働きかけます。それはエゴの罠です。本当は不安や恐れなど、どこにもありません。ただ、あなたの頭の中で、そういったものを懸命に再生産しているだけなのです。新しい知見、情報にチャレンジしてみて、今までの時代遅れの思考パターンを手放してみてください。

本書の刊行にあたりまして、たま出版編集長の中村利男様には格段のご配慮、助力をいただきました。紙面を借りて感謝申し上げます。

令和二年九月吉日　　木村忠孝

●参考文献

『魂の真実』 木村忠孝著 （たま出版）
『あの世への科学の扉』 木村忠孝著 （たま出版）
『魂の探求～250のQ&A』 木村忠孝著 （東洋出版）
『プレアデス　光の家族』 バーバラ・マーシニアック著 （太陽出版）
『プレアデス＋かく語りき』 バーバラ・マーシニアック著 （太陽出版）
『プレアデス＋地球をひらく鍵』 バーバラ・マーシニアック著 （太陽出版）
『黄金の約束（上下）』 ロナ・ハーマン著 （太陽出版）
『光の翼』 ロナ・ハーマン著 （太陽出版）
『聖なる探求（上下）』 ロナ・ハーマン著 （太陽出版）
『天国の真実』 スザン・ワード著 （ナチュラルスピリット）
『ハトホルの書』 トム・ケニオン／ヴァージニア・エッセン著 （ナチュラルスピリット）
『光の手（上下）』 バーバラ・アン・ブレナン著 （河出書房新社）
『超巨大〔宇宙文明〕の真相』 ミシェル・デマルケ著 （徳間書店）
『アセンションの超しくみ』 サアラ著 （ヒカルランド）
『プレアデス　覚醒への道』 アモラ・クァン・イン著 （太陽出版）
『プレアデス　人類と惑星の物語』 アモラ・クァン・イン著 （太陽出版）
『プレアデス　銀河の夜明け』 バーバラ・ハンド・クロウ著 （太陽出版）
『キラエル』 フレッド・スターリング著 （ナチュラルスピリット）
『レムリアの叡智』 オレリア・ルイーズ・ジョーンズ著 （太陽出版）

参考文献

『三省堂　物理小辞典』　（三省堂）
『霊界通信　ベールの彼方の生活（一～四）』　G・V・オーエン著　（潮文社）
『Newton』　（ニュートンプレス）
『浅野和三郎著作集（1～6）』　浅野和三郎著　（潮文社）
『プラズマの科学』　河辺隆也　（日経サイエンス社）
『プラズマの世界』　後藤憲一著　（講談社）
フリー百科事典「ウィキペディア」他

〈著者略歴〉

木村　忠孝（きむら　ただたか）

1954年生まれ。福岡市在住。医師。
北海道立札幌医科大卒。日本、アメリカでの臨床験を経て（内科・救急医学・精神科・心療内科）、現在、北九州市春日病院院長。

【著書】
「魂の真実」（たま出版）
「あの世への科学の扉」（たま出版）
「魂の探求250のQ＆A」（東洋出版）

驚異の高次元世界

2021年3月15日　初版第1刷発行

著　者　木村 忠孝
発行者　韮澤 潤一郎
発行所　株式会社 たま出版
〒160-0004　東京都新宿区四谷4－28－20
☎03-5369-3051（代表）
http://tamabook.com
振替　00130-5-94804

組　版　一企画
印刷所　株式会社エーヴィスシステムズ

ISBN978-4-8127-0446-2 C0011